Beraten und Coachen

systemorientierte Ansätze im pädagogischen Kontext

Klaus de Jong

Autor: Klaus de Jong

Coverdesign: Eduversum Verlag, lehrer-online, Wiesbaden

Bild: Klaus de Jong; Cartoon: Maike de Jong

ISBN: 9789463987554

Vorwort

In jedem pädagogischen Arbeitsbereich besteht zunehmend mehr Beratungsbedarf. Zielgruppen dafür sind sowohl Kinder und Jugendliche als auch deren Erziehungsberechtigte sowie junge Erwachsene. Im Mittelpunkt der Ausführungen steht vor allem das Einzelsetting eines Beratungs- oder Coachingverfahrens. Beispielhaft finden Sie auch Hinweise zum Arbeiten in Kleingruppen. In den einzelnen Kapiteln des Buches erhalten Sie zum einen Einblicke in systemisch-konstruktivistische Grundlagen von Beratungs- und Coachingprozessen, so zum Beispiel zu Systemischem Denken und Systemischen Interventionen. Zum andern finden Sie dazu in den jeweiligen Kapiteln konkrete Anregungen und Beispiele zur Struktur, dem Aufbau, die Prozessgestaltung und möglichen Abläufen. Dem Umgang mit komplexen Situationen und der Prozessgestaltung ist ein umfangreiches, praxisorientiertes Kapitel ebenso gewidmet wie der Pädagogischen Kurzberatung, den Lernstandsgesprächen und dem Lerncoaching. Im Buch wird auch das wichtige Thema der je eigenen Psychohygiene beispielhaft am Modell der professionellen Selbstreflexion dargestellt. Das Kapitel Methoden bei Beratung und Coaching rundet das Buch kurz und prägnant sowie theoretisch fundiert mit zahlreichen, praxisorientierten Anregungen und Beispielen ab.

Die Sprachwahl berücksichtigt eine so weit als möglich geschlechterneutrale oder geschlechtsspezifische Ansprache. In Zitaten wurde der dortige Originaltext belassen.

„Wer liest, vertraut darauf, Interessantes zu erfahren.
Zwar weiß man im Grunde nie genau, worauf man vertraut, aber ohne Vertrauen wäre man gar nicht erst zum Lesen bereit.“ (Maturana, 1985)

Inhaltsverzeichnis

1 Systemtheoretische Ansätze - eine Genese 5
1.1 Kybernetische Ansätze 5
1.2 Konstruktivistische Ansätze 6
1.3 Systemtheoretische Ansätze 8
1.3.1 Öko-systemische Ansätze 18
1.4 Zusammenfassende Folgerungen 25
1.5 Systemisches Denken 28
1.5.1 Systemisches Denken - Haltungen 32
2 Systemische Interventionen 36
3 Beraten 41
3.1 Systemorientiertes Beraten 44
3.1.1 Professionell systemorientiert Beraten 48
3.2 Einflusselemente auf Beratungsprozesse 52
3.2.1 Bedürfnisse - Verhalten 52
3.2.2 Wissen - Verhalten 55
3.2.3 Systemtheoretische Strategien in Beratungsprozessen 61
3.2.4 Umgang mit komplexen Situationen 64
3.2.5 Prozessgestaltung bei systemorientiertem Beraten 71
3.2.5.1 Ressourcenorientiertes Beraten 74
3.2.5.2 Lösungsorientiertes Beraten 79
3.2.5.3 Personorientierte Beratung 83
3.2.5.4 Beraten - wichtige Elemente vor und im Beratungsprozess 89
3.3 Systemorientiertes Beraten im pädagogischen Kontext 98
3.4 Pädagogische Kurzberatung 108
3.4.1 Pädagogisches Kurzgespräch 109
3.5 Pädagogische Lernstandsgespräche 111
3.6 Beratungsgespräche mit Erziehungsberechtigten 115
3.6.1 Trialog-Gespräche 119
3.7 Elemente der Gesprächsführung in Beratungskontexten 120

3.7.1 Balance von Denken, Fühlen und Handeln ... 121
3.7.2 Arten der Zuwendung ... 123
4 Pädagogisch-systemorientiertes Coaching ... 128
4.1 Beziehungsebene im Coaching ... 130
4.2 Lerntheoretischer Ansatz im Coaching ... 131
4.3 Strukturelemente systemorientiert-pädagogischen Coachings ... 133
4.4 Ressourcen- und lösungsorientiertes Coaching ... 138
4.5 Das Anliegen im Coachingprozess ... 141
4.6 Coaching in Kleingruppen ... 142
4.7 Lerncoaching ... 144
4.7.1 Lerncoaching - Fazit ... 150
4.8 Das „Innere Team" - Modell zur professionellen Selbstreflexion ... 151
4.9 Das „Drama-Dreieck" - ein mentales Präventionsmodell ... 159
5 Methoden bei Beratung und Coaching ... 164
5.1 Resonanzbildmethode ... 165
5.2 Tetralemma - Coachingtool - eine Entscheidungshilfe ... 175
5.3 Systemische Aufstellung in Beratungsprozessen ... 178
5.4 Szenariobasierte Methoden ... 184
5.5 Selbstreflexion fördern - Balance von Affekten ... 187
5.6 Lachen, Lächeln und Humor in Coachingprozessen ... 193
5.6.1 Humorvolle Interventionen ... 199
6 Anlagen ... 201
7 Literatur ... 219

Eigene Wahrnehmung oder Wirklichkeit?

Lächeln und Lachen - aktivierte Spiegelneuronen

„The problem with the future is
that there are so many of them."

Robert L. Park

1 Einleitung und Buchaufbau

Von der Konzeption her ist das Ihnen vorliegende Buch ein theoriegeleitetes Praxisbuch. Im theoretischen Teil werden vor allem wesentliche Begriffe und ihre Bedeutung für Beratungs- und Coachingprozesse benannt und geklärt (Kap. 2). So wird deutlich, warum bestimmte Haltungen und daraus sich ergebendes Verhalten in Beratungs- und Coachingprozessen eine erhöhte Bedeutung haben. Im Buch wird versucht, eine Brücke von systemtheoretischen Ansätzen hin zu darauf aufbauenden bzw. bezugnehmenden praktischen Themen zu schlagen. Der Grund dafür ist, dass ohne eine theoretisch begründete, allgemeine Struktur jedes praktische Handeln ohne Orientierung und damit willkürlich wäre: Ein konkretes Entscheiden und Handeln wäre ohne strukturgebende Begründung und hätte keine leitenden, allgemein gültigen Kriterien. Dies ist insbesondere dort erforderlich, wo es um Interventionen geht (Kap. 3). Sollen diese gelingen, ist ein grundlegendes Wissen sowie eine darauf aufbauende Haltung erforderlich. Schon im theoretischen Teil wird immer wieder auf dessen praktische Relevanz hingewiesen, sodass sich erste Assoziationen zur individuellen Praxis entwickeln können. Im praktischen Teil wird an entsprechenden Stellen auf grundlegende Aspekte im Theorieteil hingewiesen.

Da Beratung und Coaching viele Aspekte gemeinsam haben, werden zu Anfang des Kapitels „Beraten“ (Kap. 4) solche Gemeinsamkeiten angesprochen. Hierauf bauen dann die folgenden Kapitel (Kap. 4.3 ff.) mit vornehmlich pädagogischem Kontext auf. In diesen stark praxisbezogenen Kapiteln finden sich zahlreiche, konkrete Anregungen, sodass diese in ein situatives Handeln einfließen können. Beispielhaft hierfür seien die Thematik der pädagogischen Kurzberatung und der pädagogischen Lernstandsgespräche (Kap. 4.4 bzw. 4.5) bzw. beim Coaching das Lerncoaching (Kap. 5.7) genannt. Das Kapitel Methoden bei Beratung und Coaching (Kap. 6) stellt Ihnen sechs vielfältig in der Praxis erprobte Methoden vor. Bei jeder Methode erfahren Sie auch kurz die theoretischen Begründungen und Ziele. In den Anlagen finden Sie zahlreiche ergänzende Materialien. Diese haben zum einen oft den Charakter von Checklisten oder Ideen für Abläufe oder Strukturen und zum andern geben Sie Ihnen Anregungen für das Gestalten von Beratungs- und Coachingprozessen.

Das Buch kann von Ihnen zum einen komplett durchgearbeitet werden, um grundlegende Einblicke in Beratungs- und Coachingprozesse im pädagogischen Kontext zu erhalten. Zum andern bietet es die Möglichkeit, sich gezielt einzelne (Teil-)Kapitel herauszugreifen und diese zu studieren. In jedem (Teil-)Kapitel im praktischen Teil finden sich insbesondere Anregungen bzw. Beispiele zu fragenden Interventionen, sodass ein Beratungs- bzw. Coachingprozess dadurch entsprechend geleitet werden kann. Zum Reflektieren von Beratungs- und Coachingprozessen wurden speziell zwei Kapitel zur professionellen Selbstreflexion aufgenommen (Kap. 5.8 und 5.9). Ein Ziel ist hierbei die eigene Psychohygiene sowie Anregungen für konkrete Maßnahmen besonders in kritischen Phasen eines Beratungs- oder Coachingprozesses.

Das Buch gliedert sich in drei große Themenbereiche:

- Systemtheoretische Ansätze und Interventionen
- Beraten und Coachen im pädagogischen Kontext
- Methoden bei Beratung und Coaching

2 Systemtheoretische Ansätze - eine Genese

Systemtheoretische Ansätze verlaufen quer zu einer klassischen Einteilung in Natur-, Geistes-, Wirtschafts- und Sozialwissenschaften. Es gibt verschiedenste systemtheoretische Ansätze je nach Fachdisziplin. Eine einheitliche, allgemeine Systemtheorie gibt es nicht. Was es gibt sind Versuche zwischen den jeweiligen Wissenschaftsgebieten Isomorphien, d.h. verbindende, fachübergreifende Ansätze zu finden. Ein systemtheoretisches, formalisiertes wissenschaftliches Arbeiten ausgehend von der Mathematik und den Naturwissenschaften beginnt im 20. Jahrhundert.

2.1 Kybernetische Ansätze

In jeweilige Systemtheorien ist die Theorie der Kybernetik (Wiener, 1948) eingeflossen, die sich mit Regelkreisen und Rückkopplungen befasst. In der Kybernetik erfahren dabei die systemischen Prozessphänomene, wie z.B. Selbstproduktion, Selbstregulation und Selbstorganisation im Zusammenhang mit Informationsverarbeitung und -speicherung usw. eine besondere Aufmerksamkeit. Schon in der Kybernetik wird auf das Verständnis für die Rolle und den Einfluss eines Beobachters auf das beobachtende System hingewiesen. Es wird die Notwendigkeit herausgestellt, den Beobachter beim Prozess des Beobachtens im Blick zu haben. Wichtig ist, den Beobachter und die dynamischen Wechselbeziehung zwischen dem Beobachter und dem, was er beobachtet, in Untersuchungen mit einzubeziehen. Aufbauend auf die Kybernetik entwickelten sich fachbezogene Systemtheorien, die Spieltheorie, u.a. auch die Kommikations- und Informationstheorie. (vgl. Foerster 1985, 1997).

Bertalanffy (1932/1972) entwickelte die Theorie „offener Systeme". Ausgehend von biologischen Beobachtungen stellt er in diesen Systemen das Streben nach sogenannten „Fließgleichgewichten" fest. Diese führen aufgrund von Austauschprozessen zwischen System und Umwelt zu Anpassungen an die jeweilige Umwelt. Solche Anpassungen geschehen auch durch die Fähigkeit zum dynamischen Auf- und Abbau und durch die Fähigkeit zu Veränderungen der internen Relationen der Elemente zueinander (vgl. Bertalanffy). Nach Baecker verbietet sich bei der Betrachtung einer Systemstruktur oder -funktion aus dieser Sichtweise ein Schließen vom Ist-Zustand auf die Vergangenheit oder Zukunft: Dieselben Anfangsbedingungen zeitigen nicht unbedingt dieselben Wirkungen bzw. Endzustände und umgekehrt. Entscheidend ist die jeweilige Abhängigkeit von den Bedingungen im System, ihrer Selbstregulationsfähigkeit, d.h. von der Fähigkeit (selektiv) Umweltereignisse aufzugreifen und der eigenen Systemreproduktion einzupassen (vgl. Baecker 2002, S. 94). Ergänzend dazu führte Varela (1997) die Idee eines Input-Output-Modells in offenen Systemen ein, das in den Blick nimmt, welcherart von Beziehungen zwischen System und Umwelt existieren und sich gegenseitig bedingen. Luhmann erweiterte die bisherigen Sichtweisen durch das Einbeziehen der relevanten Umweltbedingungen, die auch spezifische System-zu-System-Beziehungen, d.h. die intersystemischen Prozesse berücksichtigen (vgl. Luhmann 1993).

Ist ein System hoch komplex, so stößt das Input-Output-Modell an seine Grenzen; denn das Innere eines Systems wird aufgrund seiner Komplexität als nicht analysierbar gesehen. Wichtig ist die Erkenntnis, dass ein Input nicht den jeweiligen Output determiniert, sondern das jeweilige System agiert selbstreferentiell und selbstorganisiert! Lässt sich keine Kausalität zwischen Input und Output durch einen außen stehenden Beobachter erkennen, so wird ein Entschlüsseln unmöglich (blackbox). Allenfalls lassen sich anhand wiederholter Input- und Outputvariationen (strukturelle Untersuchungen) dann auftretende Transformationen erkennen, sodass annähernd mögliche Prozesse in einem System reflektiert werden können. Nach Willke (1991) weisen alle Systeme, so auch im sozialen Bereich, grundlegend bestimmte Strukturen auf gemäß den funktionalen Leistungen, die ein System zu seinem Erhalt selbstorganisiert zu erbringen hat. Bei diesem Reflektieren eines Beobachters ist wesentlich, dass dabei nicht die Box, sondern das eigene Verhältnis zur Box beschrieben wird (vgl. Baecker, 2002).

2.2 Konstruktivistische Ansätze

Neben der Kybernetik bildet auch der Konstruktivismus eine der erkenntnistheoretischen Grundlagen für das Herausbilden systemtheoretischer Überlegungen und Modelle. Dabei fließen konstruktivistisches und systemisches Denken ineinander. Beispiele dafür sind die Konzepte der Selbstorganisation und Selbstreferenz. Mit der „Beobachterperspektive erzeugt die konstruktivistische Sichtweise einen selbstreferentiellen (zirkulären) Zusammenhang: Systeme entstehen in der Beobachtung und der Beobachter ist dabei selbst „Teil" des Systems, das er durch seine Operationen generiert. In der reflexiven Beobachtung seiner eigenen Operationen vollendet sich der Prozess der Systembildung."

(Schulze, 2004) Nach McLeod (2004) basiert der Konstruktivismus auf drei Grundannahmen:

- Der Mensch ist ein aktiv Wissender, der danach strebt, der Welt einen Sinn zu geben.
- Mit Hilfe der Sprache konstruieren sich Menschen ein Verständnis der Welt.
- Die biographische Perspektive eines Menschen spielt bei der Konstruktion der Wirklichkeit eine Rolle (vgl. McLeod).

Konstruktivistische Ansätze werden nachfolgend gemäß dem pragmatischen Konstruktivismus erörtert. Dieser bezieht sowohl das jeweilige Subjekt als auch dessen kulturelle Umwelt in seine Beobachtungen und Überlegungen ein. Insbesondere die Bedeutung der kulturellen und lebensweltlichen Interaktionen bei der Re-/De- und Konstruktion von Wirklichkeiten werden gleichwertig beachtet. Erste konstruktivistische Vorstellungen finden sich schon in der Antike und wurden im 19. Jahrhundert vielfach weiterentwickelt.

Bezogen auf biologische und speziell soziologische Systeme ist es aufgrund der Struktur des Nervensystems nicht möglich zu erkennen, was „wirkliche" Realität ist (vgl. Schulze). Damit rücken die Aspekte der Kognition und Interaktion in den Blick: So sind die sozial determinierten Prozesse (Kommunikation und Interaktion) und deren Inhalte und Wirkungen für die Konstruktionen individueller und kollektiver Wahrnehmungen bzw. „Realitäten" von hoher Bedeutung. Insbesondere gilt dies für alle Beratungs- und Coachingprozesse (vgl. Luhmann). Mit einbezogen sind sowohl die Gedanken, Vorstellungen und Erwartungen des Systems „Beratende(r)" als auch das System des/der zu „Beratenden" bzw. die damit verknüpften Systeme.

Ein System beinhaltet zum einen Elemente, die miteinander in Verbindung stehen. Dabei können auch Rückkopplungen auftreten. Zum andern interagiert ein System über seine Grenzen hinaus, indem systemexogene Elemente über Systemeingänge auf das System einwirken oder umgekehrt systemendogene Elemente Auswirkungen auf Elemente außerhalb des betrachteten Systems haben.

Die nachfolgende Grafik veranschaulicht dies:

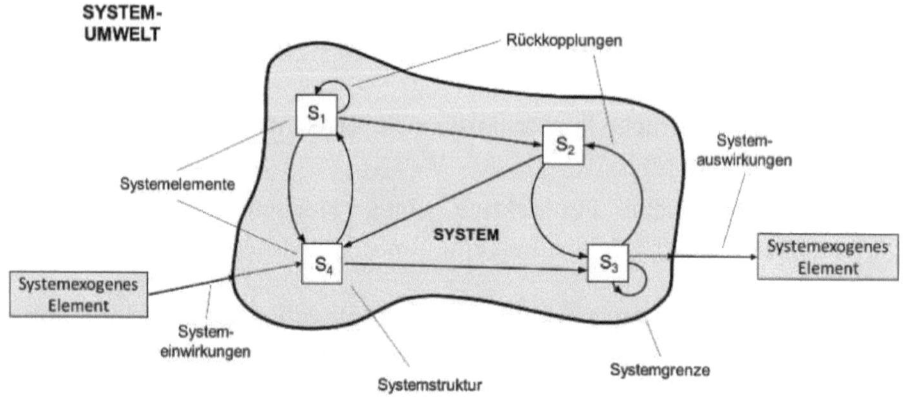

(Bestandteile von Systemen in: Arndt, H., 2017)

2.3 Systemtheoretische Ansätze

Im Folgenden werden wesentliche Aspekte der Systemtheorie, die für Beratungs- und Coachingprozesse bedeutsam sind, beispielhaft angesprochen.

Sowohl in der Psychologie als auch in der Pädagogik haben systemtheoretische Ansätze eine hohe Resonanz gefunden und beide Wissenschaften nachhaltig beeinflusst. Da in beiden Wissenschaften einfache Ursache-Wirkungs-Modelle auftretende Phänomene nur unzureichend beschreiben können, ermöglichen systemtheoretische Ansätze gerade für komplexe Phänomene passende Erklärungsmodelle: Besonders bedeutsam ist die „ganzheitliche und vernetzte Sichtweise mit ihrer zirkularen Kausalität." (Speck, 1998) Ein System kann als eine „aus irgendwelchen Elementen zusammengesetzte, geordnete Ganzheit" gesehen werden. „Dabei sind die Elemente in einem Netzwerk von Wechselbeziehungen miteinander verbunden, so dass jedes die Bedingungen aller anderen beeinflusst. Gleichzeitig ist ein System, in eine Umwelt eingebunden." (Beushausen).

Luhmann entwickelte eine allgemeine Funktionstheorie auf einem hohen Abstraktionsgrad und einer komplexen Begrifflichkeit, um in analytischer Darstellung die Grundidee zu entwickeln wie Gesellschaft funktioniert. Er baut dabei auf dem Strukturfunktionalismus Parsons sowie der mathematischen und biologischen Kybernetik, der Kommunikationstheorie und des Konstruktivismus auf. Seinen Ansatz sieht Luhmann als differenztheoretischen Ansatz. Dieser Ansatz lässt sich auf alle Sozialwissenschaften übertragen. Im Mittelpunkt der Systemtheorie Luhmans steht das Verhältnis von System und Umwelt (vgl. Huschke-Rhein, 1989). Luhmanns Theorie basiert auf der spezifischen Unterscheidung (Differenz) zwischen System und Umwelt.: „Ein System" ist „die Differenz zwischen System und Umwelt. [...] Bei der Unterscheidung von System und Umwelt wird das System bezeichnet und nicht die Umwelt. Die Umwelt bleibt draußen, das System ist auf der einen Seite, die Umwelt auf der anderen Seite" (Luhmann, 2004) „Selbstreferenz" oder „Selbstbeobachtung" meint die operative Handhabung von Unterscheidungen, sie setzt die Einführung der System/Umwelt-Differenz voraus. Eine Ausdifferenzierung von Systemen kommt nur durch Selbstreferenz zustande (vgl. Schulze). Soziale Systeme bestehen aus der Operation ‚Kommunikation' und sind daher flexible Gebilde. Sie reproduzieren sich selbst (Autopoiesis) und verändern sich dabei (vgl. Luhmann). „Selbstreferentielle Systeme operieren notwendigerweise im Selbstkontakt, und sie haben keine andere Form für Umweltkontakt als Selbstkontakt. [...] Systemeigene Prozesse und Strukturen ermöglichen es, einen sinnstiftenden ´Plan´ zu nutzen. [...] Anschließende Operationen reproduzieren zugleich Sinn mit Verweisung nach außen und nach innen." (Luhmann, 1993) Diese Sinn-Systeme konstituieren sich über eine „interne Selbstabbildung oder Selbstmodellierung", indem die System/Umwelt-Differenz in einer vereinfachten Form in das System wieder eingeführt wird (vgl. Krieger, 1996).

Bei den Funktionsebenen selbstorganisierter Systeme führt Luhmann eine weitere Perspektive ein, etwas Drittes, das weder zum System noch zur Umwelt gehört „die Grenze". Diese erfüllen spezifische „Filterleistungen", mit der Konsequenz, dass Systeme ihre Strukturen auch an Grenzfunktionen ausrichten (vgl. Luhmann). Psychische und soziale Systeme zeichnen sich nach Luhmann (vgl. 1993) als spezifische „Sinnsysteme" aus, da sie die Differenz von System und Umwelt ausschließlich durch „Sinngrenzen" vermitteln. Dabei stehen die Systemgrenzen zur Disposition, sie können im System reguliert und aktiviert werden. Diese Regulation kann sich auf drei verschiedenen Sinndimensionen vollziehen:

1. der Sachdimension,

2. der Zeitdimension und

3. der Sozialdimension.

Alle drei Dimensionen kommen jedoch nur in Kombination und nicht isoliert vor. Nur wenn Systeme in der Lage sind, klare Grenzen zu ziehen, können sie sich selbst operationsfähig machen – im Modus der Rückbezüglichkeit auf sich selbst. „Sinn" verweist nach Luhmann auf ein besonderes Erfordernis des selbstreferenziellen Auffassens und selektiven Prozessierens, auf die „symbolische Generalisierung". Dies bewirkt eine Reduktion von Komplexität (vgl. Luhmann, 1993).

„Ein differenziertes System besteht nicht mehr einfach aus einer gewissen Zahl von Teilen und Beziehungen zwischen Teilen. Es besteht vielmehr aus einer mehr oder weniger großen Zahl von operativ verwendbaren System-Umwelt-Differenzen, die jeweils an verschiedenen Schnittstellen das Gesamtsystem als Einheit von Teilsystem und Umwelt rekonstruieren." (Luhmann, 1993) Luhmann weist darauf hin, dass es Systeme in der Realität nicht gibt, sondern diese sind ein „Konstrukt eines Systemtheoretikers" (Luhmann, 2004) aufgrund seines Beobachtens. Systeme bestehen aus Elementen und deren Relationen, die sich gegenseitig konstituieren im Vollzug der Systembildung (vgl. Luhmann, 1993). Das heißt, die Elemente werden immer nur durch das System konstituiert, das aus ihnen besteht und ihre Einheit verdanken sie nur der eigenen Systemkomplexität.

Systeme erzeugen ihre Elemente im Prozess ihres Operierens, dies erfordert Zeit. Diese Systemzeit benötigt Strukturen, die als Verweisungsoperatoren Sinn selektieren (vgl. Luhmann). Sprich, die Ordnung des Systems ist angewiesen auf den Einsatz von Selektionsstrukturen in einer jeweiligen Gegenwart. Die fortlaufend dekomponierten Elemente des Systems (durch die Elemente des Systems) gewinnen ihre Qualität erst dadurch, dass sie aktuell abrufbar bleiben, d.h. in relationaler Form wieder verwendet werden können. Die Relationen untereinander und die vielfältigen Potentiale von Veränderung unterliegen, in Anbetracht einer wachsenden Komplexität, einem starken Ordnungszwang und erklären selektive Erfordernisse. Das Denken in Systemen will es ermöglichen, komplexe Phänomene in ihrer Komplexität zu reduzieren. Für das Verständnis von Luhmanns Systemtheorie ist die Erklärung der von ihm verwendeten Begriffe besonders bedeutsam; denn Luhmann will mit den Begriffen dabei helfen, Erklärungen zu beschreiben und zu sortieren (vgl. Barth). Im Folgenden werden wichtige Begriffe erläutert:

- **Kontingenz:** „Kontingent ist etwas, was weder notwendig ist noch unmöglich ist, was also so, wie es ist (war, sein wird), sein kann, aber auch anders möglich ist." (Luhmann, 1991) Zukünftige Ereignisse sind vielfältig, qualitativ unterschiedlich und in ihren Möglichkeiten offen, sodass sie weder planbar noch vorhersagbar sind. Der Begriff der Kontingenz bezeichnet das, „was von der Realität aus gesehen anders möglich ist." (Luhmann, 1991) Damit wird durch das Zeitbewusstsein das Kontingenzbewusstsein geschärft (vgl. Barth). "Soziale Systeme entstehen dadurch (und nur dadurch), dass beide Partner in jeder Aktivität doppelte Kontingenz erfahren, und dass die Unbestimmbarkeit einer solchen Situation für beide Partner in jeder Aktivität, die dann stattfindet, strukturbildende Bedeutung gibt." (Luhmann, 1991) Bei zwischenmenschlichen Begegnungen, so auch in Beratungs- oder Coachingsituationen, ist jede Person „dem Zugriff des anderen (doppelt!) entzogen. Es gibt weder Notwendigkeit noch Unmöglichkeit. Man hat es immer nur mit möglichem Anderssein und möglichen Veränderungen zu tun." (Speck, 1998) Dies ist jedoch kein Hindernis für ein funktionierendes soziales System; denn ein solches ist nicht darauf angewiesen sich gegenseitig vollkommen zu durchschauen und zu prognostizieren: „Das soziale System ist gerade deshalb System, weil es keine basale Zustandsgewissheit und keine darauf bauenden Verhaltensvorhersagen gibt." (Luhmann 1991)

Damit soziale Systeme bestehen können, muss „ein Mindestmaß wechselseitiger Beobachtung und ein Mindestmaß an auf Kenntnissen gegründeter Erwartungen" (Luhmann, 1991) gegeben sein. Das Regulieren in doppelter Kontingenz erfolgt in sozialen Systemen durch Sprache, Kultur, geltende Werte und Normen (vgl. Luhmann, 2004). Entscheidend in diesem Zusammenhang ist der selbstreferentielle Zirkel: „Ich tue, was Du willst, wenn Du tust, was ich will" (Luhmann, 1991) Das bedeutet, dass in sozialen Systemen die Partner sich gegenseitig beobachten in ihren Beeinflussungsversuchen und daraus Erfahrungen sammeln und diese interpretieren.

„Der Problemcharakter der doppelten Kontingenz liegt in der wechselseitigen Unsicherheit des Verhaltens begründet, die es zu überwinden gilt. Somit wird die gegenseitige Abstimmung des Verhaltens durch Kommunikation notwendig." (Barth). Eine doppelte Kontingenz ermöglicht „die Ausdifferenzierung einer besonderen Weltdimension für sozial unterschiedliche Sinnperspektiven. [...} Denn unter dieser

Bedingung der doppelten Kontingenz wird jede Selbstfestlegung wie immer zufällig entstanden und wie immer kalkuliert Informations- und Anschlußwert für anderes Handeln gewinnen." (Luhmann, 1991) Zugleich wirft das Konzept der doppelten Kontingenz Fragen nach dem Funktionieren sozialer Ordnung auf, d.h. nach grundlegenden Bedingungen für das Zustandekommen sozialen Handelns (vgl. Balgo, 1998).

Nach Luhmann erfordert eine differenztheoretische Analyse von Systemen die Bestimmung der folgenden Aspekte: Der Grenze, die das System von seiner Umwelt trennt. Der Grenze der Elemente, aus denen das System besteht, sowie der Relationen, die das System mit seinen spezifischen Systemelementen zusammenhalten.

Der Systembegriff bezieht sich also auf „Einheiten" oder Zweck definierte Konstrukte, die sich durch eine bestimmte Zusammensetzung und Beziehungsdynamik der Elemente untereinander auszeichnen. Sie sind in ihrer komplexen Form mehr als die bloße Summe ihrer Einzelteile. Die charakteristischen und relativ selbständigen Teilelemente eines Systems, einschließlich ihrer Relationen untereinander, werden erst von den Systemen, die sie benutzen erzeugt, und entsprechend ihrer zeit- und kontextbezogenen Funktion formiert. Demnach haben Systeme einen jeweils systeminternen Umweltkontakt. Vor diesem Hintergrund ist die primäre Funktion von System die Reduktion von (Umwelt-) Komplexität. Dazu gehört der Ausgleich des „Komplexitätsgefälles" zwischen System und seiner Umwelt, die zur Generierung einer Eigenkomplexität des Systems führt. Konsequenterweise werden die Beziehungen nach Außen entsprechend den systemeigenen Funktionen „passend gemacht" (vgl. von Glasersfeld, 1987).

Der Strukturbegriff wird von Luhmann (vgl. 1993) dynamisch und mehrwertig bestimmt, unter Berücksichtigung der Dimension der Zeit und in Bezugnahme auf die Komplexitätsproblematik. Die Systemprozesse werden nach Maßgabe der eigenen Struktur reguliert, wobei der Prozess modifizierend auf die Struktur zurückwirkt. Für diese Prozesse der Strukturbildung: „die Überführung unstrukturierter in strukturierte Komplexität", spielt der „Zufall" in den fortlaufenden Selektionen eine wesentliche Rolle (vgl. Luhmann, 1993, in Schulze).

„Insgesamt ist Sinn ein Prozessieren nach Maßgabe von Differenzen, und zwar von Differenzen, die als solche nicht vorgegeben sind, sondern ihre operative Verwendbarkeit (und erst recht natürlich: ihre begriffliche Formulierbarkeit) allein aus der Sinnhaftigkeit selbst gewinnen. Die Selbstbeweglichkeit des Sinngeschehens ist Autopoiesis par excellence.“ (Luhmann, 1997)

Ludewig (1995) ergänzt die Theorie Luhmanns indem er systemtheoretische Konzeptionen aus der Neurobiologie (Maturana/Varela 1987) und der Sozialwissenschaft (Luhmann) zusammenführt. Dieser Ansatz ist für den pädagogischen Bereich interessant; denn Ludewig spezifiziert den Systembegriff für diesen Bereich: „»Systeme« sind Einheiten, die ein Beobachter durch Unterscheidung als zusammengesetzt und abgegrenzt konstituiert. [...] Die Systemgrenze erweist sich als Funktion, die das Gebilde zugleich von seiner Umwelt trennt und an diese bindet. System, Komponenten, Relationen und ihre Umwelt sind wechselseitig bedingt. Die Relationen der Komponenten konstituieren diese durch Selektion. Systemspezifische Merkmale entstehen gemeinsam mit den emergierenden Komponenten. Komponenten, Relationen und Grenzen entstehen gleichzeitig und begründen die selbstreferentielle Organisation des Systems. Systeme verarbeiten – oder »prozessieren« [...] – nur Eigenzustände; Veränderungen werden also nicht kausal von außen bewirkt, sondern folgen auf Prozesse in den Relationen zwischen den Komponenten.“ (Ludewig, 1995)

- **Komplexität:** Komplexität bezeichnet zunächst nichts anderes als die „unheimliche Vielzahl an Möglichkeiten“, die sich ereignen können. Sie ist in diesem Sinne eine quantitative Größe. "Als komplex wollen wir eine zusammenhängende Menge von Elementen bezeichnen, wenn auf Grund immanenter Beschränkungen der Verknüpfungskapazität der Elemente nicht mehr jedes Element jederzeit mit jedem anderen verknüpft sein kann." (Luhmann, 1991) Komplexität bedeutet, dass es für ein Element stets mehr Möglichkeiten gibt Beziehungen einzugehen, als es tatsächlich realisieren kann. Die Elemente sind daher gezwungen, eine Selektion vorzunehmen. „Durch die Realisierung von Relationen werden einerseits bestimmte Beziehungen gewählt, selegiert und andererseits werden damit andere Beziehungen ausgeschlossen, negiert.“ (Huschke-Rhein, 1989)

Dem jeweiligen, einzelnen System fehlt die Kapazität um auf alle Einwirkungen der Umwelt zu reagieren bzw. „eine eigene Operation dagegenzuhalten, [...] sondern es muss Bündeln, auch ignorieren, es muss Indifferenzen aufbringen oder auch Spezialeinrichtungen für ein Komplexitätsmanagement schaffen.“ (Luhmann, 2004) Komplexität beinhaltet einen Zwang zur Selektion. Selektionszwang heißt Kontingenz, und

Kontingenz heißt Risiko. Jeder komplexe Sachverhalt beruht auf einer Selektion der Relationen zwischen seinen Elementen, die er benutzt, um sich zu konstituieren und zu erhalten. Die Selektion plaziert und qualifiziert die Elemente, obwohl für diese andere Relationierungen möglich wären (vgl. Luhmann). Die Elemente sind keine vom Ganzen (des Systems) unabhängigen Teile und das System ist nicht das aristotelische ‚Mehr', welches über die Summe seiner Elemente hinausgeht.

Luhmann sieht die Lösung des Komplexitätsproblems in einem angemessenen Umgang mit Komplexität. Erforderlich ist die Reduktion von Komplexität und zugleich der Aufbau einer eigenen, qualitativ neuen (emergenten) Komplexität, was ein System durch eine Selektionsleistung z.B. durch angemessene Selektionsstategien erreicht. - Eine Schwierigkeit bleibt bestehen, Komplexität ist unkontrollierbar und unbeherrschbar. - Das genannte Vorgehen schafft nach Huschke-Rhein (1989) eine neue Komplexität; denn die nicht gewählten Möglichkeiten schaffen anderen Elementen neue Anschlussmöglichkeiten und ermöglichen somit das Entstehen neuer differentieller Systeme (vgl. Huschke-Rhein, 1989). Zugleich entstehen durch die selektive Reduktion jeweils systemspezifische Ordnungsformen von Komplexität als eigene Formen der (Selbst-) Organisation.

Eine stimmige Reduktion von Komplexität ist das Bilden von Begriffen; denn ein System kann nur beobachten, was es begreifen kann (vgl. Luhmann). Psychische und soziale Systeme nutzen „Sinn", um damit Komplexität zu reduzieren. „Sinnverarbeitende Systeme", so z.B. der Mensch, „zeichnen sich dadurch aus, dass ihnen alles nur in Form von „Sinn" zugänglich ist, d.h. Sinn verweist und reproduziert immer wieder neuen „Sinn"." (Schulze). Das Operieren der Systeme ist in ihrem Prozess auf sinnhafte Verarbeitung von Komplexität und Selbstreferenz angewiesen.

Jeder Mensch ist ein hochkomplexes psychisches System und zwischenmenschliche Beziehungen sind ebenfalls hoch komplex. Als hochkomplexe Systeme lassen sich z.B. auch Familien sowie die Gesellschaft, die sich aus Familien, Organisationen, Verbänden , Institutionen usw. zusammensetzt bezeichnen.

- **Autopoiesis:** Die Biologen, Neurophysiologen und Erkenntnistheoretiker Maturana und Varela (1982) führten den Begriff der Autopoiesis zur Erklärung selbstorganisierter Phänomene ein. Diese Systeme sind in der Lage, sich selbst zu erhalten bzw. als „autonome Einheit“ dauernd selbst zu erzeugen. Maturana definiert eine „autopoietische Organisation“ als eine spezifische „Einheit“, die „durch ein Netzwerk der Produktion der Bestandteile, die erstens rekursiv an demselben Netzwerk der Produktion der Bestandteile mitwirken, das auch diese Bestandteile produziert, und die zweitens das Netzwerk der Produktion als Einheit in dem Raum verwirklichen, in dem die Bestandteile sich befinden.“ (Maturana, 1982) Der Begriff Autopoiesis dient dem Verständnis lebender Systeme, z.B. organischer oder neurophysiologischer Systeme. „Indem lebende Systeme, als autopoietisch organisierte Systeme, sich ständig selbst erzeugen und ihre Operationen einen geschlossenen Kreislauf bilden, ist ihr Sein und ihr Tun untrennbar: Sie sind Erzeuger und Erzeugnis, Produzent und Produkt zugleich“ (Paradoxon). „Durch diese dynamische Verbindung von Bestandteilen in einem kontinuierlichen Netzwerk werden Bestandteile erzeugt, die allesamt in das Netzwerk von Umwandlungsprozessen integriert werden, das diese Bestandteile erzeugt, wobei einzelne Bestandteile eine Begrenzung für dieses Netz von Transformationen bilden.“ (Schulze). Maturana nennt dafür ein Beispiel: Eine einzelne biologische Zelle. Im Prozess der System-Umweltbeziehung wird ein von außen kommendes Ereignis zum Systemelement transformiert, das dann als informatives systeminternes Element die Struktur des Systems gleichzeitig reproduziert und variiert.

Damit ein Ereignis für ein System sinnhaft werden kann, muss es intern kontextualisiert werden. Dies geschieht, indem es rekursiv in einen systeminternen Horizont eines Sinnzusammenhanges eingebettet wird. Das Ereignis wird dann zu einem Element des autopoietischen Reproduktionsprozesses des Systems (vgl. Luhmann 1987). „Sinn“ ist nach Husserl der ´Motor´ für Bewusstseinsleistungen eines Subjektes. Alles Erleben ist dabei sinnhaft. Nach Husserl arbeitet das Bewusstsein immer intentional und aktförmig, wobei immer etwas Bestimmtes im Fokus der Aufmerksamkeit steht (vgl. Huserl). In diesem Prozess wird Geschlossenheit zugleich für die Sinnselektion benötigt, als auch immer wieder aufs Neue erzeugt, paradoxerweise eben durch diesen Prozess selbst.

Luhmann überträgt den Autopoiesisbegriff auf psychische Systeme und soziale Kommunikationssysteme: „Jedes dieser Systeme reproduziert sich selbst autopoietisch nach Maßgabe der eigenen Struktur. Die autopoietische Reproduktion erzeugt die Einheit des Systems und dessen Grenze." (Luhmann) Da autopoietische Systeme selbstreferentiell geschlossen operieren sind sie zugleich struktur- und zustandsdeterminiert. Sie verfügen über eine systemspezifische Operationsweise, die sich durch eine fundamentale Zirkularität auszeichnet. Diese erfüllt die Doppelfunktion, nämlich Selbsterzeugung und Reproduktion weiterer Operationen. Luhmann unterscheidet drei voneinander getrennte Klassen autopoietischer Systeme: Psyche (als System), soziale Systeme und Kommunikation. Diese drei Systeme operieren alle unabhängig voneinander, wenn gleich auch alle drei vielfältig miteinander verbunden sind und ihre Existenz vom Existieren des jeweils anderen abhängig ist. Unabhängig sind sie in der Hinsicht, dass sie sich wechselseitig nicht beeinflussen können (vgl. Ernst, 2014.). „Menschen können nicht kommunizieren, nicht einmal ihre Gehirne können kommunizieren. Nur die Kommunikation kann kommunizieren. [...] Das eigene Bewusstsein tanzt wie ein Irrlicht auf den Worten herum. [...] Selbst während des Redens beschäftigt sich das Bewusstsein mit Wahrnehmungen." (Luhmann) In sozialen Systemen sind „Kommunikationen das Basiselement und benötigen Wissen, um ihre Autopoiesis in Gang zu halten. Wissen ist sozusagen das Medium, durch welches potentiell in Frage kommende Möglichkeiten beobachtet werden können, und das sodann für die zeitlich folgenden Sinnselektionen als Anstoßmechanimus wirkt." (Gabo) Beispielhaft ist die Beziehung zwischen psychischen und sozialen Systemen. Beide sind zwei verschiedenartige, komplexe autopoietische Systeme, die wechselseitig zueinander in Beziehung treten. Beide sind durch ihre je eigenen Strukturen determiniert und können auch nur im Rahmen ihrer eigenen Strukturen operieren. Gleichzeitig sind sie über ihre Umwelt strukturell miteinander gekoppelt („Interpenetration"). Luhmann bezeichnet mit diesem Begriff eine Intersystembeziehung zwischen Systemen, eine gegenseitige Angewiesenheit. Die Systeme operieren zwar selbstreferentiell geschlossen, jedoch stellen sie gegenseitig „die eigene Komplexität [...] zum Aufbau eines anderen Systems zur Verfügung." (Luhmann, 1993) Jedes System ist das Produkt der KO-Evolution von System und Umwelt.

Autopoiesis wird auch kognitiv erzeugt, vor dem Hintergrund der konstruktivistisch orientierten Auffassung, dass sich eine (sinnstiftende) Bedeutung von Systemzuständen nur über die Teilhabe am Beobachtungssystem erschließen lässt (vgl. Luhmann, 1997).

- **Struktur:** „Strukturen sind Bedingungen [...] der Autopoiesis des Systems. [...] Sie exitieren nicht abstrakt, nicht unabhängig von der Zeit. Sie werden im Vollzug des Fortgangs von Operation zu Operation verwendet - oder nicht verwendet. [...] Strukturen [...] bestimmen, wie viel innere Komplexität ein System generieren und tolerieren kann." (Luhmann, 1997) Systeme bestehen aus Operationen, in sozialen Systemen aus Kommunikation, die immerwährend reproduziert werden müssen. Strukturen entstehen aus dem ständigen Wiederholen von Identischem und werden in unterschiedlichen Zusammenhängen gebildet.

- **Strukturelle Kopplung**: Der Begriff geht auf Maturana und Varela zurück und bezeichnet Interaktionen bzw. Beziehungen zwischen System und Umwelt (vgl. Maturana/Varela, 1987). Maturana versteht den Begriff „strukturelle Kopplung" als die Fähigkeit lebender Systeme, sich strukturell an veränderte Umweltbedingungen anzupassen. Lebende Systeme gleichen ihre Struktur an das gegebene Umfeld an, um ihre Organisation bzw. ihre Autopoiese zu bewahren (vgl. Maturana). Lebende Systeme stehen durch Interaktionen in wechselseitiger Beziehung mit ihrem Umfeld und sind Einflüssen ausgesetzt, die das innere Gleichgewicht stören. „Im Wechselspiel mit ihrer Nische, oder allgemeiner, mit ihrem Medium durchlaufen Lebewesen eine Geschichte struktureller Veränderungen, die schließlich der Tod beendet. Da Leben bedeutet die Autopoiese zu wahren, daher dürfen verkraftbare ‚Störungen' nur die Struktur, nicht jedoch die Organisation betreffen." (Maturana, 1994)

  Vor allem bezeichnet der Begriff „strukturelle Kopplung" für soziale Systeme die wechselseitige Abhängigkeit von Systemen und Umwelt, „die ein Beobachter sehen kann, wenn er die Unterscheidung von System und Umwelt zugrunde legt. Die Beziehungen bzw. Abhängigkeiten beeinflussen langfristig die im System selbst produzierten Strukturen. [...] Strukturelle Kopplungen erfassen immer nur einen extrem beschränkten Ausschnitt der Welt. [...] Die Komplexität der gekoppelten Umweltsysteme bleibt für das System intransparent. [...] Sie wird zumeist nur in der Form von Voraussetzungen und Störungen [...] im eigenen Operieren rekonstruiert." (Luhmann, 1997/2006)

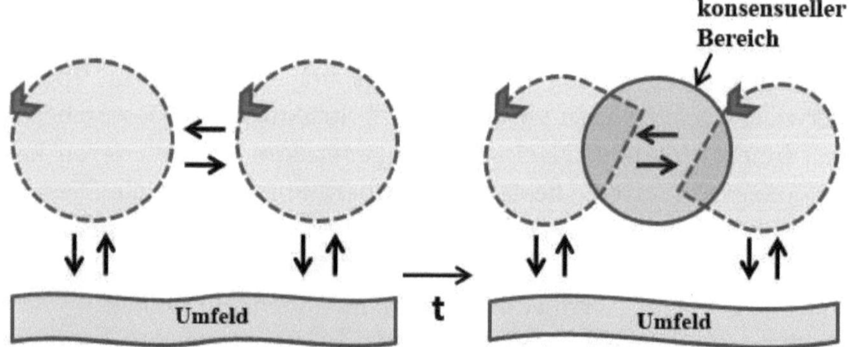

Strukturelle Kopplung zweier lebender Systeme (vgl. Kiel 2016, aus Maturana/ Pörsen, 2002)

Wirken zwei oder mehrere Systeme unter Beibehaltung ihrer Struktur aufeinander, dann liegt eine strukturelle Kopplung vor. Über den Mechanismus der Kopplung können Systeme an hochkomplexe Umweltbedingugen angeschlossen werden, ohne deren Komplexität erarbeiten zu müssen (vg. Luhmann, 1997).

- **Gedächtnis**: Nach Luhmann (1997) ist das Gedächtnis überhaupt Voraussetzung für die Ereignishaftigkeit der Kommunikation. Als Ereignis bezieht sich die Kommunikation auf sich selbst, und das schafft sie nur, wenn sie zwischen Vergangenem und Zukünftigem unterscheiden kann. Bei sozialen Systemen liegt die Funktion des Gedächtnisses in der Regulierung des Verhältnisses zwischen Erinnern und Vergessen.

Die systemischen Ansätze von Luhmann bedürfen der Ergänzung insbesondere in normativ ethischer Hinsicht und im Entwicklungsaspekt. Diese Aspekte bringen ökologisch systemische Modelle ein (vgl. Bronfenbrenner und Bateson, 1981).

2.3.1 Öko-systemische Ansätze

Etymologisch geht der Begriff „ökologisch“ bzw. „Ökologie“ auf das griechische Wort oikos zurück. Übersetzt bedeutet dies Haus oder Heim. Speck verwendet den Begriff „ökologisch“ im Sinne einer normativen Komponente und erweitert dadurch den Systembegriff um den Aspekt des „Heimischwerden des Menschen“ (Speck, 1998) ; denn im Begriff „Ökologie“ ist ein Wert enthalten. Damit erfüllt „ökologisch“ den

„Anspruch eines pädagogischen Handlungsansatzes“ (Barth, 2007). Speck sieht die Bedeutung des Begriffs „ökologisch“ als auf „die Lebenswelt und eine bessere Zukunft“ gerichtet. Zugleich umfasst der Begriff „ökologisch“ auch das Berücksichtigen ganzheitlicher Zusammenhänge und „das Verhältnis von System und Umwelt“ (Barth, 2007).

Für ökologische Denkmodelle sind vier Prinzipien bedeutsam:

- **Ganzheitsprinzip:** Es geht darum, die wirkenden Zusammenhänge zu erkennen, in denen ein einzelnes Element steht. Es hat einen holistischen Charakter (vgl. Bateson, 1985).: „Wir wissen, dass kein Teil eines solchen in sich interaktiven Systems eine einseitige Kontrolle über den Rest oder über irgendeinen anderen Teil haben kann. Die geistigen Charakteristika sind die Gesamtheit als ganzer inhärent und immanent.“ (Bateson, 1985) Bateson sieht jeden Menschen als ein selbstregulierendes System und schließt: „In keinem System, das geistige Charakteristika aufweist, kann also irgendein Teil einseitig Kontrolle über das Ganze haben. Mit anderen Worten, die geistigen Charakteristika des Systems sind nicht einem Teil immanent, sondern dem System als ganzem.“ (Bateson,1985) Will heißen, dass in einer Ganzheit jeder Teil des Systems mit den anderen so verbunden ist, dass jede Änderung an/in einem Teil zu Veränderungen des ganzen Systems führt. Damit umfasst dieser holistische Ansatz auch die Sicht, dass beim Menschen eine „Leib-Seele-Ganzheit“ besteht, dessen Teile einander zugeordnet und voneinander abhängig sind.

  Damit kann nach Speck das Erleben und Verhalten eines Menschen nur dann adäquat erklärt werden, wenn seiner Ganzheit genügend Rechnung getragen wird (vgl. Speck, 1998). Bateson macht dies an einem anschaulichen Beispiel deutlich: Man denke an einen Mann, der einen Baum mit der Axt fällt. Jeder Hieb der Axt wird entsprechend dem Aussehen der Schnittkerbe des Baumes, die durch den vorherigen Schlag hinterlasen wurde modifiziert oder korrigiert. Dieser selbstregulierte (d.h. geistige) Prozess wird herbeigeführt durch ein Gesamtsystem Baum-Augen-Gehirn-Muskeln-Axt-Hieb-Baum; und es ist dieses Gesamtsystem, das die Charakteristika des immanenten Geistes hat.“ (Bateson,1985)

- **Zirkularität:** Das Prinzip des Zirkulären beinhaltet eine Kausalität. Das wechselseitige Beeinflussen von Person und Umwelt gründet auf strukturellen Kopplungen zwischen den Systemen und bildet die Grundlage jeder Entwicklung. Bateson sagt: „Wenn man irgend etwas im menschlichen Verhalten erklären oder verstehen will, dann hat man es im Prinzip immer mit totalen Kreisläufen, d.h. vollständigen Kreisläufen zu tun." (Bateson, 1985) Speck konkretisiert dies: „Ausschlaggebend für die Entwicklung sind nicht isolierbare monokausale Wirkungen zwischen dem Kind und bestimmten Objekten und Personen, sondern die Komplexität der Verbindungen und Interaktionen zwischen den einzelnen Objekten und Personen innerhalb eines bestimmten Lebensbereichs. Man spricht von zirkulärer Kausalität." (Speck, 1998)

- **Co-Konstruktion von Wirklichkeit:** Jede Person steht mit ihrer Umwelt in Wechselwirkung, einem Wechselwirkungsgefüge. Dies bedeutet, dass die individuelle kognitive Konstruktion von Wirklichkeit immer und ausschließlich eine Ko-Konstruktion ist. Auch die ökosystemischen Modelle postulieren eine aktive Rolle des autopoietischen Systems in der Wahrnehmung von Wirklichkeit. Will heißen, jedes Individuum hat je nach seinen bisherigen persönlichen Erkenntnis- und Handlungsmöglichkeiten seine eigene Sicht von und auf die Wirklichkeit. Im Unterschied zu Luhmann wird bei der ökosystemischen Sicht deutlich, dass „nicht alle Wirklichkeit über die ein Mensch verfügen kann, ausschließlich selbstentworfen und selbstgedacht ist. Die wechselseitigen Einwirkungen (Person-Umwelt) bewirken eine Doppelfunktion; denn jede Konstruktion von Wirklichkeit ist in soziale Prozesse eingebunden und damit ist die individuelle Wirklichkeit soziokulturell mitbestimmt. Sie unterliegt auch der Kontrolle durch andere (Personen, Organisationen) (vgl. Speck, 1998).

- **Autonomieprinzip:** Es meint weitgehend den von Luhmann bezeichneten Begriff der Autopoiesis, nämlich die andauernde Selbstorganisation und Selbstregulation psychischer und sozialer Systeme. Im Unterschied zu Luhmann wird jedoch aus ökosystemischer Perspektive die „Autonomie der Systeme als interdependent verstanden, da sich das autonome System stehts in permanenter Wechselwirkung mit seiner Umwelt befindet. Das heißt, dass zwar jedes Individuum autonom handelt und wertet, dabei aber stets den „jeweiligen biologischen, kognitiven, sozialen und kulturellen Bedingungen" (Speck, 1998) seiner Lebenswelt unterworfen ist „Die autonomen kognitiven Prozesse vollziehen sich daher nicht selbstherrlich sondern sind immer soziokulturell geprägt (vgl. Barth, 2007). Zudem ist „die Art und Weise, wie ein autonomes System die Umwelt wahrnimmt und sich mit ihr auseinandersetzt, nicht allein von der Vernunft sondern auch von den Emotionen des Individuums abhängig." (Barth, 2007)

Speck sieht das Ergänzende der beiden Begriffe „systemtheoretisch" und „ökologisch" und verbindet die beiden Dimensionen in einem Denkmodell, dessen Ansätze er „öko-systemisch" oder „system-ökologisch" nennt (vgl. Speck, 1998). Speck entwirft ein Achsenkreuz, in dem das Systemische die „formale horizontale Ebene und das Ökologische die normative vertikale Ebene" bezeichnet. Somit bleiben nach Barth die Unterschiede der Begriffe bestehen:

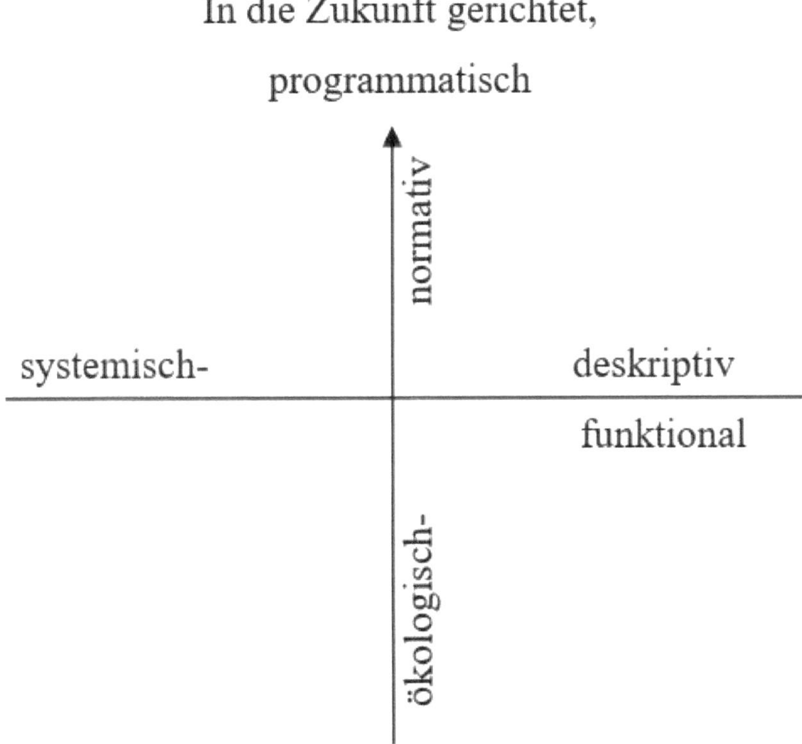

(Systemisch-ökologischer Achsenbegriffe; Speck, 1998)

Aus entwicklungspsychologischer Sicht sind die Interaktionen von Person und Umwelt schon lange Inhalte von Beobachtungen. Bronfenbrenner entwickelte die Perspektive der „Ökologie der menschlichen Entwicklung" (Bronfenbrenner, 1981). Er bezeichnet diese als „fortschreitende gegenseitige Anpassung zwischen dem aktiven, sich entwickelnden Menschen und den wechselnden Eigenschaften seiner unmittelbaren Lebensbereiche. Dieser Prozess wird fortlaufend von den Beziehungen dieser Lebensbereiche untereinander und von den größeren Kontexten beeinflusst, in die sie eingebettet sind." (Bronfenbrenner, 1981). Für die kindliche Entwicklung sind daher die aktiv gestalteten Interaktionen, d.h. die individuelle Auseinandersetzung mit der jeweiligen Lebensumwelt entscheidend. Nach Bronfenbrenner wirken dabei vier verschiedene Umweltsysteme, die miteinander in Wechselwirkung stehen. Bronfenbrenner sieht zur Verdeutlichung die jeweiligen Systeme in einer konzentrischen Anordnung. Jedes System wird dabei vom nächst größeren umschlossen. Bronfenbrenner nennt diese Lebensbereiche „Mikro-, Meso-, Exo- und Makrosystem".

Mikrosystem: „Ein Mikrosystem ist ein Muster von Tätigkeiten und Aktivitäten, Rollen und zwischenmenschlichen Beziehungen, die die in Entwicklung begriffene Person in einem gegebenen Lebensbereich mit den ihm eigentümlichen physischen und materiellen Merkmalen erlebt." (Bronfenbrenner, 1981). Nach Oerter (1998) umfasst ein Mikrosystem die kleinsten Subsysteme einer Gesellschaft, d.h. die unmittelbare Umwelt eines sich entwickelnden Individuums (Familie (z.B. Mutter-Kind), Kindergartengruppe (z.B. Erzieherin-Kind; Kinder-Kind), Schulklasse (Lehrer(-in) -Kind); Kinder-Kind) sowie die räumlichen Verhältnisse (z.B. Wohnung, Gruppenraum) (vgl. Oerter, 1998).

Mesosystem: „Ein Mesosystem umfasst die Wechselbeziehungen zwischen den Lebensbereichen, an denen die sich entwickelnde Person aktiv beteiligt ist (für ein Kind etwa die Beziehungen zwischen Elternhaus, Schule und Kameradengruppe in der Nachbarschaft; für einen Erwachsenen die zwischen Familie, Arbeit und Bekanntenkreis)." (Bronfenbrenner, 1981) Die Art und Weise bzw. Qualität dieser Beziehungen wirkt maßgeblich auf die Entwicklung einer Person ein.

Exosystem: „Unter Exosystem verstehen wir einen Lebensbereich oder mehrere Lebensbereiche, an denen die sich entwickelnde Person nicht selbst beteiligt ist, in denen aber Ereignisse stattfinden, die beeinflussen, was in ihrem Lebensbereich geschieht, oder die davon beeinflusst werden.“ (Bronfenbrenner, 1981) Nach Oerter sind solche Exosysteme für ein Kind z.B. die Arbeitswelt der Eltern oder der Freundeskreis der Geschwister.

Makrosysteme: „Der Begriff des Makrosystems bezieht sich auf die grundsätzliche formale und inhaltliche Ähnlichkeit der Systeme niederer Ordnung (Mikro-, Meso- und Exosysteme), die in der Subkultur oder der ganzen Kultur bestehen oder bestehen könnte, einschließlich der ihnen zugrunde liegenden Weltanschauungen und Ideologien.“ (Bronfenbrenner, 1981) Nach Strasser (1995) umfasst das Makrosystem die übergeordneten Institutionen und Organisationen, so z.B. das Bildungssystem und das kulturelle System, aus denen das Werte- und Normensystem einer Gesellschaft erwächst (vgl. Strasser, 1995).

Nach Barth ermöglicht ein systematisches Beschreiben der jeweiligen Lebenswelten, „die Wechselwirkungen zwischen Person und Umwelt“ stimmig auf die Entwicklung einer Person „einzuschätzen, und das Zusammenwirken der einzelnen Systeme zu überprüfen.“ (Barth)

Die nachfolgende Grafik verdeutlicht bzw. veranschaulicht das eben Genannte (vgl. Strassser, 1995):

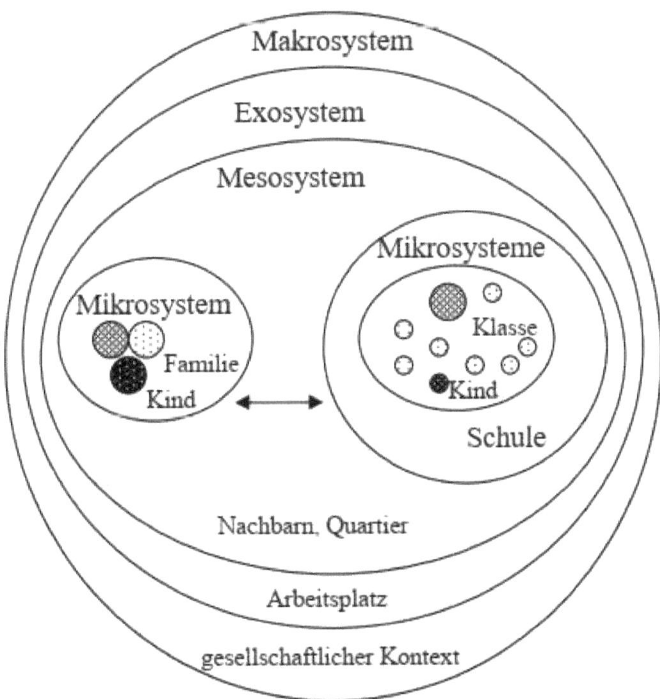

Das Modell steht auch in der Tradition von Bateson, der als Mitbegründer der ökologischen Sicht der Lebensprozesse gilt und 1972 in seinem 1985 in Deutschland erschienen Buch „Ökologie des Geistes“ den Begriff der Ökologie in die Sozialwissenschaften einbringt. Batesons Ansatz stimmt in weiten Teilen mit demjenigen von Bronfenbrenner überein: Beide definieren handelnde Personen als Elemente eines sozialen Systems, die über ihre Situation reflektieren. Dies steht im Gegensatz zu Luhmans Ansatz (vgl. Barth, 2007). Bateson und Bronfenbrenner stimmen darin überein, dass es innerhalb eines Systems soziale Regeln gibt, die das Verhalten des Systems bestimmen (vgl. König, 1997). Kernstück der Theorie Batesons ist „die Betrachtung der Wirklichkeit als Netzwerk von zirkulär interagierenden Systemen und Subsystemen, deren beobachtbare Phänomene sich nicht erklären lassen, wenn sie aus dem Kontext gerissen werden. [...] Das Muster, das verbindet. Ohne Kontext haben Worte und Handlungen überhaupt keine Bedeutung.“ (Bateson, 1987) Ähnlich wie Luhmann hat Baeteson eine differentialistisch aufgebaute Theorie. Für Bateson ist Wissenschaft „eine Wahrnehmungsweise und, sagen wir, Sinngebung unserer Wahrnehmungsgegenstände. Aber Wahrnehmung arbeitet nur mit Unterschieden. Jede Informationsaufnahme ist notwendig die Aufnahme einer Nachricht von einem Unterschied, und alle Wahrnehmung von Unterschieden ist durch Schwellen begrenzt.“ (Bateson, 1987)

Als „Charakteristika des Geistes“ bezeichnet Bateson Minimalanforderungen an ein System:

- Das System soll mit und auf der Grundlage von Unterschieden arbeiten.
- Das System soll aus geschlossenen Schleifen oder Netzen von Bahnen bestehen, auf denen Unterschiede und Umwandlungen von Unterschieden übertragen werden.
- Viele Ereignisse innerhalb eines Systems sollen eher durch den reagierenden Teil als durch den Einfluss des auslösenden Teils mit Energie gespeist werden.
- Das System soll Selbstregulation in Richtung auf Homöostase [....] zeigen. Selbstregulation umschließt Versuch und Irrtum (vgl. Bateson, 1987).

Systemische Ansätze unterscheiden sich von anderen Denkmodellen bzw. -methoden dadurch, dass sie:

- „Eher von Einzeleigenschaften absehen zugunsten von Interaktionen in einem Gesamtsystem.
- Vom Ursache-Wirkungs-Denken stärker abrücken zugunsten der Betrachtung von Kontexten.
- Von der Analyse von Systemteilen mehr Abstand nehmen zugunsten der Analyse von Beziehungsstrukturen zwischen den Teilen des Systems.
- Sich mehr auf Beschreibungen stützen und weniger auf Erklärungen.
- Eher syntaktisch (auf Grammatik und Struktur) als semantisch (auf Bedeutung) ausgerichtet sind." (Sparrer, 2006)

2.4 Zusammenfassende Folgerungen

In psychologisch-pädagogischen Fachgebieten führte der kybernetische Ansatz zu Fragen nach:

- der Stabilität und Erhaltung eines Systems.
- Voraussetzungsbedingungen von Veränderung, Entwicklung und Kreativität.
- den (Un-)Möglichkeiten eines Beobachters.
- dem wechselseitigen Einfluss auf Stabilisierungs- und Veränderungsprozesse (vgl. Simon et al., 1999,).

Systemorientierte Denkmodelle ermöglichen insbesondere

- sein eigenes Handeln zu orientieren, rekonstruieren und kritisch reflektieren zu können.
- Symptome oder Probleme nicht mehr als Eigenschaften von Individuen oder sozialen Systemen zu betrachten.
- die Strukturierung eines jeweiligen Bewusstseins und Gedächtnisses als das Ergebnis individueller Erfahrungen bzw. Entwicklungen zu sehen (interner Horizont).
- Konflikte als soziale Systeme zu sehen, die eine Negativversion von doppelter Kontingenz darstellen mit eigener Ordnung und auf die Zufuhr neuer Ressourcen angewiesen sind.

- zu verstehen, dass Interventionen nur dann wirken, wenn sie sich als Ereignis der inneren Wahrnehmung des zu beeinflussenden Systems darstellen.
- ein Denken in Zusammenhängen, die Fähigkeit eine Situation auf der Metaebene zu betrachten und zu durchdenken sowie erst danach zu Handeln.
- in der Praxis heuristische und kommunikative Funktionen, die sowohl einer kritischen Selbstreflexion und -evaluation, als auch dem Bereitstellen eines kommunikativen Rahmens zum Vermitteln, Erklären und Diskutieren von Phänomenen der Praxis dienen.
- Allen psychischen und sozialen Prozessen liegt „Sinnzwang“ zugrunde. Sinn ermöglicht erst Kommunikation. Sinn ist eine Einheit von aktualisiertem (oder gewähltem) und potenziellem (oder möglichem) Sinn (vgl. Manteufel/Schiepek, 1998).

Öko-systemische Ansätze eröffnen Perspektiven auf:

- Die hohe Relevanz der jeweiligen soziokulturellen Umwelt für die Entwicklung eines Menschen: Es besteht eine soziale Kopplung des Menschen mit seiner Umwelt.
- Erziehung als Kommunikation und Erziehungspersonen als Kommunikatoren, „die ihre Motive, Interessen, Einstellungen, Überzeugungen und Bewertungen ins Spiel bringen“ (Speck, 1998)
- Die Autonomie jeder Person bewirkt, dass ein Übernehmen von Werten und Normen immer reflektiert und mit stets eigenen Bewertungen erfolgt.
- Die Qualität der Kommunikation, der Beziehung, Echtheit, Überzeugungskraft und Glaubwürdigkeit darüber entscheidet, ob Prinzipien, Normen und Verhaltensmuster übernommen, gelebt und dann auch selbst vertreten werden (vgl. Speck, 1998).
- Störungen werden dem Gesamtsystem, in dem ein Mensch lebt zugeschrieben. Damit müssen bei allem erzieherischen Handeln das Umfeld, die Lebenswelt, die bisherigen Erfahrungen eines Individuums sowie die dort Beteiligten einbezogen werden, um einer Ettikettierung oder Stigmatisierung vorzubeugen (vgl. Strasser, 1995).
- Nach Bateson ist „das Erlernen der Lebenskontexte ein Problem, das nicht von innen her, sondern als eine Sache der äußeren Beziehungen zwischen zwei Geschöpfen diskutiert werden muss.“ (Bateson, 1993) Somit

wird klar, eine Beziehung umfasst immer mindestens zwei Personen und kann nie allein innerhalb einer Person bestehen; will heißen; dass immer das jeweilige Beziehungsgefüge berücksichtigt werden muss, um Beschreibungen wie „aggressiv“, „zurückgezogen“, „herablassend“ oder „hochnäsig“ usw. überhaupt zu legitimieren: Zuschreibungen müssen als solche gesehen werden; denn sie sind nicht innerhalb einer einzelnen Person verankert, sondern gründen bei der beobachtenden Person.

- Da Fremdbestimmung bei Beeinträchtigungen im pädagogischen Feld keine nachhaltigen Wirkungen zeitigt, sollten Ansätze eingeleitet werden, die es erlauben, eine sukzessiv wachsende Selbstregulation im Sinne einer Hilfe zur Selbsthilfe aufzubauen.

Die nachfolgende Grafik zeigt beispielhaft ein Interaktionssystem wie es in Beratungs- und Coachingprozessen oft vorkommt.:

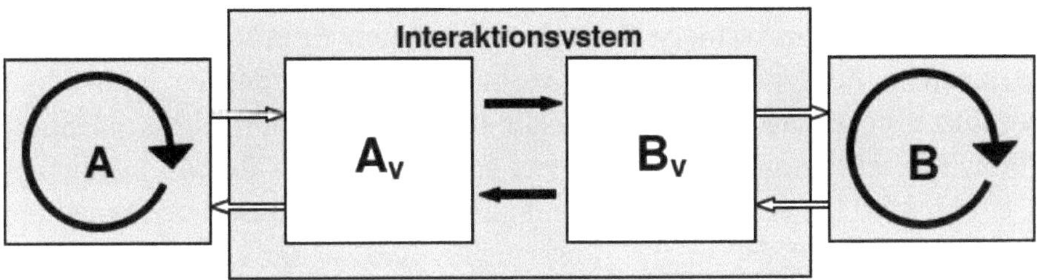

A bzw. B: Psychisches System A bzw. psychisches System B. Beide sind Umwelt für das Interaktionssystem (und umgekehrt) und können nur an eigene Operationen anschließen (psychische Systeme sind bspw. nur an eigene Gedanken anschlussfähig). Die schwarzen Pfeile deuten auf die Operationen des Systems hin.

A_V bzw. B_V: Verhalten von A bzw. Verhalten von B.

⟹ : Die weißen Pfeile deuten die Wechselwirkung zwischen den Systemen an, die aus der Sicht eines Systems nur als Irritation wahrnehmbar ist. Diese Irritationen können nur dann Wirkung erzeugen, wenn sie in systemeigene Operationen übersetzt werden.

(Stingl de Vasconcelos Guedes, T., 2011)

Gerade auch in Beratungssituationen oder -prozessen sowie beim Coaching ist die Fähigkeit zu systemischem Denken hilfreich. Daher wird dieses nachfolgend kurz vorgestellt.

2.5 Systemisches Denken

Bei Aufgabenstellungen werden zunächst meist lineare Erklärungsstrategien eingesetzt, was bei komplexen Fragestellungen unangemessen ist. Systemisches Denken will eine Problemstellung über das Betrachten der verschiedenen in ihr wirkenden Zusammenhänge erschließen. Viele Fragestellungen gerade auch in psychologisch-pädagogischen Bereichen sind in komplexe Sachverhalte oder Systeme eingebettet. Dort würde ein rein analytisches Vorgehen hinsichtlich möglicher Handlungs- oder Lösungsansätze scheitern; denn ein System ist mehr als die Summe seiner Einzelteile (vgl. Arndt, 2017). „Ein System ist nicht ein Etwas, das dem Beobachter präsentiert wird, es ist ein Etwas, das von ihm erkannt wird." (Maturana, 1994) Notwendig für die Konstruktion bzw. das Erkennen eines Systems ist deshalb immer ein Beobachter, der auch Teil des Systems sein kann. Beim ´Erkennen´ wirken bereits bestehende Wirklichkeitskonstruktionen mit. Diese steuern die Wahrnehmung in Form von inneren Landkarten. Bereits bestehende innere Landkarten werden durch neue Beobachtungen und Erfahrungen ergänzt oder überschrieben. Passen Beobachtungen zu bereits bestehenden inneren Landkarten, so werden diese verstärkt wahrgenommen, was bedeuten kann, dass potentiell verstörende Aspekte nicht ins Wahrnehmungsfeld gelangen. Fühlt sich z.B. jemand oft als Opfer, so nimmt diese Person schon z.B. Scherze, eine lautere Stimme oder kleine Sticheleien usw. als Agression wahr: Sie attributiert solche Äußerungen und bringt sie sofort in den ´Opfermodus´, was entweder Resignation oder Gegenwehr auslösen kann.

Systemisches Denken will den Umgang mit Komplexität fördern. Je höher dabei die Dynamik eines Systems ist, desto höher ist auch seine Komplexität.

Systemisches Denken umfasst nach Ossimitz (2000) vor allem vier Dimensionen:

- Vernetztes Denken: Denken in Rückkopplungskreisen;
- Dynamisches Denken: Denken in Zeitabläufen;
- Denken in Modellen;
- Systemgerechtes Handeln (vgl. Ossimitz, 2000).

Beim vernetzten Denken gilt es sowohl direkte Wirkungen, als auch indirekte und besonders Rückkopplungen zu identifizieren. Ebenso müssen Wirkungsbeziehungen erkannt und verstanden werden.

Beim dynamischen Denken sind folgende Fähigkeiten hilfreich:

a) „Erkennen und Berücksichtigen der Eigendynamik von Systemen.

b) Die Fähigkeit, zukünftige Entwicklungsmöglichkeiten zu identifizieren.

c) Erkennen der Bedeutung langfristiger Wirkungen.

d) Erkennen und Beurteilen von charakteristischen systemischen Zeitgestalten (Verzögerungen, periodische Schwingungen, verschiedene Arten von Wachstumstypen – linear, exponentiell, logistisch usw.).

e) Ein Verständnis für das gleichzeitige Ablaufen mehrerer Vorgänge in einem komplexen System.

f) Die Fähigkeit, Zeitgestalten adäquat darzustellen bzw. in Raumgestalten umzuwandeln. Solche Zeitgestalten sind etwa periodische Schwankungen oder zeitliche Verzögerungen (vgl. Ossimitz 2000).

Beim Denken in Modellen ist die je eigene Bewusstheit wichtig, dass Modelle nur bestimmte Teilausschnitte der Wirklichkeit und diese vereinfacht abbilden. Verschiedene Modelle zum gleichen Sachverhalt sind somit unterschiedliche Vereinfachungen aufgrund verschiedener Parameter. Vor Entscheidungen aufgrund eines Modells ist die Kenntnis und Analyse der diesem zugrundeliegenden Parameter entscheidend!

Zum Erlernen bzw. Erarbeiten von Fähigkeiten eines vernetzten Denkens ist sowohl das Lesen als auch vor allem das eigenständige Erstellen von logisch-bildhaften Darstellungen komplexer Sachverhalte hilfreich. Eine wichtige Herangehensweise an komplexe Sachverhalte bzw. komplexe, vernetzte Systeme ist deren grafische oder bildhafte Darstellung in Strukturbildern oder sogenannten Wirkungsnetzen und Rückkopplungsschleifen (z.B. logische Bildtypen in Wirkdiagrammen), da dadurch Einzelinformationen und ihr Kontext simultan erfassbar und Strukturen bzw. Zusammenhänge sichtbar werden. „Wirkungsdiagramme zeigen kausale Zusammenhänge zwischen Systemelementen auf, wobei z.B. ein Pfeil von der abhängigen Größe auf die unabhängige Variable zeigt. Gleichgerichtete Korrelationen (‚je mehr x, desto mehr y‘ beziehungsweise ‚je weniger x, desto weniger y‘) werden durch ein ‚+‘ am Verbindungspfeil symbolisiert, während gegenläufige Wirkungsrichtungen (je mehr x, desto weniger y‘ beziehungsweise ‚je weniger x, desto mehr y‘) mit einem ‚-‘ gekennzeichnet werden.“ (Arndt, 2017)

In der Literatur finden sich zahlreiche Ansätze, in denen wie bei Ossimitz einzelne Elemente systemischen Denkens besonders herausgestellt werden. In der Zusammenschau dieser Ansätze sollten beim Lernen und

Üben systemischen Denkens folgende Herangehensweisen sukzessive einbezogen werden:

- „Elemente eines Systems identifizieren und verstehen. Diese Komponente systemischen Denkens beinhaltet, einzelne Phänomene als zu einem größeren System zugehörig zu erkennen, bzw. für ein bestimmtes System relevante Elemente generieren oder identifizieren zu können.
- Grenzen identifizieren. Grenzen eines Systems zu identifizieren umfasst die Fähigkeit, ein System mit einer bestimmten Funktion von seiner Umwelt abzugrenzen und somit zu unterscheiden, welche Elemente für dieses System von Bedeutung sind und welche nicht.
- Subsysteme innerhalb eines Systems identifizieren. Diese Kompetenz beinhaltet die Fähigkeit, innerhalb eines vorgegebenen Systems kleinere, untergeordnete Systeme bestimmen zu können. So können etwa Biozönosen und Populationen als Subsysteme eines Ökosystems betrachtet werden.
- Wechselwirkungen innerhalb eines Systems identifizieren und verstehen. Zu dieser Kompetenz gehört die Fähigkeit, zu erkennen, dass einzelne Systemelemente nicht voneinander unabhängig sind, sondern über Wirkbeziehungen miteinander in Verbindung stehen. Auch die Bestimmung, welche Arten von Wirkbeziehungen zwischen Systemelementen bestehen, kann Bestandteil dieser Komponente systemischen Denkens sein.
- Dynamik identifizieren. Dynamik zu identifizieren entspricht dem Verständnis, dass Systeme nicht statisch sind, sondern sich aufgrund von Eigendynamik oder äußeren Einflüssen über die Zeit hinweg verändern können.
- Rückkopplungen und Kreisläufe in einem System identifizieren. Rückkopplungen und Kreisläufe zu identifizieren, bedeutet, in einem System feststellen zu können, dass eine Wirkung direkt oder indirekt wieder auf ihre Ursache zurückwirkt.
- Dynamische Komplexität verstehen und beurteilen. Dieser Aspekt systemischen Denkens entspricht der Fähigkeit, charakteristische systemische Zeitgestalten zu erkennen, wie beispielsweise Verzögerungen, periodische Schwingungen oder verschiedene Arten von Wachstumstypen (z.B. linear, exponentiell, logistisch) und deren Auswirkungen auf das Systemverhalten abschätzen zu können.

- Prozesse verschiedener Systemebenen verstehen. Prozesse verschiedener Systemebenen zu verstehen, bedeutet, zwischen Eigenschaften des Systems und Eigenschaften der Elemente zu unterscheiden sowie Systemstrukturen und -verhalten auf verschiedenen Hierarchieebenen betrachten und verstehen zu können.
- Funktionsweise eines Systems verstehen. Die Kompetenz, die Funktionsweise eines Systems zu verstehen, beinhaltet das umfassende Verständnis des Systemverhaltens.
- Systeme und deren Verhalten modellieren. Systemmodellierungskompetenz umfasst die Fähigkeit, Systeme und ihre Dynamik angemessen abbilden zu können.
- Perspektivendifferenzierung. Die Perspektivendifferenzierung beinhaltet das Wissen, dass sowohl innerhalb eines Interessensvertreters als auch zwischen mehreren Interessenvertretern Zielpluralität vorliegen kann.
- Erklärungen geben. Erklärungen hinsichtlich eines Systems geben zu können, entspricht der Fähigkeit, Systemzustände mit vorausgegangenen Ursachen begründen zu können.
- Prognosen treffen. Prognosen hinsichtlich eines Systems treffen zu können ist die Fähigkeit, zukünftiges Systemverhalten (aufgrund von Eigendynamik oder äußeren Einflüssen) vorhersagen zu können.
- Zielorientierte Eingriffsplanung und Systemsteuerung. Diese Komponente systemischen Denkens umfasst die Fähigkeit, Eingriffe in ein System zu planen und vorzunehmen, so dass ein bestimmtes Ziel (z.B. definierter Systemzustand) erreicht wird.“ (Bräutigam, 2014)

Systemisches Denken will die Handlungsfähigkeit erhöhen. Damit dies gelingen kann, muss ein Individuum eine sinnvolle Auswahl der vorhandenen Möglichkeiten treffen. Wie oben beim Begriff Kontingenz schon allgemein benannt, entsteht aus dem Zwang zu entscheiden ein Konflikt, da zwischen vorhandenen potentiellen Möglichkeiten im jeweiligen System entschieden werden muss. Mit Wilke erzwingt die in der Umwelt vorhandene Komplexität mit Blick auf die Handlungsfähigkeit eine Aggregation von Umweltdaten sowie das Ausfiltern des für das System Unwesentlichen. Konflikte entstehen damit auf der Input-Seite des Systems Mensch mit der Frage: „Was ist relevant und was ist irrelevant?“ Auf der Output-Seite des Systems Mensch bewirkt die Kontingenz Konflikte mit der Frage: „Welche Handlungsmöglichkeiten sind günstig und damit vorzuziehen?" Was beim Menschen etwa Kreativität, Phantasie oder einfach Denken und geistige Produktivität genannt wird, ist nichts anderes als die Produktion neuer Komplexität (vgl. Wilke, 1982). Die nachfolgende Grafik verdeutlicht dies. Hierin wird das psychische System dargestellt, das die selegierten Daten nach den spezifischen Kriterien des Systems (Mensch) aggregiert und bearbeitet in einem komplexen kognitiven Prozess:

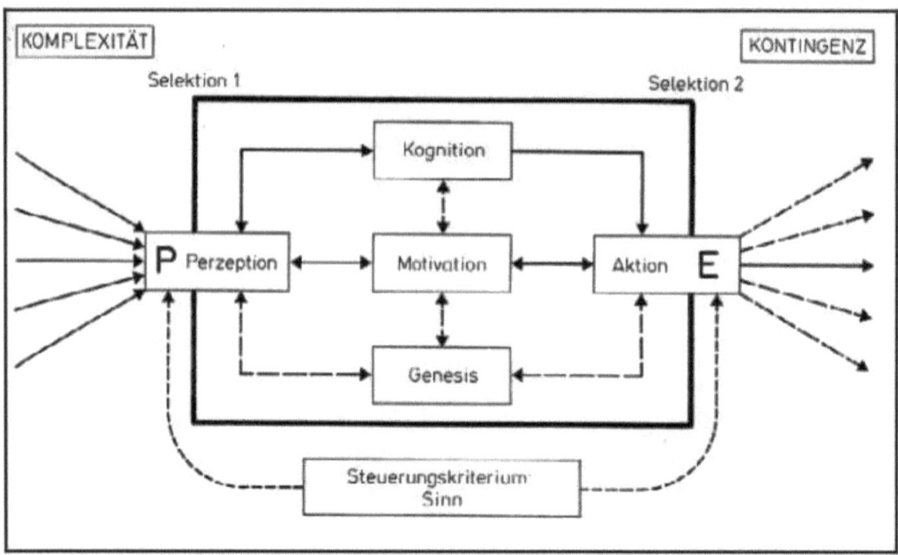

(Selektion von Komplexität und Kontingenz; Wilke 1982)

Diese Zusammenhänge der Selektionen von Komplexität und Kontingenz, um Handlungsfähigkeit zu erlangen wirken auch in Beratungs- und Coachingprozessen. Um eine Selbstlähmung eines psychischen Systems (Mensch) zu vermeiden, muss eine Balance zwischen Komplexität und Kontingenz entwickelt werden. Dies gilt im übrigen auch für soziale Systeme.

Mittlerweile gibt es auch Computerprogramme mit deren Unterstützung systemisches Denken erlernt und trainiert werden kann.

2.5.1 Systemisches Denken - Haltungen

Systemisches Denken geht davon aus, dass das Verhalten eines Menschen vom jeweiligen Kontext abhängig ist (vgl. Polt / Rimser, 2006). Systemisches Denken im pädagogischen Kontext sollte mit Heinz von Foerster insbesondere in Beratungs- und Coachingprozessen so erfolgen: „Handle stets so, dass du die Anzahl der Möglichkeiten vergrößerst." (v. Foerster, 1997) Diese Aussage beschreibt eine Ziel- und Ausrichtung systemischen Denkens und Handelns. Was für eine handelnde Person im pädagogischen Kontext bedeutet, dies so zu tun, dass die Freiheiten der Mitmenschen gewahrt sind / bleiben. Ergänzend dazu schlagen Schlippe und Schweitzer (2013) für ein systemisch-konstruktivistisches Denken und Handeln vier ethische Grundpositionen vor:

- „Denke und handle ökologisch valide. (Oder: „Es gibt immer einen größeren Kontext.")
- Achte auf die Definitionen und Bewertungen, die du vornimmst. (Oder: „Es könnte auch alles ganz anders sein.")
- Besinne dich auf deine persönliche Verantwortung. (Oder: „Es gibt kein Richtig und Falsch, aber du bist Teil des Kontextes und alles was du tust, hat Konsequenzen!")
- Achte darauf, in respektvoller Weise Unterschiede zu schaffen. (Oder: „Füge dem Bild des/der Klienten etwas Neues hinzu.")" (Schlippe / Schweitzer, 2013)

Palmovski (1999) formte den ethischen Imperativ von Foerster um in: „Unterrichte stets so, dass neue Möglichkeiten entstehen." Dies ließe sich auch auf Beratungs- und Coachingprozesse übertragen. Ebenso bedeutsam, da oft im alltäglichen Tun übersehen, sind die erste und die dritte ethische Grundposition von Schlippe und Schweitzer: Alles pädagogische Handeln ist in einen größeren Kontext eingebettet und von diesem beeinflusst. Auch die zweite Grundposition wird mit Blick auf Beratungs- und Coachingprozesse deutlich: Es gilt Interesse und Neugier auf andere Denkwege zu erhalten, da dies erst echte Toleranz ermöglicht. Eine solche echte Toleranz zeigt sich im nicht Bewerten. Zugleich stellt echte Toleranz eine hohe Anforderung an sich selbst dar hinsichtlich der je eigenen Gedanken und der Reflexion des Kontextes. Hilfreich ist hier, die eigenen Gedanken als mögliche Hypothesen zu sehen, die es zu überprüfen gilt.

Im systemischen Denken wird hier oft ein „sowohl - als auch" verwendet und die Frage nach der jeweiligen „Nützlichkeit" eines Verhaltens gestellt. Die Hypothesenbildung will einem „Richtig" oder „Falsch" vorbeugen, da es ja keine „richtige Hypothese" gibt, sondern durch die Hypothesenbildung sollen die Perspektiven und Möglichkeiten gemäß dem ethischen Imperativ vermehrt werden. Palmovski sagt in diesem Zusammenhang:

„Gerade wenn ´immer wieder´ dasselbe abläuft, fördern Hypothesen mit Überraschungsgehalt das Unerwartete und Unwahrscheinliche. [...] Man sollte mit den Hypothesen, die man im Kopf hat, flirten, aber man sollte sie nicht heiraten." (Pavlowski, 1999) Mit einer solchen Haltung wird z.B. in Beratungs- und Coachingprozessen die geistige Beweglichkeit der Beratungs- bzw. der Coachingperson erhalten; denn ein dauerhaftes Festsetzen von Gedanken, was ein „entweder - oder" bedeutete, wird so vermieden. Auf diese Weise werden auch eher die Wirkungszusammenhänge und Wechselwirkungen (Zirkularität) im ablaufenden Prozess zwischen den (beiden) Handelnden, z.B. Berater(-in) - Beratende(r) bzw. Coach - Coachee für die Beratungs- bzw. Coachingperson deutlicher. Auch die letzte Grundposition von Schippe und Schweitzer stellt eine hohe Anforderung gerade auch in Beratungs- und Coachingprozessen dar, da sie einfühl- und achtsames inhaltliches und persönliches Handeln insbesondere bei stattfindenden Konfrontationen oder erforderlichen Interventionen einfordert. „Ich"-Aussagen oder wie Palmovski es ausdrückt ein „Antragen" sind hilfreich; denn so erkennt bzw. erfühlt die andere Person i.d.R. eine Aussage eher als unterstützend und einfühlsam sowie wertschätzend und persönlich zugewandt. Dies bewirkt die Bereitschaft zu einem Anhören des Unterschieds bewirkt. Die angesprochene Person kann so das Gesagte „Andere" eher annehmen, überdenken und entscheiden, ob es für sie relevant oder nicht relevant ist.

Oben wurde postuliert z.B. in Beratungs- und Coachingprozessen Interesse und Neugier auf andere Denkwege zu erhalten. Nun hat im Alltagsgebrauch das Wort „Neugier" eine zwiespältige Eigenschaft: Positiv ist „Neugier" im Sinne von ´wissbegierig´, wohingegen „Neugier" im Sinne von ´indiskret´ negativ wirkt. Nach Michalak (1999) beschreibt Neugier in Beratungs- bzw. Coachingprozessen „einen Beweggrund, die Umwelt zu erkunden, sie zu untersuchen und mit ihr zu kommunizieren." Neugier wird im systemischen Verständnis „als eine Ressource des Umsetzenden verstanden; denn ein damit akzeptiertes Nichtwissen führt zu einem ehrlichen Interesse an der Eigenlogik des jeweiligen Systems und der Vertiefung des Dialogs und der Kooperation mit den Beteiligten." (Conrads, 2009) Neugier drückt sich z.B. in der Art und Weise des Fragens aus, nämlich in sogenannten „offenen Fragen, die vermeintliche Gewissheiten, Annahmen und Haltungen mit Respekt ansprechen." (Conrads, 2009) Damit korrespondieren die Begriffe „Neugier" und der im folgenden erläuterte Begriff der „Neutralität".

Schlippe und Schweitzer (2013) verwenden im systemischen Denken den Begriff der „Neutralität" als eine Haltung im Sinne von der Fähigkeit, eine eigene Meinung zu haben, sie jedoch nicht zwangsläufig zu äußern und, bei einem Äußern, sie nicht doktrinär vorzubringen: „Neutralität ist in erster Linie nicht eine Frage der Absicht sondern eine Frage der Wirkung. Wenn den Teilnehmern einer systemischen Beratung hinterher unklar ist, auf wessen Seite der Berater mehr gestanden hat, welche der vertretenen Ideen er favorisiert und wie er zum Problem steht – dann hat der Berater sich neutral gezeigt." (Schlippe / Schweitzer) Eine solcherart praktizierte „Neutralität" umfasst dabei sowohl Empathie als auch Anteilnahme und ausgleichendes Engagement. Eine Haltung der Neutralität führt zum respektvollen Umgang mit Neugier und der moralisierenden „One-up"-Position einerseits; andererseits unterstützt die Neugier die Neutralität dergestalt, dass sie den Versuch der instruktiven Interaktion verhindert (vgl. Conrads, 2009).

In Beratungs- und Coachingprozessen kommt einer respektvollen Haltung gegenüber der zu beratenden Person bzw. dem/der Coachee zentrale Bedeutung zu. Der Begriff „Respekt" ist eine elementare Grundhaltung im systemischen Denken. Nach Michalak ist Respekt zu unterscheiden von Akzeptanz. Michalak sieht „Respekt" dadurch gekennzeichnet, dass eine solche Haltung frei ist von Bewertungen. Sie sieht andere auf Augenhöhe, d.h. ebenbürtig und gleichberechtigt an. Akzeptanz hingegen ist lediglich eine Haltung des Billigens, d.h. ein Hinnehmen, was nicht wertungsfrei ist. Elementar im systemischen Denken ist, dass Respekt die Grundhaltungen der Neutralität und Neugier voraussetzt!

Nach Schlippe und Schweitzer (2013) kommt im systemischen Denken des Weiteren der Haltung der Ressourcen- und Lösungsorientierung grundlegende Bedeutung zu: „Zentral ist die Annahme, dass jedes System bereits über alle Ressourcen verfügt, die es zur Lösung seiner Probleme benötigt – es nutzt sie nur derzeit nicht [Es handelt sich also nicht um einen defizitären Zustand!]. Um die Ressourcen aufzufinden, braucht man sich nicht mit dem Problem zu beschäftigen, der Fokus liegt von vornherein auf der Konstruktion von Lösungen." (Schlippe / Schweitzer, 2013) Beim Konstruieren von Lösungen bzw. dessen Anbahnen und Begleiten können durchaus passende, als erbetenes ´Angebot´ gewollte, Hinweise, Anregungen und Interventionen durch die beratende Person bzw. den Coach angesagt und hilfreich sein.

Nach Balgo bedeutet die Ressourcen- und Lösungsorientierung „den Aufmerksamkeitsfokus vom ´Schatten´ zum ´Licht´, vom Defizit zum Profizit, vom Problem zur Lösung hin zu verändern." (Balgo, 1997) Nach Schlippe und Schweitzer (2013) hat es sich als sinnvoll erwiesen, „davon auszugehen, Menschen verfügten an jedem Punkt ihrer Entwicklung über eine Vielzahl von Möglichkeiten, sie entscheiden sich aber – aus subjektiv respektablen Gründen – vieles von dem, was sie tun könnten, zumindest vorläufig noch nicht (oder nur manchmal) zu tun." (Schlippe / Schweitzer, 2013) Es gilt in Beratungs- und Coachingprozessen „nur" die jeweilig passenden Ressourcen aufzudecken, zu ergründen und zu finden, um Möglichkeiten für Lösungen beim Gegenüber aus diesem selbst heraus generieren zu können. Schließlich soll das Selbstkonzept und die Selbstregulation gestärkt werden.

3 Systemische Interventionen

„Für systemische Ansätze ist kennzeichnend, dass sie Symptome, die bei einer einzelnen Person auftreten, nicht als Eigenschaft dieser Person verstehen, sondern als Merkmale von Beziehungsstrukturen eines Systems. Diese Beziehungen werden u.a. durch Kommunikation zwischen den Mitgliedern bzw. durch die Kommunikationsabläufe festgelegt." (Sparrer, 2006) Bei systemischen Interventionstechniken geht es z.B. darum gewohnte Denkweisen zu überprüfen, das Hinterfragen von Gestaltungsrahmen und das Üben / Anstreben andere Perspektiven einzunehmen. Damit dienen solcherart Interventionen sowohl dem Sammeln von Informationen als auch dem Vermitteln anderer Sichtweisen. Interventionen können dabei auf verschiedenen Ebenen (z.B. emotionale, rationale, systemische) erfolgen. Wirksame Interventionen lösen Ordnungsübergänge in psychischen Systemen aus. Durch Information werden andere Sichtweisen über Objekte oder Ereignisse ermöglicht. So werden in diesem Moment bisherige relativ stabile Annahmen oder Überzeugungen in der Erlebniswelt nicht mehr als passend oder als „selbstverständlich" erlebt: Mit der „Welt" konfrontiert, eröffnet sich diese in der Wahrnehmung plötzlich als vielschichtiger und mehrdeutiger. Durch die Komplexität und die damit verbundene, erlebte Instabilität / Verunsicherung kann sich eine neue kognitive Ordnung herausbilden. So kann ein „Anstoß" oder ein „Impuls" die „Welt" in einem neuen Licht als sinn- und bedeutungsvoll erscheinen lassen, oder die bisherigen Schemata werden in ihrer Sinnhaftigkeit bestärkt. Subjektive Konstruktionen von Wirklichkeit verändern sich, wenn Erfahrungen in der Erlebniswelt bzw. Informationen sich als unpassend zur derzeitigen kognitiven Struktur erweisen und folglich die Konstruktion nicht mehr als „viabel" erscheint (vgl. Kiel, 2016).

Entscheidend in Beratungsprozessen ist, dass der/die Beratene bzw. Coachee jeweilige Lösungsansätze bzw. Lösungen selbst durchdenkt und erarbeitet. Für systemische Interventionen gelten nach Kasper/Mayrhofer/Meyer nachfolgend genannte Bedingungen:

- Interventionen können nur Anregungen zu Veränderungen geben oder Irritationen für das System produzieren. Wie diese Anregungen oder Irritationen im System wirken, hängt von den Strukturen des Systems ab.
- Akzeptanz und Macht können dabei helfen Interventionen anschlussfähiger zu machen.
- Die Interventionen folgen dem Prinzip ‚Versuch und Irrtum'. Bei jedem Versuch werden die Strukturen bzw. die Logik des Systems überprüft.
- Systemische Interventionen „müssen auf die Möglichkeiten und Grenzen des intervenierten Systems Rücksicht nehmen."
- Systemische Interventionen sollten auch Angebote beinhalten, die außerhalb der bestehenden Entscheidungsmuster liegen.
- Bei jedem Veränderungsangebot muss gleichzeitig jedoch kommuniziert werden, was jeweils gleichbleiben kann/soll (vgl. Kasper/Mayrhofer/Meyer, 1999).

Bei allen systemischen Interventionen bilden passende Fragemethoden den Schwerpunkt. Fragen zu stellen intendiert sowohl ein aufrichtiges Interesse an der gegenüber befindlichen Person als auch der Orientierung und Beeinflussung („Wer frägt führt!"). Systemische Interventionstechniken beinhalten verschiedene Frageweisen. Zu unterscheiden sind:

Lineare Fragen: Sie richten sich auf Ursache- und Wirkungszusammenhänge (z.B. „Was geschieht wenn ...? ", „Wer ist wie beteiligt?", „Wer entscheidet...?)

Strategische Fragen: Sie wollen eine Person in eine bestimmte Richtung lenken, haben eine ´Korrekturfunktion´ und benennen vermutete Ursachen (z.B. „Könnte es sein, dass ...?“, „Was führte zu Ihrer Entscheidung ...?“ „Was wollten sie mit ... erreichen?, „Welche Überlegungen führten zu ...?“, „Angenommen ... würde klappen, was wäre dann zu überlegen?)

Zirkuläre Fragen: Sie sind ein besonderes Merkmal systemischer Interventionen und fokussieren auf Perspektivwechsel und Unterschiede. (siehe nachfolgendes Teilkapitel).

Reflexive Fragen: Sie haben zum Ziel Hypothesen über die Zukunft aufzustellen und sind ein Sonderfall von zirkulären Fragen. (z.B. „Was wäre, wenn ... eingetreten ist?“, „Was würde ... zu ... sagen?“. „Wie könnte ... reagieren, wenn ...?“, „Wie würden Sie sich fühlen bei ...?“

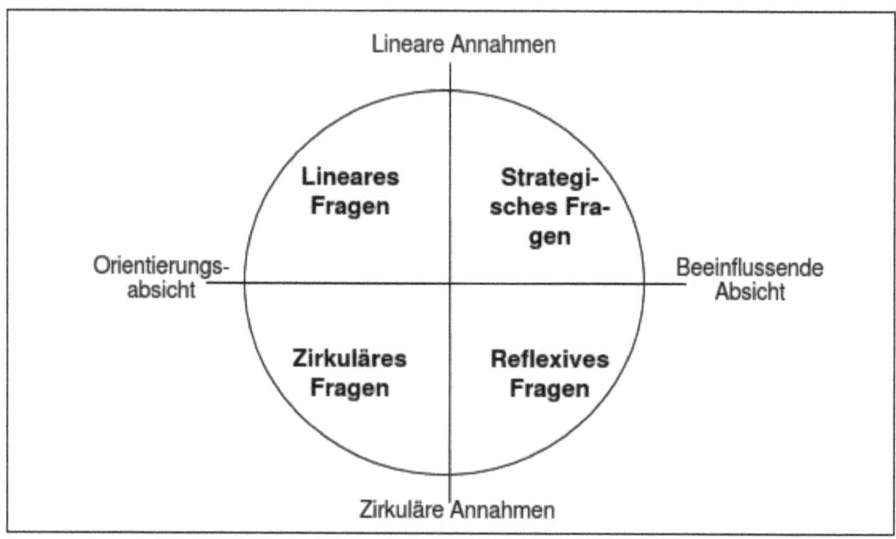

(nach Kasper/Mayrhofer/Meyer, 1999)

Zirkuläre Fragen

Zirkuläres Fragen will „zirkuläre Prozesse in Beziehungssystemen aufdecken und starre Kommunikations- und Interaktionsmuster, die Konflikte innerhalb des Systems verursachen, durch eine gezielte Einnahme von unterschiedlichen Beobachterpositionen und Perspektivwechseln“ (Uni Köln, Methodenpool, 2020) bearbeitbar machen. „Die Beteiligten werden angeregt, ihre Vermutungen über Wünsche, Bedürfnisse, Meinungen, Beziehungen usw. anderer Beteiligter zu äußern.“ (ebd.) Es führt beim Fragen eine „Außenperspektive" ein, z.B. in einem Beziehungskontext. Zirkuläre Fragen orientieren sich stark an der zu beratenden bzw. zu coachenden Person. Sie wollen dazu anregen, die eigene Perspektive sozusagen probeweise aufzugeben und andere Sichtweisen und Perspektiven in Gedanken zu erproben bzw. experimentierend zu durchdenken(vgl.Stangl,2019).

Die Methode des zirkulären Fragens intendiert nach Schippe/Schweitzer (2013):

- Informationen über den Kommunikationskontext zu sammeln,
- Kommunikationsangebote für alle Beteiligten sichtbar und in ihrem Sinn durchschaubar zu machen,
- festgefahrene Kommunikations- und Verhaltensmuster sowie Beziehungskonstellationen zu stören,
- Ideen für neue Deutungsmuster und Handlungsoptionen zu streuen (vgl. Schlipps/Schweitzer, 2013).

Mit zirkulären Fragen versucht die Beratungsperson bzw. der Coach z.B. einen Überblick über die Lebenswelt bzw. das Umfeld oder soziale Gefüge zu ergründen, in dem die zu beratende Person lebt und das auf sie Einfluss nimmt. Mit zirkulären Fragen können z.B. auch Beziehungs- und Wirkungszusammenhänge aufgezeigt / erkannt sowie unterschiedliche Perspektiven auf Situationen eröffnet werden. Intendiert wird damit, dass die zu beratende Person sowohl ihre Einschätzungen überdenkt als auch einen Perspektivenwechsel vornimmt und so die Möglichkeit erhält, eine Situation anders zu sehen bzw. zu bewerten.

„In Beziehungen gelten keine eindeutigen und strikten Kausalbezüge, die linear ein Verhalten festlegen oder Kommunikation beschreiben können. Das Verhalten eines jeden Elements in einem zirkulären System ist durch Rückkopplung bedingt. Wenn sich auch technische Regelkreise nicht auf menschliches Verhalten direkt beziehen lassen, da sie nur einfache Wechselwirkungen beschreiben, so kann man dennoch die Metapher des Feedback aufnehmen und auf menschliche Kommunikation anwenden. Dies betrifft insbesondere die Erweiterung einer bloß kausalen Wenn-dann-Beziehung hin zu einer zirkulären: Jede kommunikative Äußerung wird in einer Kommunikation Anlass für andere Äußerungen, die dann, wenn sie zum Kommunikator zurückkehren, wieder Anlass für neue Äußerungen werden. Jede Äußerung birgt eine potenzielle Anregung oder auch Verstörung des Systems in sich. Dies ist für menschliche Kommunikation typisch. Lineare Wenn-dann-Zuschreibungen sind für kommunikative Prozesse immer zu einfach. Menschen sind keine Planetensysteme, die nach klar zu bezeichnenden Regeln um sich kreisen und vorausberechnet werden können. Eine zirkuläre Sichtweise hilft, die Verwobenheit von interaktiven Bezügen anzuerkennen [...] In einer zirkulären Haltung stehen wir möglichen Ursachen und Wirkungen offener gegenüber als in einer bloß kausalen Suche. Wir betrachten zirkulär vor allem die Unterschiedlichkeit der individuellen Erfahrungen und Erlebnisse, die wir kommunikativ austauschen, um ein vertiefteres, weites Bild über uns und unsere Interaktionen zu erhalten." (Reich, 2006) Wird in Beratungs- oder Coachingprozessen die Zirkularität, z.B. eines Verhaltens als verursacht und verursachend, aufgedeckt und allen Beteiligten sichtbar gemacht, so eröffnen sich dadurch Möglichkeiten eines neuen Beurteilens einer Situation, was weitere Handlungsansätze eröffnet. Zirkuläres Fragen will damit nach Schippe/Schweitzer „neue Informationen ins System" einbringen. Daraus ergeben sich i.d.R. neue Lösungsansätze, da sich z.B. gewohnte, eingefahrene Denkmuster bzw. -prozesse auflösen und sich bei allen Beteiligten neue Sichtweisen ergeben.

Königswieser (1999) benennt zirkuläre Fragen im weiteren Sinne:

- Fragen nach Rangfolgen: Z.B. „Wer hat die größte Belastung mit diesem Problem?", „Wie hat sich ... entwickelt?"
- Fragen nach vorher/nachher: „Was hat sich seit ... verändert?"
- Fragen nach Alternativen in naher Zukunft: „Angenommen, ... tritt ein, was passiert dann?", Was wäre anders, wenn ...?", „Wer würde noch etwas merken?" (Wunderfrage)
- Fragen nach Unterschieden (von Subgruppen): „Welches Bild würde... in dieser Situation zeichnen?", „Wer will hier was von wem?"
- Fragen nach dem Ziel: „Wann wäre die Beratung für ... erfolgreich? (vgl. Königswieser)

Reich (2008) ergänzt dies durch:

- Fragen nach Ressourcen: Z.B. „Welche Stärken sehen Sie bei sich?", „Welche persönlichen Ressourcen zur Lösung des Problems haben Sie?
- Fragen nach Ausnahmen: Z.B. „Wo (Wann) tritt ... auf?", „Was haben Sie zuvor anders gemacht?"
- Fragen zur Problemlage: Z.B. „Was geschähe, wenn ... sich verschärft?", „Wodurch könnten Sie ... verschlimmern?"

- Fragen nach dem Nutzen: Z.B. „Wem würde das Aufrechterhalten von ... nützen?“, „Wie würden Sie sich fühlen, wenn ... in Ihrem Sinne positiv gelöst wäre?“
- Fragen nach dem „als - ob“: Z.B. „Angenommen Sie hätten ... entschieden / getan, was könnten / hätten Sie dann?“, „Angenommen, Sie hätten sich ... verhalten, was würde das für Ihr Problem bedeuten?“ (vgl. Reich)

Zirkuläres Fragen darf nie schematisch erfolgen, da es sonst Widerstände auslösen kann. Es muss in andere Frageformen eingebettet und situativ passend sein. Zudem sollte beim Einsatz von zirkulären Fragen ein belastbares Vertrauensverhältnis zwischen den Beteiligten bestehen. Wichtig ist bei allen Fragearten, dass sich der/die Befragte respektvoll behandelt fühlen kann: Zirkuläres Fragen bedarf ggf. der Erklärung, warum diese Art von Fragen verwendet wird, um möglichen Irritationen vorzubeugen.

4 Beraten

Eine Anekdote zum Lächeln und Nachdenken:

„Es war einmal ein Schäfer, der in einer einsamen Gegend seine Schafe hütete. Plötzlich tauchte in einer großen Staubwolke ein nagelneuer Cherokee Jeep auf und hielt direkt neben ihm. Der Fahrer des Jeeps, ein junger Mann in Brioni-Anzug und Cerutti-Schuhen, mit Ray-Ban-Sonnenbrille und einer YSL-Krawatte, steigt aus und fragt ihn: „Wenn ich errate, wie viele Schafe Sie haben, bekomme ich dann eins?“ Der Schäfer schaut den jungen Mann an, dann seine friedlich grasenden Schafe und sagt ruhig: „Einverstanden“. Der junge Mann parkt den Jeep, verbindet sein Notebook mit dem Handy, geht ins Internet auf eine NASA Seite, scannt die Gegend mit Hilfe seines GPS-Handgeräts, öffnet eine Datenbank und 60 Excel-Tabellen mit einer Unmenge Formeln. Schließlich druckt er einen 150-seitigen Bericht auf seinem High-Tech-Minidrucker aus, dreht sich zu dem Schäfer um und sagt: „Sie haben hier exakt 1.586 Schafe.“ Der Schäfer sagt: „Das stimmt. Suchen Sie sich ein Schaf aus.“ Der junge Mann nimmt ein Schaf und lädt es in den Jeep ein. Der Schäfer schaut ihm zu und fragt: „Wenn ich Ihren Beruf errate, geben Sie mir das Schaf dann zurück?“ Der junge Mann antwortet: „Klar, warum nicht?“ Der Schäfer sagt: „Sie sind Unternehmensberater.“ „Das ist richtig. Woher wissen Sie das?“, will der junge Mann wissen. „Ganz einfach“, sagt der Schäfer, „erstens kommen Sie hierher, obwohl Sie niemand hergerufen hat. Zweitens wollen Sie eine Belohnung haben dafür, dass Sie mir etwas sagen, was ich ohnehin schon weiß. Und drittens haben Sie keine Ahnung von dem, was ich mache, denn Sie haben sich meinen Hund ausgesucht.“ (Nöllke, 2002)

„Beratung in ihrer alltäglichen Form ist quasi allgegenwärtig und ist über alle Zeiten, Kulturen und Gesellschaftsformen Teil menschlicher Sozialität – dort wo Wahl, Entscheidungen, Handlungsalternativen, Möglichkeiten und Optionen zumindest rudimentär vorhanden sind“ (Nestmann, 2007) Dies umfasst ein breites Verständnis von Beratung, mithin kann dies eine Information, Empfehlung, Lösungshilfe, einen Erfahrungs- oder Meinungsaustausch bedeuten. Jedoch könnten auch praktische Rezepte, Tipps oder zumindest kurzfristig wirkende Tricks gemeint sein. Ein einheitlicher Beraterbegriff fehlt, auch kann sich jede(r) die Bezeichnung Beraterin / Berater „anheften“. Zugleich ist das Beraten eine historisch uralte Kulturtechnik. In verschiedenster Literatur findet sich eine bunte und diverse „Beraterlandschaft“. Durch die modernen digitalen Medien ergeben sich ganz neue Informations- und Kommunikationswege. Zudem erhöhen sich aufgrund der zunehmenden Informationsflut und alltäglicher Komplexität die Beratungsbedürfnisse (vgl. Züricher, 2017). Nach Nestmann (2007) ist ein Rat- und Hilfeprozess hochgradig kultur- und kontextabhängig. „Auch im Alltag war das Beraten schon immer eine feste kommunikative und problemlösende Größe.“ (Engel et al., 2018) Beraten ist in diesem Zusammenhang eine Kommunikationsform und findet täglich in Form informativer Gespräche statt. Hilfreich kann dabei sowohl die erfahrene Orientierung- und Entscheidungshilfe als auch eine erfahrene emotionale Zuwendung sowie das Gefühl des Akzeptiertwerdens sein. Solches Beraten durch „informelle Helfer“ (Nestmann, 2007) in vertrauensvoller Gesprächsatmosphäre schafft soziale Beziehungen und Kommunikationsgelegenheiten.

An der Universität Heidelberg hat sich 2011 die Forschungsgruppe Beratungsqualität auf folgendes Beratungsverständnis festgelegt:

- „Die Beraterin/Der Berater agiert professionell. Dies beinhaltet, dass ein explizites Beratungssetting mit Rahmung, Auftragsklärung, Kontrakt und Transparenz geschaffen wird.

- Es handelt sich in der Regel um eine freiwillige, zeitlich umrissene, prozesshafte, interessensensible und ergebnisoffene Interaktion zwischen einer Ratsuchenden / einem Ratsuchenden und einer Beraterin / einem Berater. Einbezogen werden aber auch Kontexte, in denen die Beratung obligatorisch ist und ggf. Sanktionen nach sich ziehen kann.
- Im Zentrum der Beratung steht die ratsuchende Person mit ihren Interessen, Ressourcen und Lebensumständen, wobei Beratung immer in einem geteilten Verantwortungskontext stattfindet, in dem die Beraterin/der Berater, die ratsuchende Person und die Beratungsorganisation gleichermaßen Verantwortung für den Beratungsprozess übernehmen.
- Die Interaktion zwischen einer Ratsuchenden/einem Ratsuchenden und einer Beraterin / einem Berater geht über Informationsvermittlung hinaus und umfasst eine subjektiv relevante Reflexion von Sachverhalten, die u.a. eine begründete Entscheidungsfindung seitens der/des Ratsuchenden ermöglicht.
- Beratung umfasst eine Vielzahl von teilweise ineinander übergehenden Aktivitäten und Formen. Neben der individuellen Beratung gibt es beispielsweise auch Gruppen-, Online- oder aufsuchende Angebote, um möglichst allen Bevölkerungsgruppen ein einfach zugängliches Beratungsangebot zur Verfügung zu stellen.“ (nfb/Forschungsgruppe Beratungsqualität, 2011)

„Im Gegensatz zu Eigenschaften physischer/physikalischer Dinge, die objektiv und unabhängig vom Betrachter feststellbar sind (z.B. die Temperatur einer Flüssigkeit), sind Eigenheiten zwischenmenschlichen Verhaltens nicht eindeutig feststellbar, weshalb diese interpretiert werden müssen. Eine Interpretation ist ein subjektiver und damit auch fehlerbehafteter Prozess.“ (Sydow, 2007) Die Aussage Sydows (2007) verstärkt aus systemisch-konstruktivistischer Sicht obige Hinweise, dass es so viele Wirklichkeiten wie Individuen gibt. Somit ist es unmöglich unter der Vielfalt der subjektiven Wirklichkeiten die objektive Wirklichkeit herauszufiltern. Auch dies gilt es in Beratungs- und Coachingprozessen zu berücksichtigen.

4.1 Systemorientiertes Beraten

Jede Beratung will in irgendeiner Weise Voraussetzungen schaffen für eine Veränderung von individuellen Wirklichkeitsstrukturen eines lebenden Systems ´Mensch´. Bateson führte für das Veränderungsverständnis systemischer Beratung den Begriff der Information ein. Information bewirkt bzw. fördert Veränderung. Interventionen werden bei Bateson als Auslöser von Informationen in psychischen Systemen verstanden, die je nach subjektiv wahrgenommenem Unterschied bei einem Individuum Veränderungen in der Konstruktion von Wirklichkeit bewirken. Die Aufnahme von Information ist die Reaktion von einem Organismus auf einen Unterschied zwischen mindestens zwei Werten oder Eigenschaften, die über einem bestimmten sinnesspezifischen Schwellenwert der Wahrnehmung liegt, sodass dieser Unterschied von dem wahrnehmenden Organismus erkannt wird. In dem Sinne bestehen Informationen aus „Unterschieden, die einen Unterschied machen." (Bateson, 1993)

Beim systemischen Beraten wirkt Information in Form einer Intervention; denn sie gibt von außen einen „Anstoß" oder einen „Impuls" und kann sowohl verbal (sprachlich) oder durch ein Medium (Skizze, Bild, Film usw.) erfolgen in der Absicht ein problemerzeugendes oder einschränkendes subjektives Erleben von Wirklichkeit zu verändern. Ein solcher Anstoß wird von Wahrnehmenden sinnesbezogen empfangen und erkannt, von daher muss eine Information an die Art und Weise der Wahrnehmung des Gegenüber angepasst sein. Eine Information ist auch dann eine Intervention, wenn sie absichtlich einen Perspektivwechsel oder ein Umdeuten anregt, sodass ein psychisches System durch eine Veränderung der Sichtweise irritiert wird und z.B. problemgenerierende oder einschränkende Annahmen oder Überzeugungen bzw. eine gemeinte Situation erkennt und damit sich zum Übergang in eine passendere, sinn- und bedeutungsvolle Ordnung für sich selbst entschließt.

Jeder Mensch ist ein selbstreferentielles, autopoietisches System und Erkennen geschieht durch Beobachtung. Dies bedeutet, dass Unterscheidungen von Wahrnehmenden selbst nach bestimmten Eigenschaften und Kriterien gebildet werden. Der aktuelle Zustand bzw. die bestehende Struktur eines jeweiligen Menschen bestimmen aufgrund innerer Reize sowie äußerer Impulse, also selbstreferentiell (eigengesetzlich) und sinnesbezogen ob und wie eine Information wahrgenommen und erkannt wird. Somit ist aufgrund der Autonomie die Wirkung äußerer Impulse bei jedem Menschen weder voraussagbar noch vorhersehbar. „Entsprechend regen zwar Interventionen in Form äußerer Impulse das Nervensystem zum Unterscheiden an, diese werden jedoch von dem Wahrnehmenden bedingt durch seine gegenwärtige Struktur selbst gebildet und erkannt. Ausschließlich dasjenige, bestimmt durch die Struktur in dieser Form Erkannte oder in dieser Weise Informierte, wirkt auf das gegenwärtige Erleben von Wirklichkeit ein." (Kiel, 2016) Damit gilt es beim Planen und Durchführen von Beratungsprozessen im Vorfeld bei der zu beratenden Person deren subjektive Konstruktion von Wirklichkeit zu ergründen (z.B. durch wiederholtes Beobachten von Verhalten und Handlungen, durch Fragen), um wahrscheinliche kognitive Schemata zu erkennen und an diese Schemata andockend eine Chance zu haben diese durch passende Informationen zu verändern. Ebenso gilt es die Zusammenhänge (Komplexität) innerhalb derer z.B. ein Verhalten stattfand bzw. stattfindet zu erkennen und zu reflektieren, damit ein Beratungsprozess zwar am konkret Fassbaren ansetzt, jedoch möglichst nah an den Kern eines Problems herankommt. Für eine beratende Person ergibt sich dabei immer die Unsicherheit, dass sie nie genau weiß, ob alle Elemente und Relationen des psychischen und sozialen Systems sowie alle für eine Prognose relevanten Strukturen und Variablen erfasst wurden, zumal sich soziale und psychische Systeme ständig verändern.

In der konkreten Beratungssituation steigt die Wirkung von Informationen durch das emotionale Erleben des wahrgenommenen und erkannten Unterschieds deutlich! „Der Vorgang der Akkommodation und somit eine Anpassung kognitiver Konstrukte bzw. Schemata an sinnesbezogene Eindrücke in der Erlebniswelt wird nur durch deutliche und bedeutsame, wahrgenommene Unterschiede und in diesem Sinn durch Information ausgelöst. [...] Die aktuelle psychophysische Grundstimmung beeinflusst dermaßen die kognitiven Vorgänge, dass diese Grundstimmung als Kontrollparameter auf die Verarbeitung sinnesbezogener Empfindungen zu wahrgenommener Information wirkt: Je nach emotional-körperlicher Befindlichkeit wird die Vielzahl von Sinnesempfindungen selektiert, verzerrt und emotional eingefärbt und erst in dieser Weise als wahrnehmbare Information herausgeformt. Aus diesem emotional-körperlichen Erleben und Wahrnehmen bilden sich augenblicklich entsprechende kognitive Schemata als Sinn-Attraktoren heraus, die wiederum die Bedeutung und den Sinn der wahrgenommenen Information bestimmen. Zugleich bestimmen Bedeutung und Sinn von wahrgenommenen Objekten oder Ereignissen die weiteren Emotionen, Körperreaktionen, Kognitionen und somit die Wahrnehmungen" (Kiel, 2016), ein zirkulärer Prozess.

Kognitive Schemata befinden sich in einem relativ stabilen Fließgleichgewicht und passen sich neuen Erfahrungen ständig selbstregulierend an. So kann sich das kognitive Schema eines Menschen auch spontan wandeln, wenn durch erheblich abweichende Informationen sich auf mikroskopischer Ebene ein neuer Ordner (kognitives Schema) durchsetzt und damit ein angepasstes neues kognitives Schema auf makroskopischer Ebene erzeugt. Insofern kann die Akkomodation aufgrund vielfältiger Wahrnehmungs-, Gedanken-, Gefühls- und Handlungsströmungen (mikroskopische Ebene) als das Generieren eines neuen Ordners bzw. angepassten kognitiven Schemas verstanden werden (makroskopische Ebene) (vgl. Kiel, 2016). Durch akkommodative Prozesse passen sich psychische Systeme durch das Verändern der internen kognitiven Schemata an sich stark verändernde Umweltgegebenheiten an. Die folgende Grafik veranschaulicht dies:

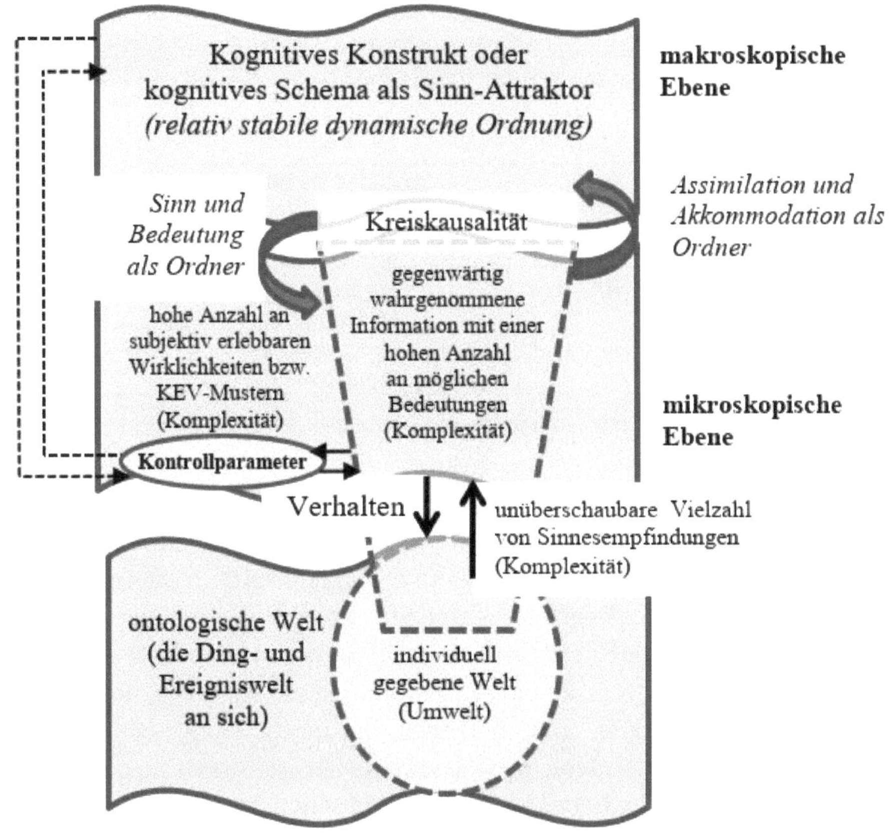

(Subjektive Wirklichkeit als Phänomen von Selbstorganisation; Kiel, 2016)

Anregungen und Impulse können im Beratungsprozess sowohl „analog“ als auch „digital“ sein. Das analoge Denken ist ganzheitlich, intuitiv und bildhaft. Dies bedeutet für eine Information deren Präsentation durch ein Objekt, sei dies ein Bild oder ein Zeichen, auch ein gegenwärtig erlebtes Sinnbildliches, z.B. eine Metapher oder ein Märchen gemäß einem bekannten Objekt oder Ereignis. Das digitale Denken ist sequentiell, analytisch, logisch und verbal. Je nach Struktur und aktueller Situation des Empfangenden einer Information gilt es die jeweils passende Ansprechweise zu wählen; denn es geht um deren Wahrgenommenwerden: Je nachdem wie deutlich und bedeutsam Unterschiede von dem jeweiligen Menschen in seiner Erlebniswelt gebildet und wahrgenommen werden, können diese Unterschiede im Sinne von Information Veränderungen in dem vorhandenen kognitiven Schema erzeugen bzw. durch Umdeutung (Wechsel des Bedeutungsrahmens) neue oder passende kognitive Schemata durch Rekonstruktion (neue Sinn- und Bedeutungszusammenhänge) erzeugen. Die nachfolgende Grafik verdeutlicht die Denkweisen:

Digitales Denken	Analoges Denken
• analytisches Wahrnehmen • begriffliches, sprachliches Denken • logische Verknüpfungen (wenn-dann) • mathematisches Denken	• ganzheitliches Denken • nichtsprachliches Denken in Bildern, Formen, Farben • keine logischen Verknüpfungen (sowohl als auch) • Intuition, Kreativität

(König/Vollmer, 2008)

4.1.1 Professionell systemorientiert Beraten

Diese Beratungsform ist explizit eine berufliche, zielgerichtete Tätigkeit. Ratsuchende erwarten eine „objektive Urteilkraft" (Barthelmess, 2010). Zwicker-Pelzer (2010) begründen spezifische Herangehensweisen und dahinter stehende Logiken professionell Beratender. Beraten umfasst hier sowohl Informieren, Begleiten, Empfehlen als auch Diagnostizieren, Anleiten, Intervenieren und Belehren. Bauer/Gröning, et al., (2012) unterscheiden verschiedene professionelle Beratungssettings, darunter auch das pädagogische Beratungsmodell. Sie sehen Schwerpunkte für das pädagogische Beratungsmodell, jedoch noch viel Aus- und Fortbildungsbedarf, um professionell beraten zu können.

Für ein professionelles Beratungsangebot nennen Stimmer und Ansen (2016) halbformalisierte beratungsnahe Handlungsformen auf einem Kontinuum zwischen Auskunft geben und Beraten, ähnlich dem „Vermitteln neuen bzw. Wiederbeleben alten Wissens" (Stimmer/Ansen). Professionelles Beraten umfasst Expertenwissen, das sinnvoll und effizient in der jeweiligen Beratungssituation angewendet wird, um Ratsuchende bei ihrer Problemlösung zu unterstützen. Hierzu gehört auch die Frage nach der Balance bei der Selektion von Komplexität und Kontingenz um handlungsfähig zu werden bzw. zu sein und Handlungsfähigkeit anzuregen bzw. zu fördern; denn erst dadurch lassen sich Beratungsmöglichkeiten entwickeln.

Ein wichtiger Ansatz ist ein Denken in Zusammenhängen, das sich mit Vester an den Strukturen organisierter Systeme und ihrer speziellen Dynamik orientiert (vgl. Vester). Dabei ist ein möglichst objektives

Verständnis der Sachlage, eine detaillierte Analyse der vorgetragenen Probleme erforderlich. Ebenso ist die Fähigkeit erforderlich, mit jeweiligen Ratsuchenden im Beratungsverlauf angestrebte Ziele und Lösungsansätze immer wieder zu überprüfen, zu ändern und passend weiter zu entwickeln. Beratende benötigen den Willen und die Fähigkeit einer „qualitativen Auseinandersetzung mit Erfahrungsinhalten" (Strasser, 2016)

Sowohl bei der beratenden als auch der ratsuchenden Person gibt es Präferenzen von Bewältigungsstrategien. Diese betreffen z.B. die Gedächtnisleistungen; denn die Kapazität des (Arbeits-)Gedächtnisses ist beschränkt (z.B. Vergessen bei individuell überfordernder Anzahl an Wahlmöglichkeiten). Auch die jeweilige Motivation bestimmt Denken und Handeln. Ein zentrales Motiv der Verhaltenssteuerung beim Menschen ist das Kontrollmotiv, um ein Gefühl der Kontrolle bzw. der eigenen Handlungsfähigkeit zu erlangen. Es steuert auch die Offenheit oder Abwehr für neue oder irritierende Informationen. In jedem Beratungsprozess gilt es die situative Komponente zu meistern, die sich in jedem Gespräch anders verhält, die wenig vorhersehbar und planbar erscheint (vgl. Zürcher, 2018).

Nach Strasser (2016) dient „Beratung nicht nur der Vermittlung (von Wissen und Einsichten), sondern auch (und vor allem) der Reflexion, welche dann zu individuellen Veränderungen führen kann." (Strasser, 2016) Stimmer und Ansen sehen Beratung als „die Förderung neuer bzw. die Wiederbelebung alter Handlungskompetenzen." (Stimmer/Ansen, 2016) Sie streben ein reflexives Beraten an, das einen gemeinsamen Such- und Orientierungsprozess verfolgt, sodass Ratsuchende aufgrund eigener Entscheidungen und selbsttätig gefundenen, individuell passenden Lösungswegen (wieder) handlungsfähig werden. Ein Berater / eine Beraterin ist ebenso wie ein Coach vorrangig für das Gestalten und die Moderation der individuellen Such- und Orientierungsprozesse verantwortlich, was jedoch Interventionen einschließt. Dabei müssen zu Beginn eines Beratungs- oder Coachingprozesses die Grenzen des Systems „Beraten" klar abgesteckt werden; z.B. die Frage: „Woran würden Sie erkennen, dass die Beratung erfolgreich war?, kann hilfreich sein.

Nach Bamberger gilt es in einem Beratungsprozess den/die Ratsuchende in eine Situation zu bringen, in der er/sie

- sich einerseits kompetent fühlt: Vermittlung von Selbstvertrauen.
- sich andererseits neuen, ungewohnten Anforderungen aussetzt.

- gleichzeitig durch starke Gefühle involviert und energetisiert ist – Gefühle der Neugierde, der Erwartung, der Freude usw.
- dann tatsächlich neue Verhaltensweisen versucht.
- als Folge des individuellen Tuns wieder intensive Gefühle erlebt – Gefühle des Erfolgs, des Glücks usw.
- diese Prozesse wiederholt durchläuft, um die entsprechenden Verbindungen im Gehirn zu festigen.

Positive Erfahrungen führen dazu, dass neue limbische Netzwerke (positive Emotionen) angelegt werden, die in ihrem Zugriff zum Bewusstsein und zur Verhaltenssteuerung erfolgreich mit den negativ besetzten Netzwerken konkurrieren und sie überdecken können (vgl. Bamberger, 2015).

Im pädagogischen Bereich kommt weniger das fachwissenschaftliche Expertenwissen, als das pädagogische Wissen insbesondere um den Beratungsprozess (Prozesswissen), das Gestalten des Beratungsprozesses „sowie den Einsatz adäquater Beratungsmethoden und -interventionen." zum Tragen. „Die Ratsuchenden können in einem gemeinsamen reflexiven Prozess - im Sinne einer Hilfe zur Selbsthilfe - dabei unterstützt werden, die problematische Situation für sich dahingehend zu klären, dass sie in dieser wieder konstruktiv handlungsfähig werden können." (Zürcher, 2018) Pädagogisch-systemisches Denken und ein umfangreiches, differenziertes und strukturiertes Wissen im pädagogisch-psychologischen Bereich ermöglicht und unterstützt nachhaltige Beratungsprozesse.

Seel (2014) weist auf den reflexiven Fokus hin, nämlich den Prozess der Selbstklärung, mithin beim Ratsuchenden die Reflexion der eigenen Person: Thematisierte Inhalte werden sowohl in ihrer Bedeutung für den Ratsuchenden beleuchtet als auch in der „Reflexion vorgegebener Reflexionsprozesse und -standards" (Seel, 2014). Auch der gemeinsame Arbeitsprozess wird gemeinsam reflexiv betrachtet (Erleben, Gefühle, Erkenntnisse, Widerstände, usw.). Eine professionelle Beratung im pädagogischen Bereich setzt eine Selbstklärung des/der Ratsuchenden voraus; denn es ist unbedingt erforderlich, dass der/die Ratsuchende bei sich das eigene Wollen und Brauchen klar hat. Dabei gilt es „Selbstklärungsprozesse bei den AdressatInnen anzuregen und Ressourcen zur alltagsnahen Lösung der thematisierten Problemstellungen zu aktivieren." (Bauer / Weinhardt, 2014) Instruktionen oder Belehrungen sind dabei meist unpassend.

Bei einer reflexiven Beratung steht die Befähigung des / der Ratsuchenden im Mittelpunkt aufgrund von Informationen selbst zu einer Entscheidung zu kommen. Dazu ist die gemeinsame Reflexion erforderlich, in der zwischen zu erwartenden Anforderungen und den vorliegenden bzw. vermuteten Stärken und Schwächen des / der Ratsuchenden eine Passung angestrebt / gesucht wird, nämlich wie eine Problemlösung gelingen könnte bzw. welche Faktoren noch bearbeitet werden müssten oder welche dagegen sprechen. Unterschiedliche Entscheidungswege kommen dabei in den Blick z.B. hinsichtlich von Attraktivität, Gefahr und Erfolgswahrscheinlichkeit. Bei solchen Reflexionen kommen sehr individuelle Themen, Fragen, Hoffnungen, Herausforderungen, Befürchtungen und Wünsche zur Sprache, die jeweils aus verschiedenen Blickwinkeln klar, jedoch achtsam und respektvoll beleuchtet / besprochen sein wollen.

Von Seiten der Beratungsperson sollten „hauptsächlich Handlungen und Handlungsmuster verfolgt werden, die einem gelingenden reflexiven Beratungsprozess dienen." (Zürcher) Jeder Beratungsprozess ist individuell. Es gibt keine eindeutigen Herangehensweisen oder feste Handlungsabfolgen. Auch bestehen keine Schemata für definierte Problemfelder oder fürs Entwickeln von Lösungsansätzen. Entscheidend ist die Haltung als Beratende(r)!

Brauer / Weinhardt (2016) beschreiben als Kern dieser Haltung „Neugierde, Offenheit und Anerkennung anderer Menschen"; denn dadurch wird Raum und Respekt für die Autonomie eröffnet für Ratsuchende, die in ihrem Problemlösungsprozess begleitet werden möchten (vgl. Zürcher). Professionell Beratende arbeiten „geplant, reflektiert und evaluiert in einem ethisch korrekten Rahmen, in definierten Rollen und definierten Berater-Klient-Beziehungen." (Nestmann / Sickendiek, 2018) Merkmale einer professionellen Beratung sind z.B.:

- Es können Arbeitsmittel identifiziert werden: Professionell Beratende verfügen über Expertenwissen im Feld Beratung/Kommunikation/ Gesprächsführung sowie über Expertise in der Anwendung wissenschaftlich anerkannter Methoden und Techniken. Dies schließt ein geeignetes äußeres Setting, sowie eine zielführende professionelle Gesprächsstruktur und -führung als auch das Einnehmen einer beraterischen Haltung mit ein (vgl. Nicolaisen, 2013).
- Die Tätigkeit hat eine selbstgestellte Aufgabe oder einen übernommenen Auftrag: Beratung als eigenständige Hilfeform möchte

Menschen dabei unterstützen, in schwierigen Lebenssituationen selbst handlungsfähig zu bleiben oder wieder zu werden, ohne fremde Lösungswege überzustülpen. Aufgrund komplexer Problemlagen sind vollständige Problemlösungen jedoch oft nicht möglich. So geht es auch darum, Situationen als ertragbarer zu erleben, zu mildern und mit Hilfe neuer Sichtweisen besser mit den Realitäten und Herausforderungen umgehen zu können (vgl. Nestmann / Sickendiek, 2018).

- Die Ausführungsbedingungen sind geklärt: Professionelle Beratungsgespräche zeichnen sich durch strukturierte und zeitlich definierte Situationen aus. Sie finden zumeist in institutionalisierten Settings statt. Diese institutionellen Rahmungen bestimmen in der Regel Ablaufroutinen und äußere Gesprächsrahmen, Arbeitsweise, Angebot als auch Themenbegrenzungen, es bestehen Verschwiegenheitsklauseln, etc. möglicherweise entstehende Kosten. Alle Beratungsgespräche beginnen mit dem Alltag von Ratsuchenden. Die anfängliche Rahmung des Gesprächs ist der Beginn eines Klärungsprozesses, wie in der professionellen Beratungssituation gemeinsam gehandelt werden kann und welche Regeln gelten. Beratende und Ratsuchende finden sich in ihren Rollen ein. Das macht den Unterschied zu „herumsitzen und reden" (Hildenbrand, 1999).

4.2 Einflusselemente auf Beratungsprozesse

Beratungsprozesse sind wie oben benannt sensible Geschehnisse; denn jede(r) Ratsuchende bringt alle seine bisherigen Erfahrungen und seine aktuelle Weltsicht mit in die Beratung ein. Nachfolgend werden beispielhaft wichtige Faktoren bzw. Aspekte benannt, die Beratungsprozesse bewusst oder unbewusst sowie real (u.a. materiell) beeinflussen.

4.2.1 Bedürfnisse - Verhalten

Menschliches Verhalten ist als ein Gesamt von eng ineinander greifenden Prozessen in den biopsychischen Subsystemen zu verstehen. Diese Systeme bestehen aus einem Netzwerk neuronaler Verknüpfungen, die die spezifischen Funktionen der Verhaltenssteuerung übernehmen. Für das menschliche Verhalten sind spezifische Hirnregionen zuständig, wie die folgende Skizze zeigt:

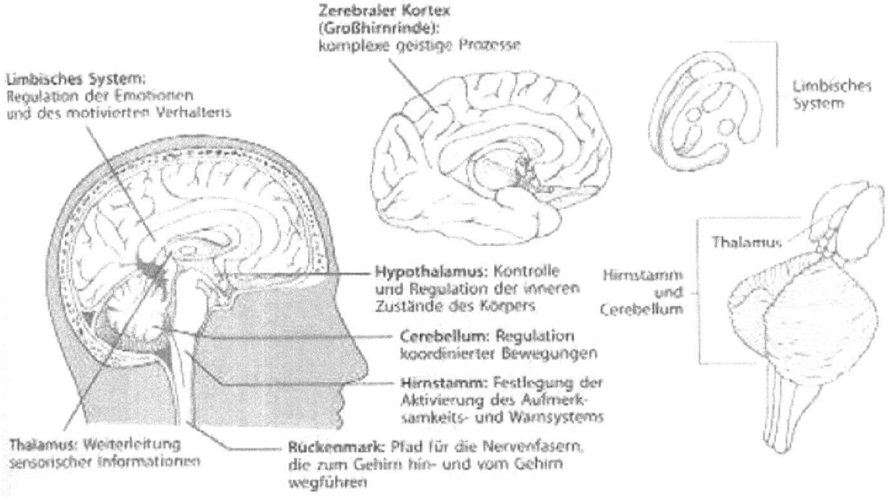

(Zimbardo, 1999)

„An jedem Punkt, wo eine Nervenfaser über eine Synapse mit einer anderen Nervenzelle in Kontakt tritt, wird Information übertragen und dabei möglicherweise abgewandelt und verarbeitet. Kontinuierlich fließen Informationen über die zahllosen synaptischen Verbindungen und Vernetzungen innerhalb des Gehirns.“ (Thompson, 2001)

Jeder Kommunikation bzw. Interaktion von Menschen liegen individuell ausgeprägte Motivationen zugrunde. Diese beruhen auf personal menschlichen Bedürfnissen. Obrecht (1998) versteht unter einem Bedürfnis einen „internen Zustand weit weg vom für den Organismus befriedigenden Zustand (Wohlbefinden), der innerhalb des Nervensystems registriert wird und davon ausgehend den Organismus zu einer Kompensation des entstandenen Defizits in Form eines nach außen gerichteten (overten) Verhaltens ‚motiviert‘. [...] Bedürfnisse sind Mechanismen ‚im Dienste‘ des Überlebens der einzelnen Exemplare [Organismen] und damit – über die Fortpflanzung – auch der Population. Bei allen Bedürfnissen, die auf die Erzeugung von Kohärenz oder gar Kooperation gerichtet sind, sind die ihnen zugrunde liegenden Emotionen (Gefühle, moralische Empfindungen) im Laufe der Bioevolutionen entstanden und blieben erhalten, weil ihre Träger die größeren Überlebenschancen aufwiesen.“ (Obrecht, 1998)

Bedürfnisse sind damit zentralnervöse Spannungszustände (Bedürfnisspannungen) als Folge von ungleichgewichtigen Zuständen des Organismus. Obrecht benennt drei Arten von universellen Bedürfnissen:

„Biologische Bedürfnisse (Organismen als selbstgesteuerte, autopoietische Systeme), psychische Bedürfnisse (Steuerung durch ein komplexes, plastisches Nervensystem, dessen Funktionieren einer quantitativen und qualitativen sensorischen Grundstimulation bedarf und von genügend Information abhängt) und soziale Bedürfnisse (Verhalten wird selbstwissensfähig über emotio-kognitive Mechanismen reguliert)." (Obrecht, 1998) Obrecht hat 19 verschiedene Bedürfnisse identifiziert:

(1) Biologische Bedürfnisse nach
- physischer Integrität;
- für die Autopoiesis erforderliche Austauschstoffe;
- Regenerierung;
- sexueller Aktivität und Fortpflanzung.

(2) Psychische Bedürfnisse nach
- wahrnehmungsgerechter sensorischer Stimulation durch Gravitation, Schall, Licht, taktile Reize (sensorisches Bedürfnis);
- schönen Formen im spezifischen Bereich des Erlebens (ästhetisches Bedürfnis);
- Abwechslung/Stimulation;
- assimilierbarer orientierungs- und handlungsrelevanter Information (Orientierungsbedürfnis, Bedürfnis nach subjektiver Sicherheit / Gewissheit);
- subjektiv relevanten Zielen und Hoffnung auf Erfüllung (Bedürfnis nach subjektivem Sinn);
- effektiven Fertigkeiten, Regeln und (sozialen) Normen zur Bewältigung von (wiederkehrenden) Situationen in Abhängigkeit der subjektiv relevanten Ziele (Kompetenz- oder Kontrollbedürfnis).

(3) Soziale Bedürfnisse nach
- emotionaler Zuwendung;
- spontaner Hilfe;
- sozial(kultureller) Zugehörigkeit durch Teilnahme (Mitgliedschaftsbedürfnis);
- Unverwechselbarkeit (biopsychosoziales Identitätsbedürfnis);
- Autonomie;

- sozialer Anerkennung;
- Kooperation;
- Fairness (Verfahrensgerechtigkeit);
- (Austausch-)Gerechtigkeit (vgl. Obrecht, 2009).

Die Kernhypothese lautet, dass Individuen die vom Nervensystem registrierte Bedürfnisspannung kompensieren müssen, sie sozusagen „gezwungen" sind, Bedürfnisse zu befriedigen. Dies geschieht entsprechend individueller Präferenzen und Präferenzordnungen (Wertesysteme) und ist dynamisch. Das meiste davon steuert das Gehirn eines Menschen unbewusst, jedoch zeigen Gefühle Spannungszustände an (vgl. Gregusch, 2013). „Als lernfähige Organismen sind Menschen in der Lage, sich Bedürfnissen bewusst zu werden, und können Präferenzordnungen zumindest längerfristig und im Rahmen der gegebenen Elastizität modifizieren. Bestehende Ordnungen sind Ergebnis und Folge affektiver und kognitiver Prozesse zugleich." (Gregusch, 2013) Zu unterscheiden sind dabei Wünsche von Bedürfnissen: Wünsche sind individuell „definierte Bedürfnisse in Form von mehr oder weniger konkreten Zielen." (Obrecht, 1998) Bedürfnisse sind somit Antriebe zur Interaktion mit physikalischen, biologischen und personalen Systemen, die das Überleben einer Population sichern (vgl. Obrecht, 2009).

4.2.2 Wissen - Verhalten

„Unser Wissen ist in jedem Augenblick eine Disposition für die Art, wie wir äußere oder innere Vorgänge deuten und auf sie reagieren, und mit jeder Veränderung unseres Wissens wird diese Disposition modifiziert. Kurz, Wissen ist – neben allgemeinen Bedürfnissen und aktuellen Präferenzen – im Hinblick auf die Regulierung von Verhalten der zentrale Bereich der internen Struktur von Lebewesen mit plastischen Nervensystemen" (Obrecht, 1996) Menschen nehmen die „Welt" oder „Wirklichkeit" in Form von Repräsentationen der Wirklichkeit, nämlich als Ergebnis der im Nervensystem ablaufenden Transformationsprozesse wahr (vgl. Obrecht, 1998). Spitzer (2003) beschreibt Repräsentation, auch innere Bilder genannt, als Vorgang einer „Mustererkennung", d.h. das Erkennen dessen bei verschiedenen Objekten (z.B. Schrank, Auto, Töne bzw. Melodie, Gerüche), was invariant ist. Dabei arbeiten viele, unterschiedlich verortete Zellverbände des Gehirns zusammen, was heißt, dass Informationen aus verschiedensten Hirnregionen zu Einheiten verbunden sind (vgl. Storch, 2002). Zugleich gilt das Hebb´sche Prinzip, nachdem Informationsübertragung („Mitteilungen" von Signalen an andere Nervenzellen) verbessert wird, je häufiger synaptische Verbindungen (als „Ort" des Austauschs von Information) zwischen Nervenzellen benutzt werden (vgl. Hebb, 1949). Besonders starke, weil häufig benutzte synaptische Verbindungen zwischen Neuronen, sind leicht aktivierbar und ermöglichen ein schnelles Erkennen von Mustern. Damit wird deutlich, dass Repräsentationen in Form von inneren Bildern erlernt sind.

Nach Obrecht schließt der Bildbegriff zum einen sensorisch verfügbare Information sowie begriffliche Systeme (Codes), genauer Aussagen und Aussagensysteme als Folge von Begriffsbildung und Denken ein (vgl. Obrecht, 1996). Wahrnehmungen erhalten über diese Prozesse eine Bedeutung. Die im Gehirn generierten und gespeicherten Repräsentationen (auch begrifflichen Bilder) bestimmen darüber, ob ein Mensch ein reales Objekt (z.B. Gegenstand, Bild, Textinhalt) für zutreffend hält. Mit entscheidend ist die Qualität des inneren Bildes. Iconische Bilder sind dabei bei den meisten (gesunden) Menschen kulturübergreifend ähnlich. Bei inneren Bildern zu begrifflichen Systemen in Form von Codes bestehen sowohl innerhalb von Kulturen (gesellschaftliche Bereiche) als vor allem zwischen Kulturen (Gesellschaften) bei äußerlich gleichen Gegebenheiten bzw. Situationen stärker unterschiedliche Sichtweisen bzw. Auffassungen. Ein Bewältigen von inneren und äußeren Spannungen bedarf der Fähigkeit möglichst für eine Situation zutreffende Selbst- und Umweltbilder zu generieren bzw. abzurufen; denn was als begriffliches Bild (Code) nicht gespeichert wurde, fehlt als kognitive Ressource zum Einschätzen einer Situation und angemessenem Handeln. Auch was falsch im Sinne von unpassend oder unvollständig gespeichert wurde bringt unpassende Lösungen hervor. Obrecht benennt hinsichtlich der qualitativen Unterschiede von Codes (begriffliche Bilder) drei Typen:

- Der Erlebenscode beruht auf nichtbewusstem Lernen. Er ist der implizite und gleichzeitig auch überwiegende Teil sowohl des deklarativen (know-that) als auch prozeduralen (know-how) Wissens. Die Prozesse des Bilderzeugens, d.h. der Begriffsbildung und des Denkens laufen unbewusst, automatisch und unkritisch (methodisch unkontrolliert) ab. Bewusstes Denken und Lernen setzt in der Regel dann ein, wenn die erlernten Denk- und Verhaltensroutinen zum Erreichen erwünschter (kognitiver oder praktischer) Ziele nicht ausreichen.

- Der Erfahrungscode oder auch individueller kultureller Code wird als bewusst reflektiertes Wissen bezeichnet, das z.B. im Rahmen von alltäglichen sozialen Interaktionen erworben wird. Das deklarative und prozedurale Wissen gründet auf Alltagstheorien und Faustregeln. Das Erzeugen der inneren Bilder erfolgt zwar bewusst, jedoch immer noch unkritisch, da es sich bei den Mitteln ihrer Erzeugung um kulturell geprägte Codes handelt, die keiner genaueren methodischen Kontrolle unterzogen werden.
- Der Erkenntniscode oder individuelle kognitive Code umfasst das systematische, über methodische Kontrolle erzeugte, genau reflektierte Wissen (z.B. wissenschaftliches und technologisches Wissen). Es ist durch die Kritisierbarkeit der Art und Weise (Methode) seiner Erzeugung von Erfahrungswissen abzugrenzen (vgl. Obrecht 1996).

Beim Menschen überwiegt der Erlebenscode wegen des Ablaufs psychischer Prozesse im individuellen Gehirn, die als Ergebnis komplexer Bewertungsprozesse unbewusst ablaufen. Untersuchungen deuten darauf hin, „dass unsere subjektiven Erfahrungen, ob es nun Wahrnehmungen oder Willensakte sind, durch ihnen unmittelbar vorausgehende unbewusste Verarbeitungsprozesse im Gehirn hergestellt werden, und dass dieser Vorgang mindestens einige hundert Millisekunden in Anspruch nimmt. Das subjektive Erleben hinkt den verursachenden Hirnprozessen um einige hundert Millisekunden hinterher. Der Willensakt (Entschluss) wird mit dem subjektiven Erleben abgeschlossen, nicht eingeleitet." (Grawe, 2004)

Durch Lernen und Erfahrung gebildete Muster der neuronalen Verarbeitung sensorischer Informationen bezeichnet Obrecht als „Erlebnismodus" und bezieht dies auf die dominante Nutzung eines Codes zur Analyse bzw. Deutung von Situationen durch ein Individuum. Geiser (2013) unterscheidet zwischen dem emotional-ästhetischen, dem normativen und dem kognitiven Erlebensmodus. Ersterer ist dadurch charakterisiert, dass die Verarbeitung vorwiegend affektiv im Sinne der Orientierung an Trieben, Emotionen und Gefühlen geschieht. Ein normativer Erlebensmodus zeichnet sich durch eine moralisch orientierte und ein kognitiver Erlebensmodus durch eine erkenntnisorientierte Verarbeitung von Information aus (vgl. Geiser, 2013).

Unser Gehirn aktiviert das Bewusstsein, d.h. bewusstes Erinnern (Gedächtnis), Wahrnehmen (alle Sinne), Lernen, Handlungssteuerung, Emotionsregulation, Motivation nur dann, „wenn es um neuartige kognitive oder motorisch schwierige und bedeutungshafte Probleme geht, die zu lösen sind. [...] Bewusstsein ist für das Gehirn ein Zustand, der tunlichst zu vermeiden und nur im Notfall einzusetzen ist.“ (Roth, 2003)

Oben genannte Bedürfnisse, individuelle Präferenzen und Präferenzordnungen sowie Codes wirken auch in Beratungs- und Coachingprozessen, was sowohl förderliche als auch hemmende Effekte zeitigen kann. Dies gilt für den/die Beratende wie für Ratsuchende. Eine grundlegende Voraussetzung damit ein Beratungsprozess gelingt ist die Freiwilligkeit zur Beratung, d.h. der/die Ratsuchende ist aus eigenem Wollen da und das Ziel der Beratung beruht auf freier Wahl. „Eine absichtsvolle Handlung ist ein mental (kognitiv) gesteuerter motorischer Vorgang, in dessen Verlauf erstens vom Subjekt alternative Verhaltensmöglichkeiten kogniert werden und zweitens eine dieser Optionen freiwillig gewählt wird.“ (Obrecht, 1996) Damit ist ein selbstbewusstes planvolles Handeln mit bewusster Zielsetzung (Rationalität) gemeint. „Am bewussten Handeln ist der Präfrontale Cortex (PFC) maßgeblich beteiligt. Dieser verfügt über neuronale Schaltkreise, die komplexes zielorientiertes Handeln realisieren und die längerfristige Repräsentation von Zielen und Regeln ermöglichen.“ (Gregusch, 2013)

Exkurs: Bewusstes Handeln aus neurobiologischer SichtNach Miller & Cohen funktionieren neuronale Schaltkreise im Präfrontalen Cortex wie folgt: „Wenn ein im PFC bereits repräsentiertes Ziel in den Arbeitsspeicher gelangt, dessen Inhalte durch die Qualität von Bewusstheit gekennzeichnet sind, werden durch selektive Aufmerksamkeit von allen möglichen Wahrnehmungen, die jeweils gemacht werden könnten, jene bevorzugt, die für das Ziel besonders relevant sind. Andere werden aktiv gehemmt. Dasselbe gilt für den Abruf von Gedächtnisinhalten und für die Aktivierung und Generierung von kognitiven und Verhaltensstrategien, die der Zielerreichung dienen. Diese selektive Bevorzugung bleibt so lange aufrechterhalten, wie das Ziel bzw. Teile der Zielhierarchie im Arbeitsspeicher repräsentiert bleiben. Die Bevorzugung bedeutet, dass das Ziel mit der besonderen Qualität des bewussten, absichtsvollen Handelns verfolgt wird, also mit bewusster Aufmerksamkeit, bewusstem Nachdenken, Entscheidung, willentlicher Verhaltenskontrolle usw.“ (Miller & Cohen, 2001; zit. n. Grawe 2004; vgl. Roth 2003).

Roth (2003) sieht die Handlungssteuerung als ein „Optimierungsproblem“, wobei mehrere Kontrollsysteme kooperieren bzw. konkurrieren: Welches Ziel vom Gehirn als neu oder wichtig bewertet wird; dieses gelangt ins Arbeitsgedächtnis. Zurückgestellte Ziele laufen quasi unbewusst im Kontrollmodus weiter mit. Für eine willentliche Handlungssteuerung spielen Konzepte der Selbstregulation und Selbstkontrolle eine zentrale Rolle: Selbstregulation umfasst das Bilden und Aufrechterhalten selbstkongruenter Ziele. Selbstkontrolle richtet sich auf die explizite Absichten vermittelnde Zielverfolgung (vgl. Kuhl, 2001).

Selbstregulation beinhaltet auch den Aspekt, dass bei bewussten Handlungen weiterhin unbewusste Prozesse beteiligt sind. Kuhl sieht die Fähigkeit zur Selbststeuerung als ein Wechselspiel, eine dynamische Balance, zwischen unbewusst (implizit) und bewusst (explizit) arbeitenden Informationsverarbeitungsstilen, was einer Affektregulation bedarf zur Bildung selbstkongruenter Ziele. Selbstkongruente Ziele erfordern eine Modulation zwischen den antagonistisch arbeitenden Systemen Erfahrungsgedächtnis (Extentionsgedächtnis) und Objekterkennung (bewertete Sinnesreize). Die im Gehirn ablaufenden Prozesse verdeutlicht die Grafik:

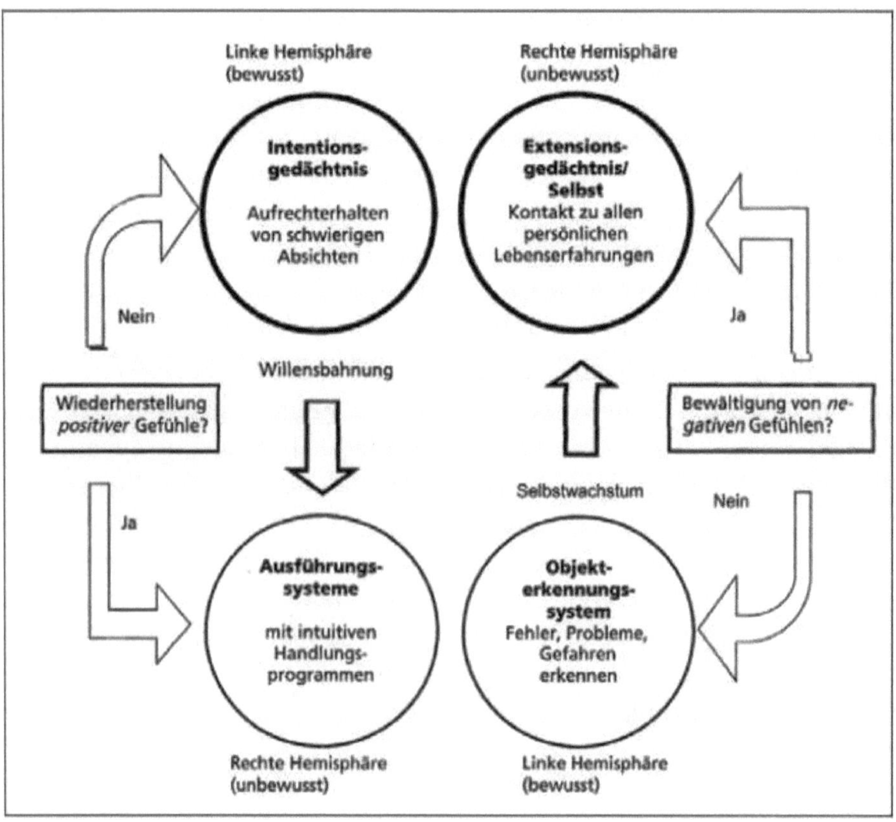

(Martens & Kuhl, 2005)

Für viele Beratungsprozesse im pädagogischen Bereich wichtig zu wissen ist, dass gemäß dem neurobiologisch definierten Willensbegriff Handlungen auch dann frei sind, wenn sie die Möglichkeit zu freiem Willen beinhalten (vgl. Gregusch, 2013). Handlungen sind somit auch dann als frei zu bezeichnen, wenn „erstens deren Ergebnis vom Subjekt negativ bewertet wird und wenn zweitens dessen Entscheidung durch vorangehende Ereignisse in dem Sinne determiniert ist, dass der Ausgang der Entscheidung via die Bedeutung der Ereignisse für die Bedürfnisbefriedigung des handelnden Subjektes – obwohl es prinzipiell auch anders könnte (Aufschub oder alternative Form der Befriedigung) - praktisch festgelegt wird." (Obricht, 1996)

Soll ein Beratungsprozess gelingen, muss bei jeweils Ratsuchenden der explizite Modus, d.h. das volle Bewusstsein aktiviert sein bzw. werden: Dies bedeutet, das sowohl die Bedürfnisse und Gefühle (Emotionen) als auch die kognitiven Ressourcen gesehen, erkannt und einbezogen werden müssen: Der / die Ratsuchende muss eine aufgeschlossene, einfühlsame, respektvolle und neugierige Beratungsperson erfahren, die Interesse zeigt und interessante, bedeutsame neue Erfahrungen und Lösungsideen bezüglich des je individuellen Problems erwarten lässt.

4.2.3 Systemtheoretische Strategien in Beratungsprozessen

Bei solchen Strategien handelt sich in erster Linie um Selektionsstrategien, die eine gegebene Komplexität vermindern und so ein Bewältigen der Komplexität steigern, indem subjektive Handlungsfähigkeit erreicht wird. Solche Strategien sind sowohl beim Vorbereiten und Nachbereiten als auch im Verlauf eines Beratungsprozesses hilfreich. Soll eine Strategie eingesetzt werden sind folgende Fragen zu beantworten:

1. Ist es klar, was bei dieser Strategie zu tun ist?
2. Kann der geplante Zeitrahmen eingehalten werden?
3. Ist diese Strategie person- und sachbezogen passend?
4. Wie sicher wird diese Strategie zum angedachten Ziel führen?

Luhmann nennt fünf Strategien zur Bewältigung von Komplexität:

- Die Strategie der Subjektivierung;
- Die Strategie der Institutionalisierung von Formen der Erlebnisverarbeitung;
- Die Strategie der Umweltdifferenzierung;
- Die Strategie der Innendifferenzierung;
- Die Strategie der Unbestimmtheit der Systemstruktur (vgl. Luhmann, 2004).

Diese Strategien wollen Möglichkeiten erschaffen, ein Problem leichter zu bearbeiten und damit Lösungschancen zu erhöhen. Sie lassen sich auf alle sinnverarbeitenden Systeme (soziale und psychische Systeme) übertragen (vgl. Luhmann, 2004). Mit Blick auf Beratungs- und Coachingprozesse ist Vertrauen eine Grundvoraussetzung für den Umgang mit Komplexität. Vertrauen „stärkt die Gegenwart in ihrem Potential, Komplexität zu erfassen und zu reduzieren; sie stärkt die Bestände gegenüber den Ereignissen und ermöglicht es daher, mit größerer Komplexität in Bezug auf Ereignisse zu leben und zu handeln.“ (Luhmann, 2004) Vertrauen verhilft einem System, das aufgrund der hohen Umweltkomplexität keine

„äußere Sicherheit" besitzt, zu einer „inneren Sicherheit" (vgl. Luhmann, 2004) durch erhöhte Unsicherheitstoleranz. Mit Vertrauen werden Handlungsoptionen möglich, die ohne Vertrauen nicht möglich wären, weil sie sonst zu riskant oder unadäquat erscheinen (vgl. Luhmann, 2004).

Strategie der Subjektivierung: Diese Strategie will die Komplexität der Umwelt, z.B. einer Beratungssituation, durch die Perspektive des psychischen Systems (Mensch) fassen und damit in Teilen bearbeitbar machen. Es findet eine subjektiv sinnvolle Selektion der zahlreichen Möglichkeiten in Gedanken (Steuerungskriterium „Sinn") z.B. bei Beratungs- oder Coachingprozessen statt. Dabei findet ein Unterscheiden zwischen real und möglich sowie zwischen aktuell und potentiell statt. Luhmann sagt dazu: „Grundlegend vereinfacht sich das System seine Umweltlage dadurch, dass es die objektive Situation durch eine subjektive ersetzt, das heißt sein Handeln nicht unmittelbar durch die Wirklichkeit bestimmen lässt, sondern es nach seiner Vorstellung von der Wirklichkeit ausrichtet." (Luhmann, 2004)

Strategie der Institutionalisierung von Formen der Erlebnisverarbeitung: Diese setzt die Subjektivierung voraus. Möglichkeiten sich zu verhalten reduzieren sich, indem auf Umweltreize immer gleich reagiert wird. - Informationen werden gemäß systemvorgegebener Kriterien spezifisch bearbeitet und führen zu vorhersehbaren Reaktionen. Dabei kann sowohl eine Anpassung des Systems an die Umwelt, als auch die Selbstverpflichtung auf eine Ordnung vorliegen - (vgl. Luhmann, 2004). Diese Strategie ermöglicht sowohl die Autonomie des Systems als auch ein Einschränken der Flexibilität. Damit wird insbesondere deutlich, dass ein rigides Selegieren Inflexibilität erzeugt. Auf Beratungsprozesse übertragen bedeutet dies, dass in bestimmten Situationen immer gleich agiert wird, z.B. durch freundliches Rückfragen, mit ähnlicher Mimik und Stimmlage und in situationsspezifischem Verhaltensmuster. Jedoch müssen neue Informationen wahrgenommen werden können, um weiterhin situativ passend Handeln zu können (angepasste Verhaltensmuster).

Strategie der Umweltdifferenzierung: Diese Strategie will ein Problem umdefinieren, um perspektivisch bessere Lösungschancen zu generieren. Dies hat den Vorteil der Möglichkeit, sich zu spezialisieren und bei hoher Komplexität indifferent sein zu können. Oder mit Luhmann gesprochen: „Das System trifft mit Hilfe seiner Umweltvorstellung Unterscheidungen. Es bildet zu jeweils verschiedenen Umweltausschnitten je besondere Grenzen, stabilisiert an diesen Grenzen je besondere

Beziehungen und gründet seine Autonomie und seine Fähigkeiten zur Indifferenz gegenüber Umweltveränderungen gerade auf diese Unterschiedlichkeit." (Luhmann, 2004) In Beratungsprozessen erfordert dies nach Wilke die Fähigkeit zu differenzierter Wahrnehmung und Beurteilung sowie einer autonomen Reaktion auf Informationen (vgl. Wilke). Dies verweist insbesondere auf die kognitiven Strukturen (z.B. Wissen, Fähigkeiten) bei Beratenden, sodass z.B. aus Merkmalen und Indikatoren stimmige Schlüsse auf wahrscheinliche Strukturen im psychischen System des/der Beratenen gezogen werden können.

Strategie der Innendifferenzierung: Mit dieser Strategie bildet ein System Untersysteme (innere Modelle), um seine Anpassungsfähigkeit an die Umwelt zu erhöhen. Dabei kann sowohl eine System- als auch eine Prozessdifferenzierung stattfinden. Hierdurch lässt sich ein Anpassungsprozess beschleunigen,, da sich nur Teile des Systems verändern müssen. Über das Verfügen von gelernter Anpassung für potentielle Ereignisse in den Teilsystemen findet eine Entlastung statt (vgl. Luhmann, 2004). „Störende Umwelteinwirkungen können auf diese Weise in Teilen des Systems lokalisiert und abgekapselt werden; sie übertragen sich nicht ohne weiteres auf andere Teile, also nicht auf das Ganze, weil es infolge einer partiellen Unabhängigkeit der Teile voneinander nur Effektübertragungen gibt, die funktional sinnvoll sind oder die eine gewisse Schwelle der Störungskraft überschreiten, also in einer gegebenen Umwelt selten sind. [...] Das System ist dann in der Lage, externe, das heißt unbeherrschbare, in interne, also beherrschbare Komplexität umzuwandeln und so abzuarbeiten." (Luhmann, 2004)

Auf das System einer beratenden Person bezogen bedeutet dies, dass je mehr Kompetenzen, Kenntnisse und Optionen sie aufbaut / erwirbt, desto höher wird die Eigenkomplexität, will heißen, die internen Abstimmungsleistungen nehmen zu und die Notwendigkeit der Selektion erhöht sich (vgl. Wilke, 1982). Beratende müssen Fähigkeiten von Lern- und Arbeitssstrategien entwickeln, die es ermöglichen das Wissen in passenden Repräsentationsformen zu strukturieren. Auf Beratungsprozesse übertragen wären dies z.B. einzelne Abläufe oder Handlungselemente in Situationen, die aktuell situativ nicht so recht stimmig sind und entsprechende Reaktionen des/der Ratsuchenden auslösen. Diese können durch Innendifferenzierung des eigenen psychischen Systems als Teilsysteme lokalisiert, verändert und durch ein möglicherweise passenderes Verhalten ersetzt werden, ohne das eigene System aus dem Gleichgewicht zu bringen. Innendifferenzierung bei Teilsystemen ermöglicht so ein Anpassen, um weiter handlungsfähig zu bleiben.

Strategie der Unbestimmtheit der Systemstruktur: Dies ist die Fähigkeit des eigenen psychischen Systems z.B. in Beratungsprozessen und -situationen ein hohes Maß an Unbestimmtheit der Systemstruktur zu erlauben ohne das Selektionspotential zu verlieren. Diese Strategie lässt sich nach Bliss (2000) unter die Strategie der Innendifferenzierung subsumieren. Bezogen auf die Sprache als Struktur z.B. für das Sprechen nennt Luhmann: „Diese Struktur muss bestimmt und unbestimmt zugleich sein – bestimmt, um als Entscheidungsprämisse die Auswahl der Informationen und der auf sie hin zu veranlassenden Kommunikationen anleiten zu können; unbestimmt, um möglichst viel Umweltkomplexität und –veränderlichkeit ohne Strukturänderung absorbieren zu können." (Luhmann, 2006) Für Beratende bedeutet diese Strategie, dass sie ihre kognitiven Strukturen (z.B. Wissen, Fähigkeiten, Gedächtnis) möglichst weit ausbauen sollten, um dadurch erhöhte Umweltkomplexität verarbeiten zu können.

Eine dynamische, optimale Balance zwischen Bestimmtheit und Unbestimmtheit ist anzustreben. Dies wird möglich durch „Reflexivität des Selektionsprozesses" (Luhmann, 2006): Z.B. welche Kriterien sind zur Auswahl (Selektionsprozess) geeignet, welche wähle ich davon? In Beratungsprozessen trifft der/die Beratende auf das System der/des zu Beratenden und die individuell gegebene Komplexität. Der Sprachstil ist grundsätzlich freundlich, empathisch und zugleich klar. Zugleich passt sich die Sprache und der Sprachstil je nach Informationen und Kommunikationsweise des/der Beratenen an diese an. Dabei müssen Entscheidungen getroffen werden: „Wie reagiere bzw. agiere ich jetzt?" So sind situationsspezifisch sowohl Offenheit für neue Informationen angesagt als ggf. auch klare, deutliche Ansagen erforderlich.

Nach Luhmann sind die oben genannten Strategien funktional äquivalent und können z.B. situativ passend miteinander kombiniert werden. Problematisch wäre es, nur eine einzelne Strategie durchzuführen.

4.2.4 Umgang mit komplexen Situationen

Jeder Mensch entwickelt, um Komplexität (Unsicherheit) zu reduzieren und um die unterschiedlichen Erfahrungen ordnen zu können eine individuelle Wirklichkeitsstruktur. Daraus werden Annahmen über sich und die erlebte Welt abgeleitet. Diese Wirklichkeitskonstruktionen erlauben es, das Verhalten anderer und die Folgen eigenen Handelns vorauszusagen (Antizipation), um handlungsfähig zu bleiben. Nach Siegel (2010) finden die entsprechenden Prozesse unbewusst im Gehirn statt, während es mit seiner Umwelt interagiert und gleichzeitig ergangene Erlebnisse und Erwartungen mit berücksichtigt (vgl. Siegel, 2010). Dabei werden bestehende Muster auf neuartige Situationen angewandt. Aufgrund von neuen Erfahrungen (eigene Handlungen und Erlebnisse) können Nervenzell-Verschaltungen in all ihren Aspekten (Erinnerungen, Gedanken, Vorstellungen, Gefühle) bewusst wahrgenommen und gleichzeitig ständig auf- und umgebaut werden (vgl. Bauer, 2002). Ob ein äußerer Reiz (z.B. zwischenmenschliche Erlebnisse oder bestimmte Situationen) als gefährlich oder als angenehm für den eigenen Organismus erlebt wird, hängt nach Bauer (2002) davon ab, wie die Nervenzell-Netzwerke der Großhirnrinde und des limbischen Systems diesen Reiz bewerten.

„Fühlen, Denken und Handeln einerseits sowie Nervenzell-Netzwerke andererseits stehen in wechselseitiger Abhängigkeit" (Bauer, 2002) Das Bewerten von Umweltreizen ist subjektiv und hängt davon ab, welche individuellen Vorerfahrungen (Erlebnisse, Lebensgeschichte) ein Individuum gemacht hat. Dabei läuft der Bewertungsvorgang in Sekundenbruchteilen ab, indem die aktuelle neue Situation mit abgespeicherten Erinnerungen an vergangene ähnliche Situationen verglichen wird. Negative Erfahrungen prägen sich dabei besonders intensiv in der Amygdala (Mandelkern) ein und haben einen bedeutenden Einfluss auf die Bewertung der neuen Situation (Priming) (vgl. Bauer, 2002).

In Beratungs- ebenso wie in Coachingprozessen muss der/die Beratende bzw. Coach nach Döner & Buerschaper (1997) aufgrund der komplexen Situationen entsprechende Denk- und Handlungsformen entwickeln. Diese umfassen z.B.:

- „Aufbau von Struktur- und Handlungswissen: Es müssen Daten und Informationen gewonnen werden, um Wissen über das System und seine Variablen zu erwerben. Hierdurch verringert sich die Intransparenz und die Planungen und Prognosen werden erleichtert.
- Sollen adäquate Handlungen und Lösungsverfahren entwickelt werden, so ist hierfür Wissen notwendig. Helfen bewährte Lösungswege nicht weiter, so müssen Lösungsverfahren der neuen Situation angepasst oder neu entwickelt werden.

- Die Dynamik in komplexen Systemen stellt Anforderungen an das Handeln. So wird durch Zeitverzögerungen im System das Lernen über das eigene Handeln und seine Auswirkungen sehr erschwert. Effekte des Handelns können im System lange Zeit unsichtbar bleiben. Hieraus ergibt sich auch die Problematik der richtigen Dosierung von Handlungen.“ (Döner & Buerschaper, 1997)

Schon beim Erstgespräch, das dem Klären der/des Anliegen(s) dient, ergeben sich meist durch die Art des Versprachlichens Hinweise auf innere Systemzustände der/des Ratsuchenden: Informationen zum Problemerleben, zu bisherigen Lösungsversuchen, zu äußeren Rahmenbedingungen und zum angestrebten Ziel der Beratung. Spätestens bei der zweiten gemeinsamen Sitzung ermöglicht aktives Zuhören und das Arbeiten mit Bildern oder Metaphern weitere Informationen zu erhalten, um die Komplexität eines Problems einschätzen zu können. Ebenso können Aufstellungsarbeiten Hinweise auf relevante Systemzusammenhänge und Muster ergeben. Hilfreich sind auch situationsspezifische Anregungen, die es ermöglichen aufzuzeigen, zu welchen Gefühlen, Gedanken und Empfindungen der/die Ratsuchende zum einen in angenehmen und zum andern in schwierigen Situationen neigt.

Vester nennt ein Beispiel für eine systemische Perspektive auf z.B. ein Thema / ein Problemfeld in einer Beratungssituation mit dazu passenden Denk- und Frageansätzen, um ein ganzheitliches Erfassen zu erreichen, aus dem sich dann mögliche Entscheidungsoptionen ableiten lassen. Diese Skizze soll auch zeigen, dass es gerade bei komplexen Situationen hilfreich ist, diese bildlich darzustellen, was i.d.R. eine Reduktion der Datenmenge bewirkt, um die jeweiligen Bezüge und Wechselwirkungen bzw. Muster (Charakter des Systems) klarer erkennen zu können:

Vester (1999) entwickelte Arbeitsschritte zum Erstellen eines Systemmodells:

Die rekursive Struktur des Sensitivitätsmodells
Systembeschreibung
Faktoren, Daten Probleme, Ziele. Erstes Systembild
Systembewertung
nach den Grundregeln der Biokybernetik
Variablensatz
Erfassung der Einflußgrößen
Kriterienmatrix
Prüfung auf Systemrelevanz
Einflußmatrix
Hinterfragung der Wechselwirkungen
Rollenverteilung
Rolle der Variablen im System
Wirkungsgefüge
Untersuchung von Vernetzung und Regelkreisen
Simulation
Wenn-dann-Prognosen und Policy-Tests
Teilszenarien
Entwicklung von Strategien

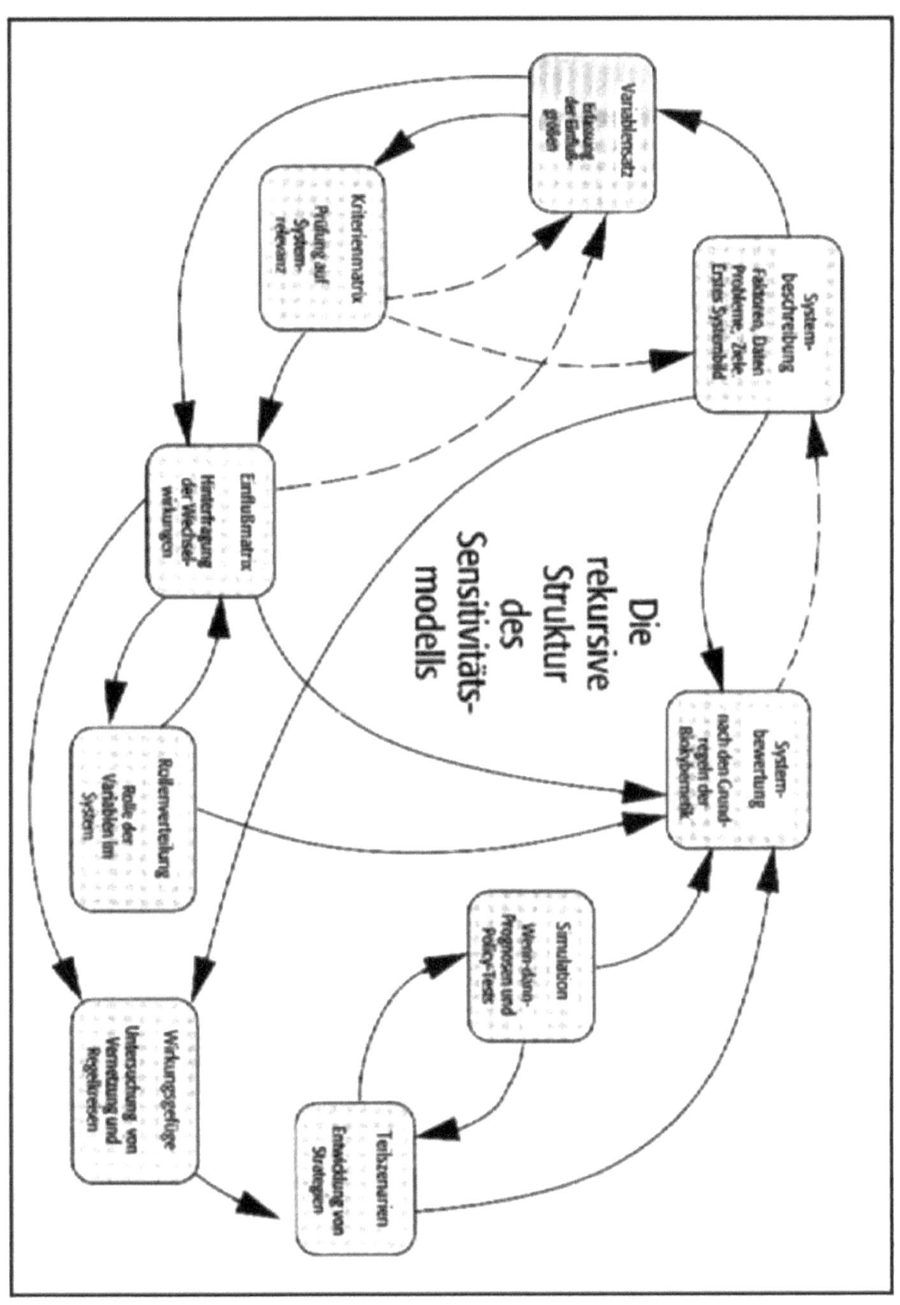

(Vester, 1999)

- **Systembeschreibung:** Das betreffende System wird hinsichtlich seiner Einbettung in seine Umwelt, der Zielsetzung der Beratung und möglicher Lösungsansätze beschrieben. Eine solche ´vorläufige´ Beschreibung muss im Beratungsprozess aktualisierbar bleiben. Unter Einbezug aller Beteiligten werden z.B. Teilziele formuliert. „Auf diese Weise werden bereits mehrere Fehler im Umgang mit Komplexität wie die mangelnde Zielbeschreibung, eine zu frühe Schwerpunktsetzung oder das autoritäre Verhalten vermieden.“ (Vester, 1999).
- **Erfassung der Einflussgrößen**: In die Systembeschreibung fließen alle verfügbaren „harten“ und „weichen“ Daten ein, z.B. Informationen der Gemeinde (z.B. Sozialstatistik des Wohngebiets, Jugendamt), Informationen zur Familiensituation, zum Freundeskreis, zu Mitgliedschaften in Vereinen, bisherige Verhaltensbeobachtungen, Ergebnisse von psychologischen Tests), Wünsche Beteiligter und aktuelle Verhaltensqualität und -quantität. Es werden die Einflussfaktoren ermittelt. Von besonderer Bedeutung sind die variablen Größen.
- **Prüfung der Systemrelevanz:** Nach der Klassifizierung der Informationen beginnt nun der Prozess der Auswahl und Betrachtung der Informationen und der Variablen aus der Perspektive des Systems: „Dabei gilt es, die bis dahin gesammelten Variablen systematisch aus verschiedenen Blickwinkeln abzutasten.“ Die beteiligten Menschen des Systems und ihr Befinden müssen genauso berücksichtigt werden wie der Bereich der Lebensumwelt oder der Tätigkeiten des/der zu Beratenden (Beziehungen zur Umwelt), „dazu die Nutzung des Raumes (wo findet was statt).“ (Vester, 1999). Innere und äußere Strukturen und Kommunikationswege werden erfasst und berücksichtigt. Wichtig ist, dass ein reales System beschrieben wird (vgl. Lang, 2008).
- **Hinterfragen der Wechselwirkungen:** Nach der Klassifizierung der Informationen wird nun das Beziehungsgeflecht (Relationen) zwischen den Informationen erstellt. Konkret wird analysiert, welche Wechselwirkungen zwischen Einflussgrößen bestehen, was sowohl die Qualität als auch die Quantität umfasst. Ziel ist es, bisher latente und unsichtbare Einflüsse sichtbar zu machen. „Die Informationen für die Relationen müssen nicht unbedingt das Kriterium der Objektivität erfüllen.“ (Lang, 2008) Dies gilt insbesondere für zwischenmenschliche Beziehungen: „Die Tatsache, dass A denkt, B sei ihm feindlich gesinnt, hat zum Beispiel einen größeren Einfluss auf A's Verhalten gegenüber

B als die >objektive< Tatsache, dass B ihm gar nicht feindlich gesinnt ist." (Vester, 1999).

- **Bestimmung der Rollen im System:** Hilfreich ist das Erstellen einer Einflussmatrix mit den jeweiligen Einflussgrößen. In der Matrix lassen sich für jede einzelne Variable Positionen zwischen den vier Werten „aktiv", „passiv", „kritisch" und „puffernd" bestimmen. Auf diese Weise wird zum einen die Qualität der Wechselwirkungen deutlich und zum anderen wird erkennbar, ob eine einzelne Variable sich als Element für einen Ansatz zu Veränderungen im System eignet. Ebenso wird in der Matrix sichtbar, wo sich aktive oder träge Elemente befinden. Da die Matrix einen graphischen Überblick ermöglicht, kann sie auch dabei bisherige Variable ergänzen, korrigieren und somit Beziehungsgeflechte aktualisieren. Das Aktualisieren von Daten und das Überarbeiten bisheriger Arbeitsschritte im Sinne eines Aktualisierens des ´Systembilds´ während des Beratungsprozesses hat Vorrang vor einem perfekten Ausarbeiten der einzelnen Schritte: Der Prozess der Analyse und der Interpretation des Systems sollte offen bleiben (vgl. Lang, 2008). „Vielmehr wird mit der Bearbeitung des folgenden Schrittes automatisch der vorangegangene korrigiert. Diese Art der Korrektur in mehreren iterativen Schlaufen ist einfacher und schneller durchzuführen und erzielt sicherere Resultate als etwa der Versuch einer Perfektionierung des anfänglichen Variablensatzes durch vertiefende langwierige Diskussionen." (Vester, 1999).
- **Untersuchung der Gesamtvernetzung:** In der Einflussmatrix wird die Rollenverteilung zwischen den Variablen (einfache Sensitivitätsanalyse) deutlich. In dieser Gesamtschau lassen sich neue Erkenntnisse über das System gewinnen. Nun gilt es noch den Aspekt der Dynamik zu betrachten. Die kann durch ein Strukturbild mit Pfeilen zwischen den Variablen (Wirkgefüge: Regelkreise - Rückkopplungen, Zeitaspekt) erfolgen. Hieraus können externe Einwirkungen und Hinweise auf Zeitaspekte bzw. die Art bzw. Qualität von Rückkopplungen gewonnen werden (vgl. Vester, 1999).
- **Kybernetik einzelner Szenarien:** Das Systemverhalten rückt in den Blick: Dies umfasst die Phase der Entscheidungen, in der Strategien in Form von Teilszenarien durchdacht und erprobt werden. Auch lassen sich Konsequenzen von Eingriffen in das System und das Systemverhalten simulieren. Ob ein bestimmtes Ereignis bzw. Verhalten zustandekommt lässt sich nicht voraussagen. „Es handelt sich um

Wenn-dann-Prognosen, um Tendenzen, Grenzwerte und Reaktionen des Systems auf bestimmte Eingriffe hin auszumachen und zu testen. So lassen sich einige weitere typische Planungsfehler wie >irreversible Schwerpunktbildung< oder >Übersteuerung des Systems< frühzeitig erkennen und Wege zu ihrer Vermeidung finden.“ (Vester 1999).

- **Systembewertung und Strategien:** Nun kann eine Systembewertung vorgenommen, Erkenntnisse gewonnen und neue Fragestellungen entwickelt werden: „Fragen tauchen auf, die bis dahin vielleicht noch nie gestellt wurden, und man beginnt, zunächst einmal das betreffende System und vielleicht auch die Welt mit neuen Augen zu sehen.“ (Vester, 1999).

Dieses Verfahren wird im Verlauf eines Beratungs- oder Coachingprozesses mehrfach durchlaufen, wobei das eine oder andere Element stärker in den Blick genommen werden kann.

Döner & Buerschaper entwickelten ein Schema zur Handlungsorganisation von Beratungsprozessen:

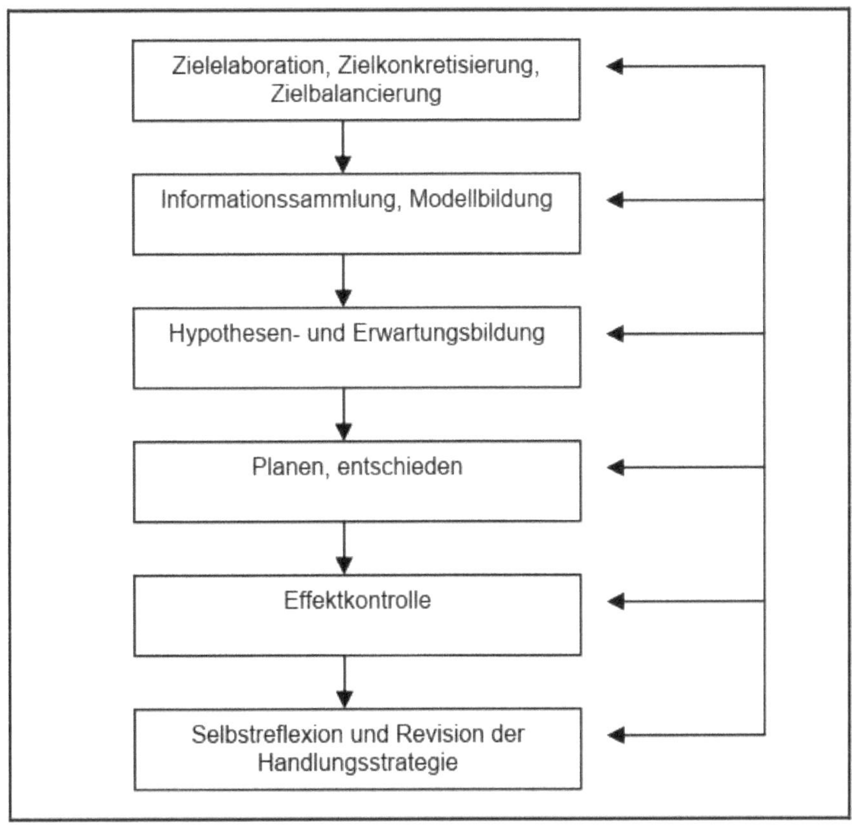

(Stationen der Handlungsorganisation, Döner & Buerschaper, 1997)

Ziele umfassen Kriterien, um die Zielerreichung festzustellen. Bei der Informationssammlung gilt es sowohl Fakten als vor allem Zusammenhänge (Vernetzungen) zu ergründen, aus denen sich Hypothesen ergeben. Aufgrund der Komplexität in Beratungs- und Coachingprozessen ist eine Art Rahmenplanung sinnvoll, die die wichtigsten Elemente umfasst. Effektkontrolle meint z.B. stichwortartige Notizen während des Prozesses, um eine Selbstreflexion und kritische Betrachtung des stattgefundenen Prozesses zu ermöglichen mit dem Ziel einer besseren Handlungsmöglichkeit z.B. bei der nächsten Sitzung.

4.2.5 Prozessgestaltung bei systemorientiertem Beraten

Nach Schiepek et al. (2013) benötigen alle Beratungsprozesse grundlegende Bedingungen, um bei Ratsuchenden Veränderungen bzw. Veränderungsbereitschaft zu ermöglichen. Mit Bamberger müssen emotionale und/oder kognitive Kontextbedingungen entstehen, um Ratsuchende mit ihrem ganzen Handlungspotential in Kontakt zu bringen (vgl. Bamberger, 2010). Die Beratungsgestaltung ist triadisch zu sehen und umfasst sowohl die Personen Beratende(r), Ratsuchende(r) und sozialen Kontext. Der Schwerpunkt bei Beratungsprozessen liegt auf Unterstützen und Fördern. Hilfreich hierzu sind Orientierungshilfen und Entscheidungsgrundlagen, „um die Auswahl [...] beraterischer Methoden und Techniken zu organisieren und zu begründen." (Wahl, 2018) Nach Schiepek (2013) fungieren Prinzipien als Filter und Kriterien für kontinuierliche und adaptive Prozessentscheidungen bezogen auf die Prozessgestaltung und Prozessgeschwindigkeit sowie das Erkennen von Prioritäten und die Prozessreflexion (vgl. Schiepek, 2011). In den nachfolgenden Teilkapiteln werden solche Prinzipien wiederholt angesprochen, anhand derer sich ein individuelles, situativ passendes Beratungskonzept gewinnen lässt.

So ist z.B. die Beziehungsqualität für jeden Beratungsprozess zentral und hat wesentlichen Einfluss auf die Prozessgestaltung. Die Beziehungsebene ist besonders am Anfang bedeutsamer als Methoden und Techniken (vgl. Hovatht & Bedi, 2002). Der Einsatz systemischer Gedanken erfolgt bei Beratungsprozessen durch soziale, kommunikative Interaktionen. So sollte sowohl am Anfang als auch während des Beratungsprozesses die/der Beratende einen zuverlässigen, vertrauten Rahmen anbieten, um für eine emotionale und strukturelle Sicherheit des/der zu Beratenden zu sorgen. Dies betrifft z.B. das Setting, die Verstehbarkeit, die Transparenz des Vorgehens (Beratungsverlauf), die Beziehungsqualität sowie das Vertrauen zum/zur Beratenden (z.B. Glaubwürdigkeit, emotionale Gelassenheit, Kompetenz).

Durch das Erfahren von Achtung und Respekt sowie Unterstützung und Sicherheit durch den/die Beratende kann der/die Ratsuchende emotionale Stabilität aus sich selbst heraus generieren (Kontrollierbarkeit, Selbstwertschätzung, Selbstwirksamkeitserleben, Handhabbarkeit, Ressourcenorientierung, usw.) (vgl. Haken/ Schiepek, 2010). Nach Levine muss der/die Beratende „eine Atmosphäre von relativer Sicherheit schaffen, eine Atmosphäre, die Zuflucht, Hoffnung und" die Chancen auf „neue Möglichkeiten vermittelt." (Levine, 2010) Auch muss nach Klein (2002) der/die Beratende offen und transparent zu eigenen Gefühlen und Haltungen stehen. Dies bedeutet, dass der/die Beratende bei Äußerungen von Gedanken, Gefühlen, Meinungen, Fragen oder Feedback mit den tatsächlichen eigenen Vorlieben, Abneigungen, Präferenzen, Glaubensvorstellungen und Meinungen übereinstimmt (vgl. Klein, 2002). Zu vermeiden ist das 'Verstecken' hinter einer professionellen Rolle! Gleichgewichtig ist auf die Bedürfnisse und Erwartungen der/des Ratsuchenden zu achten.

Ist so ein stabiles Beziehungssystem entstanden (dynamische Balance; „Cohn"), kann sich die Aufmerksamkeit auf thematisch anstehende Aspekte richten mit dem Ziel Veränderungen einzuleiten (siehe unten Hüther, 1997; Bauer, 2007), um ein Arbeitsbündnis entstehen zu lassen („alliance"; Empathie, Kongruenz, Wertschätzung) (vgl. Rogers). „Alliance" verweist auf die Qualität und Belastbarkeit der Beziehung und umfasst Vertrauen, Respekt, Fürsorge und Konsens der Beratungsziele sowie deren Erreichung und dies obwohl keine symmetrische Beziehung vorliegt (vgl. Norvath/Bedi, 2002).

Grundlagen für ein Arbeitsbündnis sind ebenso das Verstehen des Anliegens des/der Ratsuchenden, das Klären der Erwartungen und das gemeinsame Verständigen auf ein Ziel hin (Sinnbezug) sowie das Erklären der Vorgehensweise (Stabilität). So wird die Bedeutsamkeit der gemeinsamen Arbeit einsichtig bzw. klar und kann die Motivation des/der Ratsuchenden fördern. Ein wichtiges Element ist auch das Feedback als z.B. eine zusammenfassende Zwischensicht im Sinne von erreichten Teilzielen. Damit können sich neue Perspektiven eröffnen. In den während des Beratungprozesses stattfinden Interaktionen kann der/die Ratsuchende so die personale Identität entwickeln bzw. sich auf Veränderungsprozesse einlassen auch im Sinne eines Aktivierens von persönlichen Ressourcen.

Bei Beratungssituationen ist auch Empathie bzw. die Fähigkeit dazu ein wichtiges Wirkelement, um Stabilität zu erreichen. Barrett-Lennard entwarf ein Zyklusmodell der Empathie:

- Phase 1: Empathie-Bereitschaft: aktives und aufmerksames Zuhören.
- Phase 2: Empathie-Resonanz: Berater tritt in Resonanz mit dem Erleben des Ratsuchenden.
- Phase 3: Empathie-Ausdruck: Berater drückt seine gefühlte Wahrnehmung bezogen auf das Erleben des Ratsuchenden aus.
- Phase 4: Empathie-Erhalt: Der/die Ratsuchende schenkt der Wahrnehmung des Beraters Aufmerksamkeit.

- Phase 5: Empathie-Verarbeitung: der Ratsuchende reagiert auf die empathische Aussage des Beraters und kann deren Angemessenheit beurteilen (vgl. Barret-Lennard, 1981).

In der Literatur, so bei Bohart et al., werden drei Arten von Empathie unterschieden:

- Empathischer Rapport: Der/die Beratende zeigt eine mitfühlende Haltung und gibt dem/der Ratsuchenden zu verstehen, dass er die vorgetragenen/gemachten Erfahrungen und Wahrnehmungen versteht.
- Empathische Prozess-Empathie: Sie bedeutet eine kommunikative Abstimmung, in der sich der/die Beratende aktiv und fortwährend auf die Kommunikation des/der Ratsuchenden und die Erfahrungen einstimmt und anpasst, um bei der/dem Ratsuchenden die Selbsterkundung zu vertiefen.
- Personen-Empathie: Hier geht es darum, die vergangenen und gegenwärtigen Erfahrungen der/des Ratsuchenden zu verstehen und miteinander in Beziehung zu setzen (Bohart et al., 2002).

Das Maß an Empathie wird nach Bohart et al. (2002) auch durch den Grad der Ähnlichkeit zwischen Beratender/Beratendem und der/des Ratsuchenden beeinflusst (z.B. nonverbales Verhalten, Fähigkeit zu Exploration, Detail-Aufmerksamkeit). Zudem ist es eine Herausforderung ständig mental sowohl bei sich als Beratende(r) als auch in Kontakt mit der/dem Ratsuchenden zu sein.

4.2.5.1 Ressourcenorientiertes Beraten

Grawe und Grawe-Gerber (1999) verstehen unter Ressource „jeden Aspekt des seelischen Geschehens und darüber hinaus der gesamten Lebenssituation eines" Ratsuchenden aufgefasst werden, „also z.B. motivationale Bereitschaften, Ziele, Wünsche, Interessen, Überzeugungen, Werthaltungen, Geschmack, Einstellungen, Wissen, Bildung, Fähigkeiten, Gewohnheiten, Interaktionsstile, physische Merkmale wie Aussehen, Kraft, Ausdauer, finanzielle Möglichkeiten sowie seine zwischenmenschlichen Beziehungen. Die Gesamtheit all dessen stellt, aus der Ressourcenperspektive betrachtet, den Möglichkeitsraum eines" Ratsuchenden „dar, in dem er sich gegenwärtig bewegen kann oder anders ausgedrückt, sein positives Potential, das ihm zur Befriedigung seiner Grundbedürfnisse zur Verfügung steht." (Grawe / Grawe-Gerber, 1999) Die Qualität der Beziehung Beratende(r)/Ratsuchende(r) stellt ebenfalls eine Ressource dar. Nach Petzold (1998) sind „Ressourcen gute Quellen, aus denen die Kreativität schöpft, die einerseits Belastungen und Probleme abpuffern, zum anderen aber Grundlage für Potentiale (sie sind mit diesen nicht gleichzusetzen) bieten kann. Ressourcen stehen der Person oder Personengruppen zur Lebensbewältigung wie auch zur kokreativen Lebensgestaltung zur Verfügung um Entwicklungspotentiale freizusetzen und zu nutzen." (Petzold, 1998)

Das Aktivieren von Ressourcen bei der/dem Ratsuchenden ist mit Schiepek & Cremers (2003) das „conditio sine qua non" (notwendige Bedingung) beim Fördern von Selbstorganisationsprozessen. Aktivierte Ressourcen ermöglichen es Ratsuchenden ihre aktuell aktiven inneren Landkarten (geistige Muster und Schemata) zu erweitern. Dem ressourcenorientierten Ansatz lassen sich Konstukte wie Empowerment, Kohärenzsinn, Selbstwirksamkeit, Selbstbestimmung, Gesundheit oder Lebensqualität zuordnen (vgl. Schiepek &Cremers). Insbesondere sind Erfahrungen der Selbstwirksamkeit bei Ratsuchenden entscheidend; denn die je eigene Erkenntnis über Fähigkeiten der gezielten Einflussnahme zu verfügen und Probleme, auch mit Unterstützung, selbst bearbeiten und lösen zu können erzeugt ein Gefühl der Zuversicht und bewirkt ein engagiertes Herangehen an neue Aufgaben. Eine ressourcenorientierte Beratungsweise unterstützt Ratsuchende, ihre Fähigkeiten und Stärken zu erkennen und sich im darauf aufbauenden Handeln als wirksam erleben zu können. „Das Erweitern der inneren Landkarten erfolgt aus systemischem Verständnis durch Anregungen" (Theis, 2007), z.B. im Beratungsprozess. Damit Anregungen bei Ratsuchenden an- und aufgenommen werden, muss das Beratungsverfahren sowohl transparent als auch auf Augenhöhe erfolgen (Würdigen der/des Ratsuchenden als Partner). Das Bewusstmachen individueller Ressourcen bei Ratsuchenden ermöglicht deren (sukzessives) Aktivieren und damit das Erweitern der geistigen Muster und Schemata ('innere Landkarten'), die bisher das Denken und Handeln bestimmten. Dies geschieht oft durch ein Umdeuten z.B. in der Sichtweise auf ein Problem. Ein Weiten der Sichtweise auf ein Problem bedeutet in einer ressourcenorientierte Beratung:

- „Erweiterung der Beschreibungen, Erklärungen, Bewertungen des Problems (z.B. durch positive Bewertung eines Problemzustandes oder durch Vermeiden, etwas als krankhaft darzustellen);
- Erweiterung der Schlussfolgerungen (z.B. durch gedankliches Vorwegnehmen verschiedener Zukunftsszenarien, durch Erkunden von Sinnhaftigkeit von Handlungen und Geschehnissen);
- Erweiterung der Ausrichtung der Aufmerksamkeit (z.B. auf Lösungsvisionen, auf Ausnahmen des Problems, auf Kompetenzen);
- Erweiterung der Lösungsmöglichkeiten (z.B. durch Erarbeiten wohldefinierter erreichbarer Ziele, kleiner Schritte, Bedenken der Folgen)." (Theis / Seidlitz, 2007)

Die Perspektive „Ressourcen" sucht nach Möglichkeiten, wie eine gewünschte bzw. angestrebte Veränderung realisiert werden könnte bzw. kann. Dabei geht es sowohl um aktuell bewusste als auch unbewusste Ressourcen, wobei es im Beratungsprozess gilt letztere aufzudecken, sichtbar zu machen und zu aktivieren, um bei Ratsuchenden das Gefühl ihrer Selbstwirksamkeit zu fördern bzw. zu festigen und dadurch zu selbstverantwortlichem Handeln zu ermutigen. Ressourcenorientiertes Handeln ist zielbezogen und setzt eine klare Auftragsklärung (Beratungsauftrag) und Zeitabsprache voraus. Damit sich eine/ ein Ratsuchende(r) über die Ziele klar wird, hilft oft die „Wunderfrage": „Was wäre wenn ... erreicht ist?" Auch Fragen wie "Was wünschen Sie sich von der Beratung?" oder mit Blick auf Ressourcen, Fragen wie „Was (welche Ressourcen) brauchen Sie, um Ihr Ziel zu erreichen?" oder „Woran machen Sie die Erreichung Ihres Ziels fest?" (vgl. Wahl, 2018) sind hilfreich, um Realisierung- bzw. Zielerreichungskriterien zu bestimmen. Dabei ist zu bedenken, dass Ressourcen „affektiv geladen" sind und es sich dabei um „aktive Konstruktionsleistungen unseres emotional geprägten Wahrnehmens und unseres individuellen und sozialen Handelns" (Schiepek / Cremers, 2003) handelt. Damit wird deutlich, dass Ressourcen emotional und motivational bedeutsam sind und dadurch das System „Ratsuchende(r)" aktiviert und Energie für erforderliche Veränderungsprozesse bereitstellt (vgl. Wahl, 2018). (Siehe Anlagen!)
Bei der Ressourcensuche werden zunächst Bezugspunkte beim Ratsuchenden in den Fokus genommen, die bereits (ansatzweise) vorhanden sind. Bamberger nennt diese sogenannte „Ressourcen-Hotspots". Ressourcen können als „Gegenspieler" (Bamberger, 2015) der Probleme betrachtet werden. Die nachfolgende Grafik nennt stichwortartige Begriffe bzw.

Begriffsfelder, die Beispiele für mögliche Ressourcen darstellen. Hinter jedem Begriff eröffnet sich meist ein breites Feld von subsummierten, weiteren damit verbundenen Begriffen bzw. Themen.

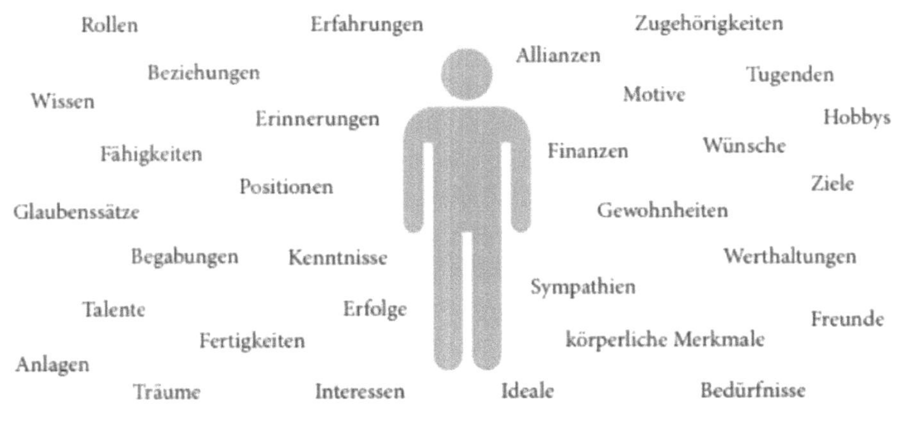

(Ressourcen-Hotspots, Bamberger, 2015)

Wichtig ist, dass Ressourcen im Beratungsprozess ausschließlich von der/dem Rastsuchenden gemäß des Zielverständnisses benannt werden; denn dadurch erhält der angestrebte Veränderungsprozess eine Zielrichtung. und es findet ein Klärungsprozess statt auch mit Blick auf das Verständnis des Problemerlebens, die Mitarbeitsbereitschaft und die Motivation (Realisierungsressourcen) (vgl. Grawe, 2004). Der/die Beratende wird vertieft Nachfragen, nach Erfolgsmomenten und konkreten Beispielen, sodass zusätzliche Informationen mit Blick auf die Zielerreichung gewonnen werden. Wichtig dabei ist, solche Erfolgsmomente auch mit somatischen Empfindungen (somatische Marker) zu verbinden (Zürcher Ressourcen Modell), sodass sie bewusster wahrgenommen werden und im weiteren Beratungsprozess darauf aufgebaut werden kann. Eintragungen in der Tabelle (siehe Anlagen) halten diese zusätzlich fest, um sowohl einzelne Ressourcen als auch einen Gesamteindruck zu gewinnen und vor Augen zu haben. Mit dem Verbinden der Prozentwerte ergibt sich für die/den Ratsuchende(n) eine „Ist-Kurve“ mit dem Gefühl der Bedeutsamkeit, Erreichbarkeit und Handhabbarkeit. Das Sichtbarmachen ermöglicht es, implizite Situationen explizit und damit bearbeitbar zu machen. Dieses Instrument kann zur weiteren transparenten Planung des Beratungs- oder Coachingprozesses eingesetzt werden (vgl. Wahl, 2018).

Bei der Ressourcenorientierung wird der/die Beratende auch Probleme mehr als „Konstruktionsleistungen" eines Systems sehen, was bedeutet, dass sie als „Lösungen" zugrunde liegender interner oder externer Konflikte zu sehen sind (vgl. Mücke, 2001).
Aus systemischer Sicht ist es wichtig, dass Probleme keine inhärente „Dysfunktionalität" eines Systems darstellen, sondern als „Folge einer Verkettung von Umständen" (Schlippe / Schweitzer, 1999) verstanden werden. Was bedeutet, dass Probleme funktional sind, dass sie einen Status Quo des Systems bewahren und sogar einen Lösungsversuch oder gar eine Lösung darstellen können (vgl. Winkelmann, 2010).
In einem ressourcenorientierten Beratungsprozess sind Fragen hilfreich, die Merkmale im Leben" der/der Ratsuchenden aufgreifen, „die es ermöglichen, die bisherigen Lebensweisen zu würdigen und deren Ressourcen anzuerkennen." (Ludewig, 2003) Nach Bamberger (2015) ist ein erster Ansatz, bei Ratsuchenden hilfreiche Persönlichkeitsanteile und Lebensumstände zu sehen und dies den Ratsuchenden bewusst zu machen. Fragen dazu könnten sein: „Was können Sie gut?" „Womit hatten Sie schon Erfolg?" „Was könnten Sie tun? Was wäre / ist gut für Sie?"; denn Ressourcen können erst dann aktiviert werden, wenn sie als solche gesehen und wahrgenommen werden. Bamberger nennt vier Ansätze, um Ressourcen leichter und angemessen für Beratende identifizierbar zu machen:

1. **„Ans Licht bringen:** Positive Veränderungsprozesse und die relevanten Ressourcen identifizieren und fokussieren.
2. **Vergrößern:** Sie durch Detailfragen noch mehr hervorheben und entsprechend ins Bewusstsein bringen.
3. **Verstärken:** Dem/der Ratsuchenden mit geeigneten verbalen und paraverbalen Reaktionen Komplimente machen.
4. **Wieder von vorn beginnen**: Die nächste Runde starten, wenn der betreffende Veränderungsaspekt und die zugehörigen Ressourcen „ausgefragt" sind: Z.B. Frage: „Und was hat sich sonst noch verbessert?" (Bamberger, 2015)

Bei ressourcenorientierten Beratungsprozessen sieht sich die beratende Person als „Moderator(-in) von Entwicklung", so wird deutlich, dass sowohl die beratende Person als auch die ratsuchende Person als jeweils spezifische Experten/Expertinnen auf Kooperation angewiesen sind.

In Anfangssituationen signalisiert dies eine empathische Annahme sowie Vertrauen und vermittelt emotionale Sicherheit. Damit lassen sich in respektvoller Haltung gegenüber dem/der Ratsuchenden vorhandene Kompetenzen und Ressourcen leichter aufspüren und autonome Suchprozesse anregen. Nach Schmidt (2002) ist „ein als Erfolg definiertes Ergebnis immer Ausdruck der Kompetenz und Leistung der KlientInnen." Ein ressourcenorientiertes Beraten und Coachen ist damit ein Dialog unter Experten, die ihren jeweiligen Sachverstand (Expertise) einbringen. Dabei ist der/die Ratsuchende Experte/Expertin für das je eigene Leben, der/die Beratende Experte/Expertin für die Steuerung bzw. Strukturierung sowie das Durchführen situativ passender Prozesse mithin der Art und Weise von Kommunikation und Interaktionen. Im Regelfall sollte der/die Ratsuchende die Expertise auf einen situativ förderlichen Verlauf richten und demgemäß auch die Interaktionen mitgestalten, sodass die erhaltenen Impulse und Ergebnisse ins Gestalten der eigenen Lebensvollzüge eingegliedert werden können.

4.2.5.2 Lösungsorientiertes Beraten

Steiner & Berg (2005) gehen davon aus, „dass Probleme und Lösungen gesellschaftlich konstruiert und ausgehandelt werden." (Steiner / Berg, 2005) Sie sagen, dass Probleme kontextabhängig und damit aushandelbar seien. Das Entscheidende für beratende Personen ist, dass deutlich und konkret fassbar sein muss, woran der/die zu Beratende erkennt, dass das Problem gelöst ist. De Shazer verwendet für eine Problemlösung die „Schlossmetapher", die besagt, dass wenn man eine Tür nicht aufbekommt, es effektiver ist, nach dem Schlüssel zu suchen als die Beschaffenheit des Schlosses zu analysieren (vgl. Bamberger, 2015). Dies bedeutet, dass bei einem Problem direkt nach Lösungen gesucht werden sollte, anstatt das Problem zu analysieren. Wichtig zu wissen ist, dass der lösungsorientierte Ansatz nicht geeignet ist, wenn es um den Erwerb prinzipiell neuer Fähigkeiten geht (Sparrer, 2006).

Ein zu Anfang eines Beratungs- oder Coachingprozesses genaueres Betrachten bzw. Durchdenken eines Problems eröffnet jedoch auch die Chance, erneut zu Refektieren und sich dann neu zukunftsorientiert zu entscheiden: „Wie soll meine Zukunft bei ... aussehen? Was ist mir wichtig? Welche Wahl- bzw. Handlungsmöglichkeiten habe ich?" Durch einfühlsame Fragen kann sich bei der/dem Ratsuchenden der Blick

weiten auf das je eigene Handlungspotential, das zu Entscheidungen und Lösungsideen ermutigt.
Ist das Ziel der Beratung bekannt, können bei der beratenden Person Gedanken greifen, „wie man zu dieser Lösung kommt, d.h. wie der erste Schritt in diese Richtung aussehen könnte bzw. was jetzt als erstes zu tun ist: Ziel der lösungsorientierten Beratung ist [...] die Lösungsorientierung. Lösungen werden verstanden als Veränderungen eines Teils eines Systems, also Veränderungen von Wahrnehmungen, Gedanken, Gefühlen, Verhaltensmuster, Lebensplänen usw." (Bamberger, 2015) Gemäß Schippe / Schweitzer (1999) werden die erforderlichen Ressourcen bei Ratsuchenden als vorhanden vorausgesetzt. Beim lösungsorientierten Beraten wird vor allem nach Situationen gesucht, in denen das Problem nicht auftritt. Auch durch Suchprozesse werden gelingende Lösungsversuche antizipiert. Skalierungsfragen können zudem dabei helfen, dass Ratsuchende als Expertin / Experte für die eigenen Lebensvollzüge alternative Lösungen entwickeln, sodass sie lernen, eigene Ressourcen zu sehen und damit Möglichkeiten für Veränderungen zu ergreifen.

Mit Blick auf Kinder gilt: „Wenn Kinder merken, dass sie für ein eigenes Ziel arbeiten, sind sie bereit, ihre momentane Unlust zu überwinden. Daher lohnt es sich, mit ihnen über ihre Wünsche, Ziele und Visionen zu sprechen und sie zu fragen, wie wir sie allenfalls unterstützen können. So werden Kinder zu Experten ihres eigenen Lebens und wir ihre Helfer." (Baeschlin / Baeschlin, 2004) Je jünger ein Mensch ist, desto wichtiger ist es auch kleinste Veränderungen als Fortschritte zu würdigen. Auch Erwachsene sind dafür in sensiblen Phasen noch durchaus empfänglich!

Für lösungsorientierte Beratungsprozesse haben Peller und Walter (1992) ein Schema zum Entwickeln von Zielen entworfen:

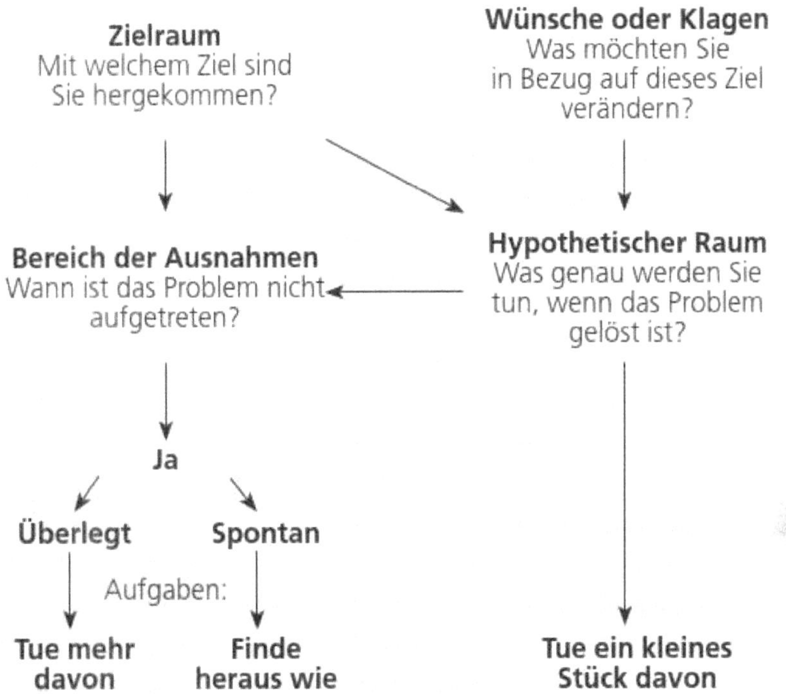

Jeder Mensch ist auf Ziele ausgerichtet, die Werte und Sinn darstellen. Beim Gewinnen und Vereinbaren von Zielen ist deren Stimmigkeit für den/die zu Beratende wichtig (Kohärenzgefühl); denn dieses hat eine Steuerungsfunktion für den Einsatz eigener Möglichkeiten. Die gefühlte bzw. erlebte Stimmigkeit beeinflusst die Erfahrungen, wenn ein Mensch mit Anforderungen konfrontiert wird. Das Kohärenzgefühl umfasst drei Faktoren:

- Das Gefühl der Verstehbarkeit, das vermittelt, dass die Anforderungen aus der Umwelt strukturiert, vorhersehbar und erklärbar sind.
- Das Gefühl der Handhabbarkeit, das vermittelt, dass passende Ressourcen zur Verfügung stehen, um mit diesen Anforderungen klar zu kommen.
- Das Gefühl der Bedeutsamkeit, das vermittelt, dass die Anforderungen Herausforderungen sind, für die sich Einsatz und Anstrengung lohnen.

Sinnvolle Beratungsziele entzünden den Funken der Aufgeschlossenheit, Begeisterung und Anstrengungsbereitschaft. Zudem sorgen sie dafür, dass Ratsuchende wissen, wofür sie ihre Energie einsetzen.
Ein stark ausgeprägtes Kohärenzgefühl bewirkt, dass eine Person alle ihre Ressourcen einsetzen und damit flexibel agieren kann. Damit muss in Beratungsprozessen versucht werden, bei Ratsuchenden ein möglichst starkes Kohärenzgefühl anzuregen. Kohärenzgefühl und Lebenserfahrungen beeinflussen sich wechselseitig. „Ein starkes Kohärenzgefühl kann nur entstehen, wenn das Individuum sich als selbstbestimmt und handelnd erlebt, nur dann können Ressourcen als solche erlebt und aktiv auf sie zugegriffen werden." (Winkelmann, 2010) Dies bedeutet, dass auch in Beratungsprozessen aktiv „Erfahrungsräume" eröffnet werden müssen. Es gilt das Bewusstsein zu stärken, das eigene Leben selbständig meistern zu können (Wirksamkeitserfahrungen). Dies kann durch einen lösungsorientierten Beratungsansatz gelingen. Ein relativ stabiles Kohärenzgefühl wird meist ab dem 30. Lebensjahr erreicht.

Exkurs Scalierungsfragen: Beispielhafte Merkmale einer Skalierungsfrage zeigt folgende Situation: „Die Schulpsychologin könnte Tommy z.B. fragen, bei welcher Zahl er auf einer Skala von 1 bis 10 seine Laune einstufen würde (wobei die 1 für die schlechteste Laune, mit der er bestimmt andere Kinder prügeln würde, und die 10 für die beste Laune steht, wie er sie am Dienstagvormittag hatte und deshalb das Geschubst-werden ignorieren konnte). Bei welcher Zahl zwischen 1 und 10 muss er achtsam werden und sich kontrollieren? Auf diese Frage könnte Tommy antworten, dass er mindestens eine 5 erreichen muss, um einen guten Tag zu haben. Die nächste Frage lautet: Wie kann sich Tommy auf ein Niveau von 5 bringen? Wie kann seine Mutter ihm helfen, dass er mit der 5" (wird guter Tag) „morgens aus dem Haus gehen kann?" (Steiner / Berg, 2005)

Exkurs Wunderfrage: Die Wunderfrage will die Antizipation von Lösungsversuchen hervorrufen. Ein Gesprächshinweis zur Wunderfrage könnte so aussehen: „Ich habe eine besondere, vielleicht etwas ungewöhnliche Frage an Sie, sicher eine Frage, die etwas Fantasie braucht. Angenommen, nachdem wir unsere Sitzung hier beendet haben, gehen Sie nach Hause und Sie tun alles, was sie üblicherweise auch tun. Sie erledigen Ihre Pflichten, nehmen das Nachtessen ein, schauen noch etwas fern und gehen dann zu Bett. Und während Sie schlafen, geschieht ein Wunder, und die Probleme, die Sie heute hierher gebracht haben, sind gelöst, einfach so *(mit den Fingern schnippen)*. Aber da dieses Wunder geschehen ist, während Sie geschlafen haben, wissen Sie nicht, dass es sich ereignet hat. Wenn Sie am nächsten Morgen erwachen, wie werden Sie entdecken, dass das Wunder geschehen ist und das Problem gelöst ist?" (Steiner / Berg, 2005)

Bamberger (2001) formuliert für ein lösungsorientiertes Beraten das „Metaziel" des Unterstützens, Anbahnens, Beförderns und Erfahrens von Selbstwirksamkeit. Dazu gilt es „zieldienliche Ressourcen" zu aktivieren, damit sich Kinder / Jugendliche selbst regulieren und in Interaktionen mit ihrer Umwelt die Kontextbedingungen angemessen beeinflussen können, sodass sie mit zukünftigen Problemen besser zurecht kommen können (vgl. Winkelmann, 2010).

4.2.5.3 Personorientierte Beratung

Rogers geht von einem Menschenbild aus, das besagt, dass sich jeder Mensch optimal entwickelt, wenn er eine Chance dazu hat. Jeder Mensch besitze alle notwendigen Mittel, um ein Problem zu lösen, diese gelte es zu aktivieren. Jeder Mensch sei grundsätzlich positiv, sozial und vorwärtsgerichtet. Im Mittelpunkt einer Beratung steht der einzelne Mensch, dem geholfen werden soll, sich so zu entwickeln, dass der Umgang mit einem aktuellen Problem oder zukünftigen Problemen auf eine angemessenere Weise gelingen kann (vgl. Rogers, 1999). Für Rogers gewährleistet das Einfühlen, d.h. den Anderen in seinem Gefühlsleben zu begleiten, die Person als Ganzes in den Blick zu bekommen. Die Beziehungsqualität von Berater / Beraterin und der/dem Ratsuchenden muss nach Rogers die Aspekte Authentizität, Wertschätzung und Empathie sowie Präsenz umfassen (vgl. Rogers, 1999).

Ein Berater / eine Beraterin fördert den Prozess und der/die Ratsuchende muss selbst den eigenen Prozess leisten. „Der nicht-direktive Standpunkt legt großen Wert auf das Recht jedes Individuums, psychisch unabhängig zu bleiben und seine psychische Identität zu erhalten." (Rogers, 1999) Die personorientierte Beziehung ist nach Rogers eine Beziehung, in der annehmende, wertschätzende Zugewandtheit und das Fehlen jedweden Zwangs oder persönlichen Drucks durch den Berater / die Beraterin dem/der Ratsuchenden „den maximalen Ausdruck von Gefühlen, Einstellungen und Problemen ermöglicht. [...] In dieser einmaligen Erfahrung vollständiger emotioneller Freiheit innerhalb eines genau definierten Rahmens hat“ der/die Ratsuchende „die Möglichkeit, die inneren Impulse und Strukturen, die positiven wie die negativen, zu erkennen und zu verstehen wie in keiner anderen Beziehung. [...] Wirksame Beratung besteht aus einer eindeutig strukturierten, gewährenden Beziehung,“ die es dem/der Ratsuchenden ermöglicht, „zu einem Verständnis von sich selbst in einem Ausmaß zu gelangen, das dazu befähigt, aufgrund dieser neuen Orientierung positive Schritte zu unternehmen.“ (Rogers, 1999) Berger (2006) betont, dass „die personenzentrierte Beratung spezifisch darauf ausgerichtet ist, der ratsuchenden Person ein umfassendes Gewahrwerden ihres subjektiven Wahrnehmungsfeldes samt der sie konstituierenden Bedingungen zu ermöglichen. [...] Beratung schärft das Gewahrwerden der Emotionsprozesse, die Erleben generieren und organisieren, und sie regt zu Auseinandersetzungen mit den Gefühlen an. Sie schafft einen Raum, in welchem die eigenen Einstellungen, gefühlsmäßigen Bewertungen, Motive, Beziehungen und Kompetenzen unverzerrt wahrgenommen und symbolisiert werden können.“ (Berger, 2006) Herzstück von Rogers Ansatz ist die Haltungsebene.

Nach Gregusch (2013) ist eine „personenzentrierte Beratung indiziert, wenn

1. keine psychische Störung vorliegt,
2. ein erkennbares Maß an Selbststeuerung vorhanden ist und
3. eine positive Prognose darüber gestellt werden kann, dass Ratsuchende das Beziehungsangebot zumindest in Ansätzen wahr- und annehmen können (Indikatoren sind das Ausmaß der Selbstexploration, die direkte Beurteilung durch Ratsuchende, die emotionale Reaktion von Ratsuchenden und die Registrierung der bedingungsfreien positiven Beachtung durch den/die Berater(-in).“ (Gregusch, 2013)

Berger weist beim personorientierten Ansatz darauf hin, dass von Seiten des Beraters / der Beraterin eine kritische Analyse des Erfahrungswissens des/der Ratsuchenden erforderlich ist, um ggf. die Entwicklung von Erkenntniskompetenz zu fördern, sodass auch Operationen des transitiven und reflexiven Lernens zur Anwendung kommen können, z.B. mittels Abgeben von Sachinformation, Perspektivenwechsel oder Konfrontation. So erforderlich, sollte auch das Entwickeln von Handlungskompetenz angestrebt werden (Ziel-, Methoden- und Planwissen (Reflektieren)). Auch stützende Operationen zur Umsetzung vereinbarter Pläne z.B.

durch Verhaltensübungen sollten ggf. eingesetzt werden. Alle diese Maßnahmen müssen mit einer Haltung der Akzeptanz, Wertschätzung und Echtheit (Aufrichtigkeit) erfolgen und sind mit den zentralen Werten des Ansatzes: Erfahrungsoffenheit, Konstruktivität, Sozialität, Vertrauenswürdigkeit und Kreativität hinsichtlich der/dem Ratsuchenden abzustimmen (vgl. Berger, 2006).

Die wichtigste Grundhaltung für Rogers ist die **Aufrichtigkeit**. sowohl gegenüber sich selbst (Berater/Beraterin) als auch gegenüber dem/der Ratsuchenden (vgl. Rogers): Die Selbstkongruenz gewährleistet Offenheit für Erfahrungen und ist ein bedeutsamer Aspekt für Verstehensprozesse. Damit gehören Selbst- und Fremdverstehen zusammen und machen erst einen gelingenden Beratungsprozess möglich. Nur bei Erfahren von Aufrichtigkeit kann der/die Ratsuchende eine Beratungssituation verstehen und damit Vertrauen gegenüber dem Berater / der Beraterin entwickeln.

Für Rogers ist **Wertschätzung** die zweite zentrale Grundhaltung. Rogers meint damit die bedingungslose, nicht urteilende positive Zuwendung gegenüber dem/der Ratsuchenden. Diese bedingunglose Zuwendung richtet sich allein auf die Person des/der Ratsuchenden. Sie umfasst nicht das Fühlen oder Verhalten. Erfährt sich der/die Ratsuchende solcherart als grundsätzlich angenommen, so erzeugt dies ein Gefühl sozialer Sicherheit und ermöglicht eigene Erfahrungen und Gedanken (wieder) zuzulassen und zu kommunizieren.

Verstärkt wird dieses Sicherheitsgefühl noch dadurch, dass der/die Berater(-in) gemachte Aussagen zunächst so annimmt, wie sie geäußert wurden: Es erfolgt weder ein Kommentar noch eine Interpretation, d.h. weder ein Bestärken noch ein Ablehnen. Diese Haltung signalisiert Respekt vor der Selbständigkeit und Selbstverantwortung des/der Ratsuchenden: Das Geäußerte bleibt bei der/dem Ratsuchenden. Eine solche Haltung ist zugleich ein Vorgang des empathischen Verstehens und wohlwollenden Interesses an der eigenständigen Person des/der Ratsuchenden. Wertschätzung bedeutet somit die Annahme/Akzeptanz der Erfahrungen der/des Ratsuchenden so wie diese kommuniziert oder gezeigt wurden. Auf diese Weise kann ein Berater / eine Beraterin in die fremde Welt des/der Ratsuchenden eintauchen, wissend um die für die eigene Handlungsfähigkeit bedeutsame Balance zwischen Nähe und Distanz.

Beim einfühlenden Verstehen (**Empathie**) verweist Rogers auf den „Wirklichkeitsrelativismus" und nimmt damit Bezug auf Aussagen des Konstruktivismus. Demnach gibt es so viele Wirklichkeiten wie es Menschen gibt (vgl. Rogers)!

> Jeder Mensch erfährt ´die Welt´ aus neurobiologischer Sicht durch seine Sinnesorgane, deren aufgenommenen Reize sowie damit verbundenen Emotionen im Gehirn gemäß dessen strukturellen Verarbeitungsprozessen mit subjektiven Bedeutungen (unbewusste organismische und evolutionsmäßig begründete oder aus der Umwelt stammende Bewertungen) versehen und im Langzeitgedächtnis abgespeichert werden. <

Hieraus ergibt sich die Frage, ob es überhaupt möglich ist, die je eigenen Gedanken, Ansichten und Wertvorstellungen beiseite zu lassen und eine ´andere Wahrnehmungswelt´ zu betreten? Die Äußerung von Rogers dazu stellt vordergründig ein Paradoxon dar: „Bei dem Versuch, den/die Ratsuchende dem eigenen Erleben näher zu bringen, hilft es mir, wenn ich voll in meinem eigenen Erleben drinstehe!" (Rogers)

Echtes Verstehen ist nur möglich, wenn ich um die Relativität meines eigenen Standpunktes weiß und bereit bin, diesen um des anderen Willen vorübergehend aufzugeben bzw. zurückzustellen, auch wenn das die eigene wohlgeordnete Welt durcheinander bringen kann und von mir als Beratende(r) selbst Veränderung erfordert: Auch der/die Berater(-in) lernt in jedem Beratungsprozess! Daher ist auch eine Reflexionsphase nach jeder Beratungssitzung angesagt, ggf. ist die Teilnahme an einer Supervision sinnvoll bzw. erforderlich.

Ein Modell, das in der Lage ist, das oben genannte Paradoxon aufzulösen ist dasjenige des „Inneren Teams" (Schulz v. Thun). Zentrales Element darin ist das „geistige Oberhaupt", das mit seinen inneren Teammitgliedern regelmäßig bzw. so oft wie erforderlich in eine „innere Konferenz" geht und dabei jedes innere Mitglied „zu Wort kommen" lässt. Diese inneren Mitglieder stellen die eigenen Gedanken und Gefühle dar. Diese Gedanken und Gefühle bestehen im eigenen Gehirn, wobei das „geistige Oberhaupt" mit dem Bewusstsein assoziiert werden kann. Kommen nun Sinneseindrücke (Reize) von außen, werden diese unbewusst im Gehirn verarbeitet und bewertet. Zugleich treten sie in Resonanz mit bisherigen, gespeicherten Erfahrungen und Eindrücken; d.h. eigene ´innere Mitglieder´ sprechen auf die ankommenden bzw. gesendeten und bewerteten Reize der ´inneren Mitglieder´ der/des Ratsuchenden an. Dieses Ressonanzgeschehen löst wiederum Gefühle und Gedanken aus, die vom selbstreflexiven, eigenen „geistigen Oberhaupt" erkannt und bearbeitet werden können. Insofern ist Rogers Ansatz „der Einheit des Geistes in der Gemeinschaft" oder „Aufgabe des Selbst." (Rogers) für einen Berater / eine Beraterin, die die eigene Handlungsfähigkeit bewahren will zumindest stark zu hinterfragen. Es ist keinem Menschen möglich, selbst bei bestem

Bemühen, sich vollständig in die individuelle, innere Welt und deren Wirklichkeitskonstruktionen eines anderen Menschen hineinzuversetzen. Was möglich ist, ist das kommunikative Annähern, um z.B. durch passende Fragen einem anderen Menschen die in ihm wirkenden, eigenen Wirklichkeitskonstruktionen und damit die Möglichkeiten der Selbststeuerung bzw. Selbstorganisation bewusster werden zu lassen, damit dann selbstentschiedene Veränderungen von Ratsuchenden eingeleitet und durchgehalten werden können.
Um Verstehensprozesse zu ermöglichen wird oft die **Methode des Aktiven Zuhörens** verwendet. Es intendiert eine verständnisvolle Kommunikation. Aktives Zuhören ist systemisch betrachtet ein ganzheitliches Zuhören und will dazu verhelfen, in einer Situation möglichst alle kommunikativen Facetten bzw. Informationen zu erfassen. Daher umfasst Aktives Zuhören neben sprachlichen Äußerungen auch die eigenen (inneren) Körpersignale und die Wahrnehmbaren der/des Ratsuchenden.

> *"Wenn Reden Silber und Schweigen Gold ist, dann ist Zuhören Platin."* (Andrzej Majewski)

Aktives Zuhören weist drei Elemente auf:

- Aktives Präsentsein im aufmerksamen Verfolgen des Gesagten;
- Aktives Verstehen, d.h. Paraphrasieren erhaltener Informationen;
- Spiegeln bzw. Verbalisieren wahrgenommener emotionaler Inhalte.

Der/die Berater(-in) agiert in der von Rogers beschriebenen Grundhaltung (empathisch, authentisch, kongruent). Der Gesprächspartner bzw. die -partnerin erfährt durch den/ die Berater(in) die volle Aufmerksamkeit (z.B. Blickkontakt, genaues Zuhören, aussprechen lassen), was bei Ratsuchenden das Gefühl aufkommen lässt im Hier und Jetzt für den/die Berater(-in) der interessanteste Mensch sowie respektiert und wertgeschätzt zu sein. Wichtige Elemente des Aktiven Zuhörens sind Anteilnahme, Einfühlungsvermögen, Annahme (Unvoreingenommensein) und verständnisförderndes Nachfragen. Durch Aktives Zuhören will der Berater / die Beraterin mehr über die ratsuchende Person erfahren, z.B. „Wie ist Ihre ´Welt´?", „Was wünscht Sie sich?", „Wer ist Sie?", dabei wird vor allem auch auf nonverbale Signale (z.B. Mimik, Gestik, Stimmmelodie,

Körperhaltung) geachtet. Entscheidend ist die Stimmigkeit von Sprache und z.B. Mimik und Gestik.
Das aufmerksame, aktive Zuhören umfasst eine zugewandte, freundliche und interessierte Mimik und Gestik (z.B. Nicken, Kopf neigen) sowie die ein Berichten unterstützenden Laute bzw. Worte, z.B. „Hmm“, „So“, „Ahh“, „Und?“ „interessant!“ usw. Hinzu kommt das umschreibende Wiederholen von gehörten Informationen oder Argumenten mit eigenen Worten (Paraphrasieren), um dadurch mehr Klarheit zu erlangen und Missverständnissen vorzubeugen. Stimmig eingesetztes Paraphrasieren löst bei Ratsuchenden das Gefühl aus, eine Person vor sich zu haben, die genau zuhört und möglichst genau verstehen will. Signale des Verstehenwollens sind zum einen z.B. „Sie haben gerade gesagt ...!“, „Sie sehen ... so ...!“ zum andern oft in Frageform „Meinten Sie ...?“ „Habe ich Sie richtig verstanden ... ?“. Auch bewirkt das Paraphrasieren einen Zeitgewinn für eigene Überlegungen, z.B. das vom/ beim Ratsuchenden Wahrgenommene aus der Metaebene betrachten, sowie ggf. die bessere Kontrolle eigener Emotionen (z.B. eigene Mimik, Sprachmelodie, Wortwahl). Paraphrasieren unterstützt so auch die eigene Handlungsfähigkeit der beratenden Person.
Ein weiteres Element aktiven Zuhörens ist das Verbalisieren wahrgenommener, vermuteter Emotionen und geäußerter Gefühle der/des Ratsuchenden auch von selbst ´herausgehörten´ bzw. wahrgenommenen versteckten Botschaften im Bericht oder Gespräch. Sogenannte ´Zwischentöne´ können bedeutsam sein und sollten mit Blick auf den weiteren Beratungsprozess geklärt werden. Beim eigenen Formulieren ist dabei unabdingbar, dass durch die Formulierung dem/ der Ratsuchenden deutlich wird, dass es sich um eine Wahrnehmung des Beraters / der Beraterin handelt, z.B. „Ich habe das Gefühl, dass ... .“ oder „Der Eindruck drängt sich mir auf, dass ... .“ bzw. „Es kommt mir so vor ... .“

4.2.5.4 Beraten - wichtige Elemente vor und im Beratungsprozess

(nach Bamberger, 2015)

Klärung des Beratungsauftrags

Es geht zunächst um das Hier und Jetzt. Zu Beginn jedes Beratungsprozesses muss das Klären des Beratungsauftrags erfolgen. Hierbei ergeben sich bereits erste Anhaltspunkte zur Bereitschaft und der Qualität des gewünschten Beratungsprozesses (z.B. Kooperationsweise).
Zu Beginn eines Beratungsprozesses präsentiert der/die Ratsuchende das Problem. In der Art und Weise der Wort- und Sprachwahl drückt sich oft darin schon aus, wie die gewünschte Zusammenarbeit aussehen soll und welches Anliegen besteht. Im gemeinsamen Gespräch gilt es dieses Anliegen genauer zu klären: Entscheidend ist das Motiv des/der Ratsuchenden zu Veränderungen. Der Berater / die Beraterin muss dabei klar die Möglichkeiten benennen, die er/sie einbringen kann und will, vor allem auch was voraussichtlich realisierbar sein wird.
Enstiegsfragen könnten sein:
„Was ist Ihnen wichtig, dass es heute zur Sprache kommt und was erhoffen Sie sich davon?"
„Was sind Ihre Erwartungen an mich?"
„Woran denken Sie, dass ich Sie unterstützen kann?"
Kontrakt: Stimmt der/die Ratsuchende dem Beginn eines Beratungsprozesses zu, wird i.d.R. ein schriftlicher Kontrakt erstellt, in dem das Ziel der Beratung (konkret, erreichbar, relevant, attraktiv) und die Art und Weise der Kommunkation und Kooperation benannt sind.

Lösungstendenzen

Mit der Entscheidung der/des Ratsuchenden, sich die Hilfe einer beratenden Person zu holen, ist der erste Schritt zu Veränderungen (Veränderungsbereitschaft) getan hin zu einem Lösen des Problems: Es signalisiert die Bereitschaft zum Loslösen / Loslassen und Verändern. Gewünschte Veränderungen sollten wahrgenommen und gewürdigt werden.

Lösungsvision(en)

Bereits in der zweiten gemeinsamen Sitzung geht es um die Zukunft. Es geht sowohl um den Prozess (Weg) hin zu einer Lösung als auch um den Status, wenn dass Problem, weil gelöst, nicht mehr existiert. Eine Lösungsvision umfasst das Lösen, d.h. den Weg dahin, und die Lösung,

d.h. das Ergebnis. Eine Vision kann viel Energie freisetzen, weil der Zielbezug eine Veränderung motivational stark befördert. Daher ist auch die Zieldefinition zusammen mit Kriterien, an denen erkennbar sein wird, ob das Ziel erreicht ist, so wichtig. Es geht um die Fokussierung auf die Veränderungsmöglichkeiten und zukünftigen Verhaltensweisen.
Beim gemeinsamen Bestimmen von Zielen ist eine kooperative Strategie mit Brainstorming hilfreich. Nach Egan (1998) sollte sich der Berater / die Beraterin bei der Zielfindung folgende Fragen stellen:

1. Orientiert sich das Ziel sprachlich an Ergebnissen?
2. Ist das Ziel spezifisch? Woran ist erkennbar, dass das Ziel erreicht wurde?
3. Lässt sich das Ziel auch verwirklichen?
4. Kann das Verwirklichen des Ziels über eine längere Zeit hinweg aufrechterhalten werden?
5. Ist das Ziel mit Ihren Wertvorstellungen vereinbar?
6. Wurde für das Erreichen des Ziels ein realistischer Zeitrahmen gesteckt? (vgl. Egan, 1998)

Ist ein Ziel gefunden und passend konkret formuliert, so gilt es das Engagement des/der Ratsuchenden dafür zu stärken. Dies umfasst:

1. Das Attraktive am Ziel herauszustellen;
2. Ziele sollten in der Form von Selbstverträgen benannt sein. Dies dient auch dazu, die Ziele mehr in den Mittelpunkt zu rücken.
2. Mit dem/der Ratsuchenden besprechen, wie mit damit konkurrierenden Handlungsprogrammen umgegangen werden könnte.

Im Verlauf eines Beratungsprozesses sollte sich der Berater / die Beraterin immer wieder „Schlüsselfragen des Lösens“ stellen:

- **Lösungstendenzen:** Was hat sich seither (der Anmeldung zur Beratung) und dem heutigen (ersten) Gespräch (vielleicht) schon verändert?
- **Ausnahmen**: „Gibt es auch Zeiten, in denen dass Problem weniger stark oder vielleicht sogar überhaupt nicht auftritt?“
- **Hypothetische Lösungen:** Was wäre im Verhalten des/der Ratsuchenden anders, wenn das Problem durch ein Wunder plötzlich gelöst wäre?

- **Umwandlung von Bedeutung**: Gibt es auch irgendwelche positiven Aspekte dadurch, dass dieses Problem existiert?
- **Universallösung:** Gibt es etwas, irgend etwas, das der/die Ratsuchende im Verhalten ändern könnte?
- **Universallösung zweiter Ordnung**: Gibt es etwas, das ich als beratende Person in meinem Verhalten dem/ der Ratsuchenden gegenüber ändern könnte?

Ausnahmen

Die Frage nach Ausnahmen, wo/wann ein Problem nicht auftritt ist ganz wichtig; denn Ratsuchende benutzen oft das Wort „immer": Z.B. „Es ist immer dasselbe!" „Immer" stimmt nie; das „immer" muss durch „manchmal" ersetzt werden! Um so wichtiger ist es, die Aufmerksamkeit der/des Ratsuchenden auf die Ausnahmen zu richten, nach Gründen der Ausnahme und nach dem Verhalten der/des Ratsuchenden bei diesen Ausnahmesituationen zu fragen:

„Was tun Sie da, was Sie sonst nicht tun?" (Verhalten)

„Was sehen, planen oder hoffen Sie, was sonst nicht der Fall ist?"

„Was denken und fühlen Sie, was sonst bei Ihnen nicht auftritt?" (Emotionen)

Im Benennen von Ausnahmen durch den/die Ratsuchende stecken wichtige Informationen darüber, was als Lösung in Betracht kommen könnte und welche Ressourcen vorhanden sind. In den Fällen, in denen der/die Ratsuchende von (angeblich) fehlenden Ausnahmen berichtet, gilt es für den Berater/ die Beraterin durch passendes Nachfragen das erinnernde Wahrnehmen zu aktivieren. Bamberger benennt mögliche, verschiedene Herangehensweisen:

- **Verschlimmerungsfrage:** Wie könnte der/die Ratsuchende die Lage noch verschlechtern? Wer eine Situation nämlich verschlechtern kann, hat noch Einfluss darauf. Wer Einfluss auf eine Situation ausüben kann, kann auch zum Positiven beeinflussen.
- **Splitting**: Es geht um das Unterscheiden zwischen Problem und Nichtproblem; „einerseits und andererseits". Wie eine Münze zwei Seiten hat, haben oft auch Probleme oder Situationen zwei Seiten. Es gibt immer verschiedene Sichtweisen, Bedürfnisse, Motivationen usw.
- **Standartintervention der ersten Stunde:** Dabei geht es um eine Beobachtungsaufgabe, welche die Aufmerksamkeit des/der Ratsuchenden weg von dem lenkt, was vermieden werden soll und hin zu dem,

was wertvoll und bewahrenswert erscheint: Der innere Blick richtet sich weg von den Problemen hin zu den Ressourcen, die für die Lösung genutzt werden können.

- **Systematisch das Positive suchen**: Wenn im Gespräch das Positive hervorgehoben wird, sind Ratsuchende oft selber erstaunt, wie vieles in ihrem Leben zufrieden stellend bis gut verläuft. So können wieder Ressourcen ans Licht kommen.
- **Vorhersageaufgabe:** Wenn es im Leben des/der Ratsuchenden Ausnahmen gibt, die sich aus seiner/ihrer Sicht ohne eigenes Dazutun ereignet haben, kann der/die Ratsuchende gebeten werden, am Vorabend eine Vorhersage für den nächsten Tag zu machen, ob die Ausnahme eintreten wird oder nicht. Damit wird deutlich, dass es Ausnahmen gibt und diese auch wieder auftreten können. Der/die Ratsuchende gewinnt so eine gewisse Distanz zum Problem.
- **So-tun-als-ob-Aufgabe:** Um das „es ist immer dasselbe" zu stören, soll der/die Ratsuchende an einem Tag so tun, als ob das Problem gelöst sei und dabei beobachten, was anders ist als sonst.
- **Skalierungsfragen (Skala 1-10)**: Wenn der/die Ratsuchende in dem Entweder-oder-Denken behaftet ist, sodass er/sie denkt, dass das Problem entweder da ist oder nicht, kann mit der Skalierungsfrage deutlich gemacht werden, dass es auch ein Dazwischen gibt. Dadurch zeigt sich auch, dass es kleine Nuancen gibt und kleine Schritte in Richtung Lösung möglich sind. Der/die Ratsuchende kann sich durch die Skala auch konkrete Unterschiede der eigenen Situation vorstellen und es zeigt i.d.R., dass die Dinge veränderbar sind.
- **Solution line:** Die Skalierung kann mit zehn Blättern auf dem Boden ausgelegt werden, sodass der/die Ratsuchende die aktuelle Position einnehmen und dabei zurück und vorwärts schauen kann, um zu beschreiben, was dadurch erkennbar (Sehen) oder erahnbar (Erinnern) wird (vgl. Bamberger, 2015).

Hypothetische Lösungen

Wird die Aufmerksamkeit der/des Ratsuchenden auf hypothetische Lösungen gerichtet, kann dies zielbezogen starke mentale Energien freisetzen. „Was wäre, wenn ...?" eröffnet den Blick auf eine hypothetische Ausnahme. Bamberger nennt verschiedene Wege zu hypothetischen

Lösungen, die jeweils an die Person der/des Ratsuchenden angepasst werden müssen:

- **Die „Wunderfrage":** Was wäre, wenn ein Wunder geschehen und das Problem gelöst wäre? Einladungen an den/die Ratsuchende, die mit Zauberwörtern wie „Angenommen ... " oder „Stellen Sie sich einmal vor ..." beginnen, geben die Erlaubnis und zugleich den Mut, die im Augenblick problembelastete „Realität" zu verlassen und in eine virtuelle Zukunft hineinzugehen. Auf diese Weise erhalten sowohl Berater als auch Beratene eine Vorstellung davon, wie die Alternative zum Problem aussehen könnte. Wenn gesehen wird, wie mögliches Handeln erfolgen könnte, ist die Versuchung groß, es tatsächlich zu tun.

Hinweis: Im Buch von Bamberger finden Sie verschiedene Variationen der Wunderfrage.

- **Die zirkuläre Sichtweise:** „Woran würden andere Personen erkennen, dass das Problem gelöst ist?" Manchmal kann es einfacher sein, sich in einen oder bessere mehrere Außenstehende hineinzudenken und sich aus dieser Perspektive nach Lösungsmöglichkeiten umzusehen.
- **Das Betrachten aus der Metaperspektive:** Was würde sich der/die Ratsuchende selbst als beratende Person bzw. Coach/Supervisor empfehlen, um das Problem zu lösen? Der/die Ratsuchende wird zu einem Perspektivwechsel aufgefordert, um so als beobachtende, vollkommen unabhängige Person, die in die ganze Sache überhaupt nicht involviert ist, das Problem von außen zu betrachten und dabei Lösungsassoziationen zu entwickeln (vgl. Bamberger, 2015).

Um von hypothetischen zu real möglichen Lösungen zu gelangen, die dann auch zu neuem Verhalten bzw. dessen Erproben führen, müssen Zielvisionen konkrete Ansatzpunkte aufweisen (wegweisende Visionen). Solche Ansatzpunkte gilt es für den/die Ratsuchende sichtbar zu machen. Beharrt der/ die Ratsuchende in den Beschreibungen auf dem was nicht wäre bzw. ist, könnten z.B. Fragen wie: „Was haben Sie bislang noch nicht getan?" oder „Was würden Sie stattdessen gerne tun?" die Sichtweise verändern. Kommen Äußerungen auf, dass sich nur „X" oder „Y" ändern müsse, sind Interventionen bzw. Anregungen oder Fragen angebracht, die den Blick bzw. die Aufmerksamkeit des/der Ratsuchenden auf Visionen mit eigenem Tun lenken: „ „X" ändert sich nicht, worin sähen Sie jetzt innerhalb Ihrer Möglichkeiten (Ressourcen) Ansätze für ein für Sie passendes Handeln?“ [*Pause*] „Was für ein Gefühl wäre das für Sie?“ Antwortet der/die Ratsuchende bei der hypothetischen Frage dann mit: „Ich weiß nicht!“ kann die Nachfrage hilfreich sein: „Angenommen, Sie wüssten es, was würden Sie dann sagen?“

Transformation: Sobald eine hypothetische Frage zu einer konkreten Beschreibung führt, beginnt der nächste Schritt: Es gilt die hypothetische Lösung sukzessive in die Gegenwart zu transformieren beginnend mit z.B. den Fragen: „Was wäre für Sie am leichtesten zu tun?“, „Welche Idee sagt Ihnen gefühlsmäßig am meisten zu?“ Um das konkrete Handeln einzuleiten kann jetzt die Frage folgen: „Was werden Sie tun?“

Mentales Experiment: Besteht bei der/dem Ratsuchenden eine Hemmung, sich auf eine konkrete Veränderung einzulassen, besteht die Möglichkeit einer „So-tun-als-ob“-Aufgabe. Will heißen der/die Ratsuchende unternimmt ein mentales Experiment und tut dabei so, als ob die Veränderung eingeleitet bzw. vollzogen wurde. Wichtig dabei ist, dass zuvor eine Selbstbeobachtung, z.B. hinsichtlich aufkommender Gefühle, verbindlich vereinbart wurde und das Mentalexperiment beschrieben und gemeinsam betrachtet werden kann.

Schauspielen: Der/die Ratsuchende wird dazu eingeladen zu bestimmten Zeiten so zu tun, als ob das Problem gelöst wäre. In diesem „Joker-Auftrag“ soll der/die Ratsuchende darauf achten, durch welches Verhalten eine Täuschung verschiedener Bezugspersonen am besten gelingt, sodass diese denken, das Problem sei tatsächlich gelöst.

Umwandeln von Bedeutung (Reframing)

Fehlen Lösungsansätze oder sind diese unstimmig, ist es oft hilfreich, ein Problem unter einem anderen Blickwinkel zu betrachten und so einen anderen Bezugs- und Bedeutungsrahmen zu eröffnen. Ein Umdeuten eines Problems lässt dieses oft anders sehen und bewerten, was wiederum auch Verhalten ändert und neue Erfahrungen ermöglicht. Nach Bamberger gibt es verschiedene Arten des Refraiming:

- Verhaltensdiversifizierendes Refraiming: Oder: „Viele Wege führen nach Rom!“. Diese Refraimingart führt bei einem geschilderten Problemverhalten eine Unterscheidung derart ein, dass zwischen Verhalten als solchem und der dahinter stehenden Absicht unterschieden wird. Es findet eine Unterscheidung zwischen Mittel und Ziel statt.

Hiermit findet in der Beratung ein Perspektivwechsel statt und es wird bei gleichbleibendem Ziel nach alternativen Strategien gesucht.

- Motivationsdiversifizierendes Refraiming: Oder: „Alles ist Ansichtssache!“ Mit diesem Refraiming soll der/die Ratsuchende für erweiterte „Be-Deutungen“ offen werden; denn so können sich neue Verhaltensoptionen erschließen. Dabei werden Annahmen, Denkweisen, Glaubenssätze, innere Dialoge usw. in Frage gestellt. Die Herangehensweise stellt ein Ziel selbst in Frage und/oder teilt es in Teilziele auf, die in kleinen Schritten mehr Handlungsmöglichkeiten zulassen.
- Lösungsorientierter Thesaurus: Oder: „Umformulieren schafft eine neue Sichtweise!“ Schon einfache Umformulierungen können bei Ratsuchenden eine neue Sicht bewirken, was auch eine Einladung ist, anders über sich zu denken, anders zu fühlen und anders zu handeln. So kann aus „ängstlich“ vorsichtig, aus „sorgsam“ phantasievoll und statt „nachgiebig“ verständnisvoll werden. Gefühlte „Zustände“ sollen dadurch weicher, weil veränderbar werden.
- Situationsutilisierendes Refraiming: Oder: „Alles ist zu etwas nütze!“ Verbunden mit dieser Art des Refraiming ist die konstruktivistische Sichtweise nämlich, dass jedes Verhalten einen Sinn hat. Damit wird z.B. ein Problemverhalten direkt für ein anderes Ziel genutzt: „Wofur könnte ... gut sein?“ Diese Sichtweise eines „Vorteils im Nachteil“ ändert die Wahrnehmung der/des Ratsuchenden dahingehend zu überlegen, inwiefern hinter der aktuellen Problemstellung sich ein Sinn verbirgt. Ein möglicher Sinn kann schon darin liegen, dass der/die Ratsuchende endlich die Erfordernis einer Veränderung im Verhalten erkannt hat und offen für eine Beratung ist.

Küchler regt dazu zu einer Übung an: *Überlegen Sie sich eine kleine persönliche Schwäche oder ein persönliches Problem. Haben Sie eins? Wählen Sie in Gedanken nun vier bis fünf Ihrer Freunde und Bekannten. Haben Sie diese? Nun stellen Sie sich vor, was jede einzelne Person sagen würde, wenn diese den Auftrag bekäme, Ihre kleine „Macke“ in einen positiven Rahmen zu setzen. Die Kernfragen sind also „Was ist das Positive an Ihrer ‚Macke‘?“ oder „Wann ist Ihre´Macke´ eine Ressource, und damit nützlich?“* (Küchler, 2007)

Universallösung

Beim Ansatz „Universallösung" geht es darum, etwas anders wie bisher zu machen im Sinne von: „Ich weiß nicht, ob es besser wird, wenn es anders wird, aber es muss anders werden, damit es besser werden kann!" Hierin spiegelt sich das Nichtwissen über Konsequenzen, wenn etwas sich verändert im eigenen Verhalten, was Unsicherheit schafft. Um diesem Gefühl der Unsicherheit etwas vorzubeugen bieten sich Erprobungsphasen an: „Stellen Sie sich vor, dass Sie ... anstreben." Ein mentales Erproben oder Experimentieren folgt. So stellen sich die Gedanken und das Durchspielen von Handlungen und deren Konsequenzen als reine Hypothesen in der Vorstellung dar, und es kann frei darüber berichtet werden. Um Ratsuchende überhaupt zu Überlegungen von Veränderungen zu bewegen, bietet sich das Deklarieren eines solchen Vorgehens als „Experiment" an. Zugleich wird dadurch signalisiert, dass es sich dabei um Erproben, ein mehr spielerisches Tun, handelt im Sinne von „mal sehen, ob es klappt". Damit fallen oft auftretende Erwartungshaltungen weg: „Wenn es klappt war es mein Erfolg, wenn nicht passte die Idee des Beraters / der Beraterin nicht."

Lösungsvereinbarung

Zum Beispiel folgt einem Hypothesenbilden oder einem mentalen „Durchspielen" einer oder mehrerer Möglichkeiten eine Lösungsidee mit einer Lösungsvereinbarung. Vereinbart dabei wird, welche konkreten Verhaltensänderungen bis zur nächsten gemeinsamen Sitzung genau umgesetzt werden sollen. Eine solche Lösungsvereinbarung enthält i.d.R. konkrete, praktische Verhaltensanweisungen und hat die Form einer „Hausaufgabe"! Dieser Ansatz ist ein wesentliches Element einer lösungsorientierten Vorgehensweise.

Entscheidend dabei ist, dass zum einen das Vereinbarte zuvor gemeinsam genau besprochen und durchdacht wurde und zum andern, dass die umzusetzenden Veränderungselemente sowohl machbar als auch situationsbezogen realistisch sind. Bei noch bestehenden oder möglichen Unsicherheiten auf Seiten der/des Ratsuchenden sollten z.B. Befürchtungen, Bedenken oder Einwände auch vorwegnehmend angesprochen und besprochen werden. Hilfreich ist dabei meist das Besprechen des Beginns und der ersten Schritte: Hat der/die Ratsuchende die Lösungsvereinbarung akzeptiert und ist bereit diese umzusetzen, ist der Hinweis hilfreich, dass der/die Ratsuchende sich im gesetzten Rahmen (bis zur nächsten Sitzung) die passende Zeit aussuchen soll und kann. Klärende, vorwegnehmende Fragen könnten hier sein:

„Wann denken Sie passt es zu beginnen?", „Was wäre für Sie der richtige Zeitpunkt?", „Wie wählen Sie den richtigen Zeitpunkt?", „Was wäre/ist der erste Schritt?", „Ist der erste Schritt getan, was folgt dann?", „Was macht Sie sicher, es zu schaffen?"

Bamberger rät zum sogenannten Minimax-Prinzip: Verhaltensanweisungen sollten so einfach und sparsam wie nur möglich sein. Solche Verhaltensanweisungen lassen sich in fünf Aufgabenkategorien einteilen, die alle den/die Ratsuchende dazu einladen, irgend etwas anders zu machen als bisher:

- Nachdenken – z.B. über das, was gegenwärtig positiv verläuft und deshalb unverändert bleiben soll.
- Beobachten – z.B., was in den Zeiten der Ausnahme anders ist und insofern als Baustein für eine Lösung genutzt werden kann.
- Vorhersagen – z.B., in welchem Ausprägungsgrad das Problem in den nächsten Tagen variieren wird und sich dabei mehr oder weniger rasch in Richtung Lösung verändert.
- So-tun-als-ob – z.B., als ob das Wunder bereits geschehen und die Lösung schon existent wäre.
- Zielorientiertes Handeln – z.B., um mehr von dem zu tun, was funktioniert (vgl. Bamberger, 2015).

Am Ende jeder Beratungssitzung sollten sowohl die besprochenen Themen als auch getroffenen Vereinbarungen in kurzer, prägnanter Form möglichst von der/dem Ratsuchenden selbst zusammengefasst werden. Der Berater / die Beraterin macht sich dazu stichwortartige Notizen, die in Kopie dem/der Ratsuchenden anschließend ausgehändigt werden. Nach Bedarf der/des Ratsuchenden kann danach ein folgender Beratungstermin vereinbart werden. Der Zeitabstand zwischen zwei Beratungsterminen sollte mindestens eine Woche betragen. Als Anhaltspunkt für den Beratungszeitraum wird i.d.R. von etwa fünf Sitzungen ausgegangen, wobei eine Sitzung etwa eine Zeitstunde, die gemeinsame Arbeit an Lösungen ca. 50 Min. dauert.

Folgegespräche

Zu Beginn jedes Folgegesprächs gilt es die Beratungsbeziehung zu erneuern (Synchronisation). Hierbei ist auch wieder „Rapport" erforderlich (siehe Anhang). Wurden Lösungsvereinbarungen getroffen, erhält der/die Ratsuchende nach der Begrüßung und ggf. einem kurzen Smalltalk als erstes das Wort und berichtet: „Was habe ich durchgeführt und mit welchen Wirkungen?", „Was hat sich seit dem letzten Treffen (positiv) verändert?" Der Berater / die Beraterin wird hier auch nachfragen z.B.: „Was war da genau?", „Toll, sagen Sie das noch einmal!" Damit wird zum einen das Tun der/des Ratsuchenden bei der „Hausaufgabe" gewürdigt durch z.B. bestätigende Rückmeldungen und Bewusstmachen eingeleiteter bzw. erfolgter Veränderungen („Ich kann das bzw schaffe das!"). Zum andern befinden sich beide sogleich wieder im „Lösungsmodus": Es wird weiter gemeinsam an Lösungen gearbeitet, der Prozess setzt sich bis zu einer erneuten Lösungsvereinbarung fort.

4.3 Systemorientiertes Beraten im pädagogischen Kontext

Auch beim systemorientierten Beraten im pädagogischen Kontext benötigen Beratende eine solide Wissensgrundlage. Diese umfasst zum einen Beratungs- und Interaktionswissen, um Beratungsprozesse zu initiieren und zu gestalten (z.B. professionelle Beziehungsgestaltung, Gesprächsführung bzw. Prozessgestaltung) zum anderen feldspezifisches Wissen, um bei bestimmten Themen bzw. Problemen handlungsfähig zu bleiben (z.B. spezifisches Fakten- und Systemwissen, passende Erklärungsmodelle, gesetzliche Grundlagen, Kenntnis von Beratungsnetzwerken). Auch ist ein pragmatisches, systemisches Denken sehr hilfreich; denn dieses erfordert das Reflektieren und Auseinandersetzen mit den Lebensumfeldern und der Art und Weise der Wirklichkeitskonstruktionen des/der Ratsuchenden. Ein Berater / eine Beraterin im pädagogischen Kontext muss versuchen, die von einem Kind / Jugendlichen oder (jungen) Erwachsenen durch dessen Äußerungen erkennbaren Erfahrungen so zu verstehen, wie sie individuell erlebt werden bzw. wurden.

Eine Bildreihe nach Hargens (2019) verdeutlicht dies auf anschauliche Weise:

Da steht mein Name!
Was steht da?
Konrad Glückskind

Der steht doch verkehrt herum!

Für mich stimmt es!
Konrad Glückskind

(de Jong)

Ein Kind bzw. der/die Jugendliche agiert als autopoietisches System und entscheidet selbst darüber, wie er/sie ein Kommunikationsangebot im pädagogischen Kontext aufnimmt, damit umgeht und welche Veränderungsprozesse durch die neuen Erfahrungen ausgelöst werden. Je nach bisherigen Erfahrungen entwickelt ein Kind / Jugendlicher ein (vorläufiges) Selbstkonzept, das als Leitsystem dient und den Umfang der Wahlmöglichkeiten für das Bewältigen von Anforderungen eingrenzt.

Vor allem im pädagogischen Kontext gilt es bei allen Handlungen ein humanistisches Menschenbild zugrunde zu legen. Gemäß der GWG (2016), dem Fachverband für Personzentrierte Beratung müssen vier Grundhaltungen bei einer Beratung eingehalten werden:

- „Im Zentrum der Aufmerksamkeit steht die erlebende Person. Damit rückt das Erleben als das primäre Phänomen beim Studium des Menschen in den Mittelpunkt. Sowohl theoretische Erklärungen wie auch sichtbares Verhalten werden im Hinblick auf das Erleben selbst und auf seine Bedeutung für den Menschen als zweitrangig betrachtet.
- Der Akzent liegt auf spezifisch menschlichen Eigenschaften wie der Fähigkeit zu wählen, der Kreativität, der eigenen Wertsetzung und Selbstverwirklichung – im Gegensatz zu einer mechanistischen und reduktionistischen Auffassung des Menschen.
- Die Auswahl der Fragestellungen und der Methoden folgt dem Aspekt der Sinnhaftigkeit – im Gegensatz zur Betonung der Objektivität auf Kosten des Sinnes.
- Ein zentrales Anliegen ist es, den Wert und die Würde des Menschen aufrecht zu erhalten. Das Interesse gilt der Entwicklung der jedem Menschen innewohnenden Kräfte und Fähigkeiten. Die Fähigkeit des Menschen, sein Selbst zu entdecken und zu diesem selbstreflexiv in Beziehung zu treten, macht ihn einzigartig unter allen Lebewesen." (GWG 2016)

Beratung im pädagogisch-sozialen Kontext definiert Brem-Gräser so: „Beratung im hier verstandenen Sinne ist eine professionelle, wissenschaftlich fundierte Hilfe, welche rat- und hilfesuchenden Einzelnen und Gruppen auf der Basis des kommunikativen Miteinander vorbeugend, in Krisensituationen sowie in sonstigen Konfliktlagen aktuell und nachbetreuend, dient. Somit darf Beratung keinesfalls bestimmte Entscheidungen dem Ratsuchenden aufdrängen bzw. diese durch offenen oder verdeckten Machtmissbrauch erzwingen. Kennzeichnend für das Spezifische dieses Kontakts ist, dass die Probleme des Ratsuchenden den Mittelpunkt bilden." (Brem-Gräser, 1993) Dies wird ergänzt durch Stimmer (2006): „Idealtypisch ist Beratung ein spezifisch strukturierter, klientenzentrierter und zugleich problem- oder sachorientierter kommunikativer Verständigungsprozess, der [...] methodisch, theoretisch, axiologisch und wissenschaftstheoretisch begründet und durch empirische Forschung bezüglich seiner Wirkungen und Nebenwirkungen kontinuierlich zu überprüfen ist. Die Verständigungsorientierung hält den Beratungsprozess offen, die Ergebnisse sind nicht vorhersehbar oder institutionell festlegbar, sondern je mit den Klienten, orientiert an ihrer besonderen Situation, erst „auszuhandeln". Aus „beraten" oder „beraten werden" wird somit „sich gemeinsam beraten." (Stimmer, 2006) In der pädagogischen Praxis ist es mit Blick auf die Beratungskompetenz erforderlich, sich regelmäßig weiterzubilden, einschlägige Artikel in Fachzeitschriften oder Büchern zu lesen, zu reflektieren und passend in das eigene Tun zu integrieren. Auch der fachlich-pädagogischen Austausch mit Kolleginnen / Kollegen kann Anregungen und Hilfen geben u.a. durch kollegiale Beratung.

Wichtige Elemente einer Beratung sind somit eine kommunikative, lösungsorientierte Verständigung, die klientenorientiert erfolgen muss; denn der/die Ratsuchende muss das Geschehen als sinnvoll erleben. Die Lösungsorientierung bedeutet, dass neben einem fundierten Wissen zu gesellschaftlich problemverursachender Konstellationen und Entwicklungen auch die Lebensumwelt sowie die Wert- und Normvorstellungen und Handlungsmuster des/der zu Beratenden und ihre Wirkzusammenhänge in den Beratungsprozess einfließen. bzw. reflektiert werden müssen. Personen, Problemlagen, Ressourcen und Lösungswege werden dabei im jeweiligen Kontext betrachtet. Die in der Beratung erarbeiteten vielfältigen Sichtweisen auf mögliche Lösungsansätze des Problems inklusive der Kontexte, in denen sich diese umsetzen ließen, sollen dazu verhelfen, dass Beratene solche für künftiges lösungsorientiertes Handeln nutzen können (Transfer).

Ein wesentliches Element und Medium in der Beratung ist die Sprache. Sprache ist das Medium, um sich über Wirklichkeitskonstruktionen auszutauschen. Sprache gründet auf Erfahrungen und schafft zugleich auch Erfahrungen. Mit der Wahl der Sprache werden in der gemeinsamen Konversation Bedeutungen geschaffen und es findet eine gemeinsame Darstellung von Wirklichkeit statt (vgl. Schlippe / Schweitzer, 1999). „Sprachliche Formulierungen enthalten immer Implikationen und indirekte Ideenangebote, so wie jede Frage eine subtile Aufforderung zur Fokussierung der Aufmerksamkeit auf einen bestimmten Bereich ist." (Groene, 2000). Gerade im pädagogischen Bereich ist daher eine erhöhte Sensibilität hinsichtlich der Art und Weise der angewandten Sprache erforderlich; denn Beratende bestimmen mit der Sprachwahl „in welche Richtung sie sich selbst und ihre Klient(inn)en durch ihre Formulierungen, Kommentare und Anregungen orientieren." (Groene, 2000)

Nach Baeschlin & Baeschlin (2001) ist es wichtig, dass Beratende oder Erziehende in ihrer Sprache auch eine stärker zukunftsorientierte Sichtweise entwickeln, was auch die Kommunikation untereinander betrifft, z.B. Futur I: „Wir werden ... .". Es gilt eine „50 % - Regel" (Baeschlin & Baeschlin, 2001), die besagt, dass über die zu beratenden / betreuten Kinder / Jugendlichen mindestens zu 50% wertschätzend und lösungsorientiert gesprochen wird: Mindestens die Hälfte der Zeit im Teamgespräch bzw. im pädagogischen Gespräch unter Kolleginnen / Kollegen wird die Aufmerksamkeit auf Verbesserungen und Entwicklungspotentiale der beratenen / betreuten Kinder / Jugendlichen gerichtet.

Entscheidend ist das Verlassen einer resignativen Sichtweise; denn dadurch wächst und gelingt eine authentische, förderliche Grundhaltung gegenüber Kindern / Jugendlichen (vgl. Baeschlin & Baeschlin, 2001). Bamberger (2001) begründet dies damit, dass das Verbleiben in der Problemanalyse die Hilflosigkeit sowohl der beratenden oder pädagogisch handelnden Person als auch der beratenen / zu erziehenden Person aktiviert und so eine „Problemhypnose" verstärkt. Dagegen eröffnet der Fokus für Entwicklungspotentiale den Blick bzw. die Sichtweise hin zu tragfähigen Lösungen!

Während eine eher problemorientierte Sprache bestehende Probleme bei Ratsuchenden meist verstärkt, wird eine z.B. ressourcen- oder lösungsorientierte Sprache eher neue Denkmuster und -wege eröffnen; denn sie lenkt z.B. Suchprozesse in eine konstruktive Richtung des Wissens, der Stärken (Ressourcen), Kompetenzen und Erfahrungen (vgl. Winkelmann, 2010). Nach Groene (2000) sollten insbesondere pädagogisch Beratende solche Sprachmuster einsetzen die „Entwicklungs- und Veränderungschancen implizieren [...] und auf Ziele hin orientieren, [...] die zukunftsorientiert sind und zu mehr" eigenverantwortlicher „Aktivität finden" (Groene, 2000) lassen. Werden Problemsituationen sprachlich beschrieben, ist ihr Kontext besonders wichtig; denn erst im Kontext definiert sich das Verhalten einer Person als Problem: Ein im schulischen Kontext z.B. als

„hyperaktiv" bezeichnetes Kind kann im sportbezogenen Kontext als „lebhaft" oder sogar „besonders einsatzbereit" beschrieben werden. Den jeweiligen Kontext in den Blick nehmend, sind so problemverstärkende Zuschreibungen vermeidbar.

Für ein Beraten im pädagogischen Kontext sind die Aussagen von Ludewig (2003) besonders bedeutsam: „Menschen werden als zu jeder Zeit imstande betrachtet, Lebensprobleme und Problemsysteme zu erzeugen und dauerhaft zu reproduzieren - selbst dann, wenn diese leidvoll sind, - zugleich aber auch als fähig, auf solche Probleme zu verzichten. Dies legt nahe, die therapeutische" oder beratende „Hilfestellung auf die Herstellung von Bedingungen auszurichten, die es erleichtern, sich auf vorhandene Alternativen und andere Ressourcen zu besinnen und die Beteiligung an der problemproduzierenden Dynamik aufzugeben [...] Der Blick auf Fähigkeiten, günstigere Alternativerfahrungen, Ausnahmen zum Problem - also auch auf die Ressourcen des Hilfe Suchenden - vermeidet den Fokus auf das Problem und so auch die damit verbundenen unerwünschten Folgen." (Ludewig, 2003)

Insbesondere sind im pädagogischen Kontext Attributierungen problematisch, die den Pygmalioneffekt (self-fulfiling-propecies) bewirken. Wie problematisch dieser Effekt ist haben Rosenthal & Jacobsen (1971) eindeutig nachgewiesen. Nach Watzlawick (1985) ist „eine sich selbst erfüllende Prophezeihung eine Annahme oder Voraussage, die rein aus der Tatsache heraus, dass sie gemacht wurde, das angenommene, erwartete oder vorhergesagte Ereignis zur Wirklichkeit werden lässt und so ihre eigene „Richtigkeit" bestätigt." Damit nehmen selbsterfüllende Prophezeihungen Einfluss auf die Zukunft; denn sie schaffen „erst die Voraussetzungen für das Eintreten des erwarteten Ereignisses und erzeugen in diesem Sinne recht eigentlich eine Wirklichkeit, die sich ohne sie nicht ergeben hätte." (Watzlawick, 1985) Mit Rogers und Cohn erfordert das Vermeiden von Attributierungen einen kritisch-aufgeschlossenen Fokus auf sich selbst und auf die/den Ratsuchende(n) bzw. die zu beratende Person. „Rosenthals Experiment ist nur ein, wenn auch besonders klares Beispiel dafür, welch tiefe, einschneidende Wirkungen von Erwartungen, Vorurteilen, Aberglauben und Wunschdenken - also rein gedankliche Konstruktionen, oft bar jedes Schimmers von Tatsächlichkeit - auf unsere Mitmenschen ausgehen." (Watzlawick, 2003)

Mietzel (1993) relativiert den Einfluss und die Wirkungen von Erwartungen etwas: „Ob sich ein Erwartungseffekt realisiert, hängt wesentlich davon ab, ob eine Person die Erwartungen, die z.B. sein Lehrer an ihn heranträgt, akzeptiert," (Mietzel, 1993) Für pädgogische Beratungsprozesse ist es daher bedeutsam zu wissen, dass je jünger ein Mensch ist, desto höher ist der Einfluss von äußeren Erwartungen. Jedoch sind auch Jugendliche, „deren Entwicklungsaufgabe darin besteht, sich neu zu orientieren und von kindlichen Wahrnehmungs- und Verhaltensmustern zu verabschieden, sehr empfänglich für Rückmeldungen aus der Umwelt, was sie auch offen für „selbsterfüllende Prophezeihungen" macht." (Winkelmann, 2010)

Bezugnehmend auf schon angesprochende Kriterien der Gestaltung von Beratungsprozessen kommt einer angemessenen Struktur (flexibel, situationsangemessen) eine hohe Bedeutung in der Kommunikationsweise zu, um eine tragfähige, für Interventionen belastbare Beziehung aufbauen und erhalten zu können (entspanntes emotionales Klima). Es handelt sich dabei auf Seiten der/des Beratenden nach Stimmer um eine Haltung des dynamischen Bemühens, um auch bei Abweichungen flexibel wieder eine kommunikative Verständigung anzustreben. Hier kommen dann Elemente des klientenzentrierten Beratungsansatzes von Rogers zum Tragen, die bei der/des zu Beratenden von vorhandenen Fähigkeiten der Selbstkenntnis, Selbstregulierung und Selbstlenkung ausgehen. „Beratung – so verstanden - basiert weder auf blinder Sympathie eines „guten Menschen", noch auf einer kühl-distanzierten, rationalen (starren, rigiden) Amts- oder Institutionsmentalität. Beratung ist Hilfestellung, durch die der Ratsuchende lernt, die Verantwortung in dem ihm möglichen Maß für sich selbst zu übernehmen. Daher werden, wie schon gesagt, Erkenntnisse nicht aufgedrängt, sondern freigesetzt; es findet ständig oszillierende Kommunikation statt." (Brem-Gräser, 1993) Es gilt „Kinder und Jugendliche wieder für ihr Leben und ihre eigene Entwicklung zu interessieren." (Baeschlin & Baeschlin, 2001) Ziel ist eine gelingende (Arbeits-) Beziehung zu entwickeln.

Stimmer weist bei Beratungsprozessen auf Nachfrageaspekte hin: „Mangel an Wissen" und „Mangel an Entscheidungsfähigkeit". Er hat dazu ein Beratungskontinuum entworfen:

Beratung

Mangel an Wissen | Mangel an Entscheidungsfähigkeit

Vermittlung neuen Wissens | Förderung neuer Handlungskonzepte

Auskunft------// ←--→ //-----Therapie

Wiederbelebung alten Wissens | Wiederbelebung alter Handlungskompetenzen

(Simmer, 2006, Beratung zwischen Auskunft und Therapie)

Stimmer weist darauf hin, dass in jedem Beratungsprozess bedacht werden muss, dass bei vielen Ratsuchenden ein „Tunnelblick“ auf ihr Problem besteht. Um eine Chance zu haben dies zu überwinden, muss ehemals vorhandenes Wissen wieder reaktiviert und ggf. neues Wissen ermöglicht werden. Darauf aufbauend lassen sich dann veränderte oder neue Handlungskonzepte erproben und umsetzen mit dem Ziel, die individuelle Handlungsfähigkeit wiederzugewinnen.

Auch in Beratungsprozessen im pädagogischen Kontext gilt es für ein Problem eines/einer Ratsuchenden Muster und deren Veränderungen zu beobachten und zu erfassen. Beide verweisen auf einen stimmigen Sinngehalt für die betreffende Person hin. Darauf beruhen die individuell wünschens- und erstrebenswerten Handlungen und Entscheidungen. Zudem sind „alle Verhaltensweisen, Gedanken, Gefühle und physiologischen Prozesse von Mitgliedern eines Systems direkt und indirekt miteinander verknüpft und voneinander abhängig.“ (Ritscher, 2005)

Innerhalb des genannten Beratungskontinuums müssen Vorstellungen und Wertmaßstäbe der/des Beratenden zurücktreten, um diejenigen der zu beratenden Person zu erkennen, zu reflektieren und einzubeziehen (vgl. Baeschlin & Baeschlin, 2001). Wichtig sind kleinschrittige, erreichbare und überprüfbare Ziele, um möglichst rasch Erfolgserlebnisse zu ermöglichen. So besteht die Chance, dass neue Motivation (intrinsische Motivation) entsteht, die die Anstrengungsbereitschaft fördert, das vereinbarte Ziel auch zu erreichen. Für Baeschlin & Baeschlin ist dabei wichtig, dass die Kinder / Jugendlichen beim Anstreben ihres Zieles das eigene Entwicklungstempo selbst bestimmen können; denn ein aktiver Selbststeuerungsprozess wird „nicht von Außen durch Zwang aktiviert, sondern durch innere Hoffnung, Neugier und Visionen genährt.“ (Baeschlin & Baeschlin, 2004)

Entscheidend in allen Beratungsprozessen ist das Fördern von Handlungskompetenzen bei dem/der Beratenen durch das Einlassen auf eine im Beratungsprozess sich aufbauende Beziehung. Eine gelingende Beziehung macht Bauer (2007) an fünf Faktoren fest:

1.“**Sehen und Gesehen werden:** Der Mensch möchte als Person wahrgenommen werden und ist gleichzeitig dazu bereit, offen zu sein und zu sich selbst zu stehen.
2. **Gemeinsame Aufmerksamkeit gegenüber etwas Drittem**: Sich für das Gegenüber und dessen Themen interessieren.
3. **Emotionale Resonanz:** Die Kompetenz, sich auf andere Menschen 'einzuschwingen' oder auch andere mitreißen zu können.
4. **Gemeinsames Handeln:** Etwas gemeinsam unternehmen oder auf den Weg bringen.
5. **Wechselseitiges Verstehen von Motiven und Absichten:** Wünsche, Motive, Bedürfnisse etc. müssen thematisiert und erkannt werden, um Potenziale zu entwickeln.“ (Bauer, 2007)

Für ein systemorientiertes pädagogisches Beraten insbesondere von Kindern und Jugendlichen ist der Hinweis von Hüther bedeutsam: „Das Gefühl, dass man nicht alleine ist, dass jemand da ist, den man um Rat fragen kann, der einem zur Seite steht, der zuhört, tröstet und mitfühlt, führt dazu, dass die Stressreaktion angehalten wird und die Angst verschwindet.“ (Hüther, 1997)

Dies stellt hohe Anforderungen an den Berater / die Beraterin hinsichtlich sowohl der Wahrnehmungskompetenz als auch dem Methodenrepertoire, damit passende, sinnstiftende Kommunikationsweisen, Interventionen und Methoden ausgewählt werden. Dabei hilft ein systemischer Blick aufs Ganze und dessen Wirkzusammenhänge: Welche Rollen haben einzelne Elemente inne hinsichtlich ihrer Bedeutsamkeit für das Erreichen des Beratungsziels? Die wirkmächtigsten Elemente gilt es zu identifizieren um daraus mittels Interpretation und Hypothesenbildung Interventionen abzuleiten (Bewertung des analysierten Systems bzw. dessen Schlüsselfaktoren): Wo liegen Interessen, Ressourcen aber auch Widerstände sowie wo und wie wirken Emotionen?

> Emotionen sind das Resultat einer Situationseinschätzung durch den Organismus. - Es findet ein evolutionärer, automatischer Bewertungsprozess unbewusst im Gehirn statt („Alarmdatenbank“), der die Wach-

samkeit erhöht. - Emotionen sind meist sichtbar z.B. in der Mimik, der Stimme (Sprachmelodie), der Gestik, der Körperhaltung und in Verhaltensweisen (z.B. Erröten, Erblassen, Haarsträuben). Gefühle können als Wahrnehmungen bzw. Vorstellungen von Körperzuständen beschrieben werden und können nach außen verborgen bleiben (Wechselwirkung von Emotion und Kognition) (vgl. Damasio, 2009, Ekman, 2010). <

Nach Haken/ Schiepek (2010) geht es beim Beraten im pädagogischen Kontext vor allem um das Herstellen motivationsfördernder Bedingungen, um die Aktivierung von Ressourcen, um die Intensivierung von positiven Emotionen und um die emotionale und motivationale Bedeutung von Zielen und Anliegen des/der Ratsuchenden (vgl. Haken/Schiepek, 2010).

Neben Elementen der klientenzentrierten Gesprächsführung (Rogers, 2014) sollten im pädagogischen Kontext auch systemische, ressourcen- und lösungsorientierte Herangehensweisen (Schlippe / Schweitzer, 2013) in passender Kombination beim gemeinsamen Durchdenken und Bearbeiten von Problemen von Ratsuchenden aufgegriffen und eingesetzt werden (siehe oben). Für Bamberger ist es bedeutsam, dass beratende Personen in Zusammenarbeit mit dem/der zu beratenden Person „emotionale oder kognitive Kontextbedingungen entstehen lassen [...], die den Klienten in Kontakt bringen mit seinem ganzen Handlungspotential.“ (Bamberger, 2010)

Alle Ansätze erfordern eine achtsame, vertrauens- und respektvolle, belastbare Beziehung zwischen dem/der Berater(-in) und der ratsuchenden Person. Grundlegend hilfreich ist dabei das Anstreben einer personzentrierten Beratungsweise wie diejenige von Rogers. Um eine tragfähige, förderliche Beziehung aufzubauen nennt Rogers (1998) folgende Fragestellungen (Leitfragen):

- „Kann ich so sein, dass ich von einem anderen Menschen als zuverlässig oder in einem tieferen Sinne konsistent wahrgenommen werde?
- Kann ich mich als Person gut genug ausdrücken, um einem anderen gegenüber eindeutig mein Selbst mitzuteilen?
- Kann ich es zulassen, positive Einstellungen zu diesem anderen Menschen zu entwickeln: Haltungen wie z.B. Wärme, Fürsorge, Sympathie, Interesse, Respekt?
- Bin ich als Mensch stark genug, mich als von dem anderen Menschen getrennt zu erleben?

- Fühle ich mich meiner Selbst sicher genug, um das Getrenntsein von einem anderen zu akzeptieren?
- Kann ich es mir erlauben, mich vollständig in die Welt seiner Gefühle und persönlichen Bedeutungen einzulassen und diese so zu betrachten, wie er oder sie es tut?
- Kann ich jede einzelne Facette dieser anderen Person akzeptieren, wenn er mir diese zeigt?
- Schaffe ich es, mich in der Beziehung so feinfühlig zu zeigen, dass mein Verhalten nicht als Drohung wahrgenommen wird?
- Kann ich den anderen von der drohenden externen Beurteilung befreien?
- Kann ich dieser anderen Person als Mensch gegenübertreten, der sich in einem Entwicklungsprozess befindet, oder werde ich an seine und meine Vergangenheit gebunden bleiben?“ (Rogers, 1998)

Im „künstlichen“ Schutzraum der pädagogischen Beratung, zu dem auch die räumliche Ungestörtheit und die genaue zeitliche Begrenzung beitragen, können sich Kinder / Jugendliche und (junge) Erwachsene mit ihren Anliegen bzw. Problemen im Beratungsprozess auf Fragen, Anregungen, Hinweise und Interventionen einlassen. Sie können, andockend an ihre bisherigen Erfahrungen, eine zunehmende Offenheit entwickeln. Mit dem eigenen Blick nach innen und außen im eigenen Denken, Fühlen und mentalem Handeln, ermuntert und begleitet von dem/der Beraterin, gelingt es zunächst mental und anschließend in einer Art Trainingsskills zu experimentieren, ohne im Außen dafür verantwortlich gemacht zu werden. Sie können sich dort trauen, problematische oder bedrohliche Gedanken und Gefühle zu äußern oder neue Verhaltensweisen mental und ggf. in Ansätzen real ausprobieren ohne Angst vor Folgen haben zu müssen (vgl. Frank, 1985). Im Anhang finden Sie dazu verschiedene Anregungen und Formate für Beratungsgespräche.

4.4 Pädagogische Kurzberatung

Für pädagogisches Beraten ist oft die ressourcen- und lösungsorientierte, jedoch pragmatische Kurzberatung geeignet, die wenige Gespräche bzw. Beratungen umfasst (vgl. Shazer, 2012). Pragmatisch deshalb, weil es situativ auch sinnvoll sein kann, Anregungen oder Sachinformationen zu geben. Eine Kurzberatung hat dort ihren Ort, wo ein einzelnes, zwar aktuell dringendes, jedoch offensichtlich eher überschaubares Thema besteht. Sollte sich während des ersten Gesprächs ein Thema als doch komplexer als anfänglich gedacht erweisen, kann immer noch auf eine längere Beratungszeit umgestellt werden. Mögliche Anhaltspunkte für eine Kurzberatung sind zum einen die deutlich erkennbare Motivation zum anderen entsprechende Ressourcen um das Thema anzugehen, Meist besteht bei der zu beratenden Person eine gewisse Unsicherheit, wie eine Veränderung begonnen werden könnte oder wie die ersten Schritte dazu sinnvoll gegangen werden sollten. Es geht dabei oft mehr um eine Art „Zweiter Blick" oder ein „Vergewissern", dass das selbst Intendierte wahrscheinlich passend sein dürfte. Merkmale einer Kurzberatung sind:

- Der Beratungsprozess umfasst meist nur eine Beratung, höchstens drei Beratungen.
- Genaues Zuhören, einfühlsame, vergewissernde Rückfragen, usw.
- Genaues Achten auf die Sprache der anderen Person und nutzen der individuellen Sprachebene: Menschen drücken sich vorzugsweise in bestimmten Repräsentationsebenen von Sprache aus.
- Das Gespräch findet „auf Augenhöhe" statt in freundlich, annehmendem und respektvollem Sprachmodus und stimmiger Mimik und Gestik. So gelingt auch das Angleichen von Beziehungsmustern.
- Beim Fragemodus sind Selbsterkundungsfragen angesagt. Genutzt werden „offene W-Fragen" (ohne „Warum?", „Wozu?" und „Wieso?").
- Insbesondere findet ein Erkunden vorhandener Ressourcen der anderen Person statt, die helfen können das Thema zu bearbeiten. Wahrgenommene Ressourcen werden benannt.
- Der Blick wird verstärkt auf ein sukzessives, kleinschrittiges Bearbeiten des Themas gelegt. Insbesondere die ersten Schritte werden konkret und positiv formuliert mit Kriterien, an denen die beratene Person selbst erkennen kann, wenn ein Teilziel erreicht ist.
- Am Ende des Gesprächs erfolgt ein positives Feedback: Wiederholen des vorgetragenen Anliegens, Zusammenfassen der wichtigsten lösungsbezogenen Gedanken und Formulieren des ersten Schrittes, sowie vorhandener Stärken bzw. Ressourcen für den Bearbeitungs- bzw. Lösungsweg. Diese Bündelung hilft zur Orientierung über den Gesprächsverlauf und das weitere Vorgehen.

4.4.1 Pädagogisches Kurzgespräch

Im pädagogischen Kontext ist es oft auch geboten und sinnvoll ein Kurzgespräch zu führen. Diese Gesprächsform ist insbesondere bei klarer, vorher vereinbarter oder organisationsbezogen implementierter Thematik, z.B. bei Lernstandsgesprächen oder ersten, sondierenden Gesprächen mit

Erziehungsberechtigten angesagt. Die Beratungsform „Kurzgespräch“ ist eindeutig von den „Tür-und-Angel“-Gesprächen zu unterscheiden. Das Pädagogische Kurzgespräch ist eine gegliederte Gesprächsform. Sie greift die oben genannten Ziele und Kriterien für pädagogische Beratungsgespräche in einer besonderen Weise auf: So wird bei einem Kurzgespräch von der beratenden Person insbesondere auf das sprachliche Begriffsfeld des/der zu Beratenden ebenso geachtet wie auf die effiziente Zeitnutzung. Mit Hilfe mäeutischer Fragen bzw. Erkundungsfragen soll der/die Beratene sich selbst erkunden, zum Nachdenken kommen und eigene Kraftquellen (Ressourcen) bzw. Lösungsansätze erkennen. Dabei orientiert sich der/die Beratende an (Teil-) Sätzen, an dortigen Wortfeldern oder sprachlichen Repräsentationsebenen (vgl. Lohse,, 2013) der/des Beratenen, in denen diese(r) die Kernanliegen benennt bzw. durchscheinen lässt. Solche von der zu beratenden Person verwendeten körperbezogenen Sätze verweisen unbewusst auf die individuelle Tiefenstruktur:

- „Eine innere / äußere Bewegung;
- das Sehen;
- das Hören;
- das Riechen;
- das Schmecken.“ (Lohse, 2013)

Beispiele für Äußerungen des / der Beratenen:

„So steht es um mich.“ oder „Ich stehe unter Druck.“ (innere / äußere Bewegung); „Das sieht gut aus.“ oder „Ich muss wieder einen Überblick gewinnen.“ **(Sehen)**;

„Das klingt noch in mir nach.“ oder „Jetzt verstehe ich nichts mehr.“ **(Hören)**;

„Mir stinkts!“ oder „Ich wittere etwas.“ **(Riechen)**;

„Das hat einen unangenehmen Nachgeschmack.“ oder „Dieses Problem frisst mich auf.“ **(Schmecken)**.

Solche Äußerungen sind Signale für Beratende im Kurzgespräch, um mit dem/der Beratenen sukzessive das eigentliche Problem aufdecken zu helfen; denn dann kann der erste Schritt einer Lösungsstrategie aufleuchten, gemeinsam durchdacht und vereinbart werden.

Eine weitere Besonderheit des Kurzgesprächs ist, dass genannte Nomina in der Art der Frage zu Adjektiven (Zuschreibungen) oder Verben (Geschehensabläufe) umformuliert werden. Beispiel: „Für mich ist alles ohne Sinn!“ → „Was ist für Sie sinnvoll?“, oder „Mir geht ein Licht auf.“ → „Was leuchtet Ihnen ein?“, usw..

Ebenso wird bei den Fragen in Kurzgesprächen eine im Konjunktiv vor-

gebrachte Äußerung in der Frage z.B. in den Indikativ Präsens, den Indikativ Futur oder gar in eine Als-ob-Fiktion umgewandelt. Beispiele: „Ich möchte Sie was fragen." → „Was fragen Sie mich?" (Fragestellendenstimmlage tief!) oder „Hätten Sie für mich Zeit?" → „Wie wollen Sie die Zeit verwenden?" oder „Ich würde Sie gerne sprechen!" → „Über was sprechen wir?", usw..
Weist eine Aussage Komparative oder Superlative auf, so wird der/die Beratende diese auf einfache Adjektive oder Verben reduzieren. Beispiele: „Da muss ich mich verbessern!" → „Was machen Sie gut?" oder „Das Schlimmste ist für mich ...!" → „Wie schlimm ist ... für Sie?", usw..
Hilfreich bei allen Fragen sind die Worte „Was ... ?" und „Wie ... ?" zu vermeiden sind Fragenstellungen, die mit „Warum ...?", „Weshalb ...?" und „Wieso ... ?" beginnen sowie negative Fragestellungen, da sie die zu beratende Person in ihrem inneren, meist negativen Muster belassen. Beziehen Sie sich auf z.B. die Kehrseite der vorgebrachten Äußerung. So kann es gelingen, dass sich der/die Ratsuchende aus dem bisherigen „Problemkarussell" löst.
Beispiele für **„Opfermuster"**: „Ich fühle mich immer schuldig!" → „Wofür tragen Sie die Verantwortung?" oder „Ich finde keine Hilfe!" → „Was schaffen Sie aus eigener Kraft?"
„Sackgassenmuster": „Ich stecke mit ... fest!" → „Was befreit Sie?" oder „Ich fühle mich blockiert!" → „Bremsen blockieren, wenn man zu fest draufdrückt!"
„Desorientierungsmuster": „Ich kann nicht mehr!" → „Wofür haben Sie Kraft?" oder „Woran soll ich mich noch halten?" → „Was hält Sie?", usw. (nach Lohse, 2013).

4.5 Pädagogische Lernstandsgespräche

Pädagogische Lernstandsgespräche dauern organisatorisch bedingt meist ca. 20 Minuten und weisen eine bestimmte Grundform auf. Diese orientiert sich i.d.R. am lösungs- und ressourcenorientierten pragmatischen Beratungsansatz. Dies bedeutet für die/den Beratende(n) eine konsequent auf Lösungen ausgerichtete Haltung, Auftrittsweise und Sprachwahl, da sich so bei den zu beratenden Kindern / Jugendlichen eher Zuversicht einstellt, das eigene Denken bzw. Lernen und Handeln verbessern zu können. Lernstandsgespräche beinhalten nicht nur das genaue Ansehen von Fakten (z.B. Leistungsergebnisse in Lernkontrollen, Referaten, Ausarbeitungen), sondern auch den Blick auf individuelle Faktoren wie z.B. Arbeitsverhalten und Lern- und Arbeitsweisen. Ergänzt

wird der sprachliche Teil der Beratung meist durch individuelle Einträge der/des Beratenen in ein Lerntagebuch, dessen Inhalte auch Teil der Beratung sein können.
Das Lerntagebuch besteht aus geschlossenen Fragen, die vor und nach der Arbeitsphase beantwortet werden. Vorab geht es um die Planung des eigenständigen Lernens: Worum geht es? Wie viel Zeit habe ich? Besonders wichtig ist mir heute...? Was werde ich tun? Abschließend wird das Lernen bewertet und Schlüsse daraus gezogen: Ich habe heute ... Minuten mit dem Lerngegenstand verbracht und davon ... Minuten effektiv gearbeitet. Was war förderlich? Was möchte ich ändern?
Sowohl zum Leistungsbereich als auch zu den individuellen Faktoren werden i.d.R. mit dem Kind bzw. Jugendlichen Zielvereinbarungen besprochen und abgeschlossen, die bis zum nächsten Beratungstermin umzusetzen sind (eine Art Langzeit-„Hausaufgabe"). Auch die Erziehungsberechtigten werden bei Kindern / Jugendlichen über das Ergebnis eines Lernstandsgesprächs informiert und können selbst ein Gespräch mit der Beraterin / dem Berater initiieren.

Eine Grundform eines Lernstandsgespächs beinhaltet i.d.R. vier Bereiche:

a) Begrüßung
b) Rückmeldung des/der Beratenen: Bericht über das Umsetzen der vorausgegangenen Lernvereinbarung sowie das seitherige Lernen und Arbeiten: „Was ist gelungen?" „Welche Teile bedürfen noch weiterer Arbeit?" „Was bereitete Schwierigkeiten?" Was steht zukünftig an?
c) Ausblick / Lernvereinbarung: Dies wird gemeinsam besprochen und dann bis zur nächsten Beratung vereinbart: Was soll wie vertieft werden? Welche Inhalte sollen bearbeitet werden (Niveau/ Breite/ Tiefe)? Welche Lern- und Arbeitsstrategien sollen dabei erprobt bzw. angewendet werden?
d) Rückblick auf das Lernstandsgespräch: Zusammenfassen der wichtigsten Themen/Inhalte und Ermutigung zum Anpacken des Vereinbarten.

Über jede Lernstandsberatung wird ein Kurzprotokoll erstellt, dessen eines Exemplar der/die Beratene erhält, das andere legt der Berater / die Beraterin ab als Dokumentation und Anknüpfungspunkt für die nächste Lernstandsberatung.

Nachfolgend seinen zwei Beispiele für Lernstandsgespräche genannt:

Anfang	Anfang
Hallo Peter! Hallo Herr Morgenstern! M.: Prima, dass Du da bist. Wie geht es Dir gerade? P.: (Erzählt ...) M.: Hmm, so! Du hast Dein Lerntagebuch vor Dir liegen. Wie ging es Dir mit den vorgenommenen Themen? P.: (Berichtet: Was gelang, was ging soweit; was war eher sperrig; was hat er versucht (ohne Erfolg), und wie fühlte er sich dabei.)	Guten Morgen Lisa! Guten Morgen Frau Kaiser! K.: Du kamst heute Morgen, mit dem Rad. Fährst Du gerne? L.: (Erzählt ...) K.: Schön! In unserer letzten Beratung hast Du Dir ... vorgenommen! Hat das so geklappt? L.: (Berichtet: ... klappte prima; mit ... war sie zufrieden; ... war anstrengend; bei ... gab es Probleme; ... hat sie versucht. Sie fühlte sich manchmal .... .)
Gemeinsames Besprechen	Gemeinsames Besprechen
M.: Du hast ... erreicht, und Dich stark angestrengt, prima! Was denkst Du solltest Du bei ... tun, um ... lösen/bearbeiten zu können? (gemeinsames Besprechen) M.: Mir kommt der Gedanke, dass ... eine genauere Überlegung wert sein könnte. P.: (Denkt nach; äußert eigene Gedanken. - Beide spielen diese durch - P entwickelt eine Idee und nimmt sich vor, diese bei ... zu erproben.) (M.: Bestärkt ihn darin.) M.: Ich weiß, dass nächste Woche im Fach ... ein Leistungsnachweis ansteht. Welche Ideen hast Du, um Dich darauf optimal vorzubereiten? (P entwickelt Ideen; P. und M. gehen diese gemeinsam durch. P entscheidet sich für ...) M.: Jetzt hast Du Dir schon zwei Ziele vorgenommen, nämlich ... ! Wir sollten noch gemeinsam auf ...	K.: Ich sehe, dass Du Dich bei ... verbessert, bei ... angestrengt und bei ... eigene Ideen entwickelt hast. Bleiben wir mal bei Deinen Ideen: Welche davon brachte Dich Deiner Ansicht nach näher an die Lösung? L.: Berichtet / denkt nach. K.: Nimm mal ... in den Blick: Was meinst Du dazu? L.: Dabei sehe ich .... . Das ... probiere ich! (K.: Bestärkt L.) K.: Ich habe Infos von Herrn T., dass Du beim letzten Test in ... einige Aufgaben nur unvollständig oder gar nicht bearbeitet hast? L.: (Berichtet, woran es ihrer Meinung nach lag.) (K. hört genau zu.) K.: Was wirst Du zukünftig anders machen? L.: (Entwickelt Ideen) (L und K. besprechen die Ideen von L.; L wägt ab, entscheidet.) K.: Denke bei Deiner Idee auch an ...

schauen! Welches passendere Verhalten könntest Du Dir hierbei vorstellen? (P. denkt nach und benennt ... .) M.: (Verständnisfragen; Pharaphasieren)	L.: Klar, sonst ... ! K.: Nächste Woche steht ein Referat in ... an. Hast Du schon eine Idee, wie Du dieses angehen willst? L.: (Benennt Gedanken / Vorgehensweisen dazu!) (L. und K. besprechen dies kurz. K. bestärkt das Erproben von ...)
Lernvereinbarung	Lernvereinbarung
M.: Dann können wir beide jetzt für die nächsten (drei/vier) Wochen die Lernvereinbarung treffen.	K.: Ich denke, was wir heute besprochen haben zeigt Dir, dass Du mit Deinen Ideen auf einem guten Weg bist. Wir können daher jetzt die Lernvereinbarung für die Zeit vom ... bis ... abschließen.
Rückblick / Zusammenfassen	Rückblick / Zusammenfassen
M.: Ich bitte Dich, die für Dich heute wichtigsten Punkte / Themen nochmals kurz zusammenzufassen: Was war für Dich wichtig? Was willst Du bis ... angehen / umsetzen? P.: (Benennt das für ihn Wichtige.) (M. macht sich Notizen!) M.: Was für ein Gefühl hast Du jetzt, wenn Du auf Deine Ziele blickst? P.: Berichtet rückblickend. M.: Danke für Deine Mitarbeit; dann bis ... ein gutes Gelingen!	K.: Bist Du damit einverstanden, dass ich jetzt das zusammenfasse, was wir besprochen haben bzw. das, was Du Dir bis ... vorgenommen hast (Blickt in ihre Notizen). Bitte korrigiere oder ergänze mich, falls dies für Dich erforderlich ist. OK? (K. fasst zusammen, L. ergänzt.) K.: Ich bedanke mich bei Dir für Deine konstruktive Mitarbeit! Wie fühlst Du Dich jetzt? L.: Berichtet. K. verabschiedet L..

Während eines Beratungsprozesses sollten Kinder / Jugendliche grundsätzlich positive Erfahrungen machen, damit das gemeinsam Vereinbarte auch positive Wirkungen entfalten kann. Die umfasst insbesondere folgende Bereiche:

- Erleben von weniger Problembelastung/innerer Not/Verzweiflung;
- Steigerung des Zutrauens in die eigene Wirksamkeit auf sozialemotionaler und das eigene Lernen betreffender Ebene;
- Verbesserung des eigenen Lernerfolgs, des Verhaltens und der Beziehung zu den Lehrkräften.

Schlee (2012) stellt dazu grundlegende Bedingungen für das Gelingen einer Beratung übersichtlich zusammen:

Äußere Rahmenbedingungen	**Methodenwerkzeug und Haltung (der Beratenden)**	**Innere Rahmenbedingungen der Beratenden**
Äußere Störungsfreiheit (ruhige Arbeitsatmosphäre, keine Unterbrechungen oder Ablenkungen	Aktives Zuhören	Innere Störungsfreiheit (keine dringenden Nebenthemen, die sich immer wieder melden)
Angemessener Zeitrahmen (kein Zeitdruck, auch Pausen aushalten)	Förderliche und methodenstimmige Beratungshaltung inklusive Zielklarheit (hier Förderung von Rationalität, Reflexionsfähigkeit, Kommunikationsfähigkeit und Autonomie, damit die ratsuchende Person ihr Anliegen klären kann)	Zielklarheit (bzw. Sinn und Bedeutung: Für wen mache ich das? Was möchte ich erreichen?)
Ansprechende Umgebung (Stühle, Tisch, Getränke, usw.)	Offenheit und Achtsamkeit	Offenheit (Vertrauensvorschuss in die gewählten Methoden und Aufgaben)
		Achtsamkeit (Wo sind meine eigene Grenzen in der Auseinandersetzung (mit mir selbst und / oder schwierigen Themen)?)

(Schlee, 2012)

4.6 Beratungsgespräche mit Erziehungsberechtigten

Diese Gespräche werden auf der Grundlage eines personorientierten Beratungsansatzes geführt. Die Erziehungsberechtigten sind Erwachsene mit entsprechender Lebenserfahrung, die sie ins Gespräch einbringen. Roggenkamp u.A. teilen die gesprächssuchenden Erziehungsberechtigten wie folgt ein:

- Vorgeladene Eltern (wollen eigentlich kein Gespräch);

- Besucher (kommen, aber ohne ein Problem zu haben);
- (An)Klagende (es gibt Probleme, es soll aber nichts verändert werden);
- Kooperative (es gibt Probleme, die es zu lösen gilt).

Es ist davon auszugehen, dass Erziehungsberechtigte (verständlicherweise) zunächst all ihre themenbezogene Argumentation auf Informationen ihrer Kinder / Jugendlichen gründen und auch signalisieren, dass sie hinter diesen stehen. Daher ist es um so wichtiger zu reflektieren, in welcher Rolle Sie als Lehrkraft den jeweiligen Erziehungsberechtigten begegnen und im Vorfeld auch die Angemessenheit der eigenen Rolle bedenken. Nach Carlson hat „die Bewusstheit über die eigene soziale Rolle und das damit zusammengehörige Rollenverständnis Auswirkungen auf unsere Reaktion bezüglich der Annahme oder Ablehnung eines Beratungsauftrags." (Carlson, 2017) Bedacht sollte auch werden, dass Erziehungsberechtigte in ein Gespräch in einer pädagogischen Organisation, z.B. einer Schule, ihre je eigenen dort gemachten Erfahrungen bzw. die Erinnerungen daran einbringen. Bei manchen ist zu beobachten, obwohl erwachsen und lebenserfahren, dass sie in gewisser Weise in einer Art Schülerrolle auftreten: Gedämpfte oder laute Stimmlage, schon von Anfang an opponierend oder stark zurückhaltend agierend, usw.

Auch dürfte eher eine Minderzahl der Erziehungsberechtigten aus eigenem Antrieb ein Gespräch z.B. in der Schule suchen: In diesem Fall bestimmen die Erziehungsberechtigten das zu beratende Thema und mithin den Beratungsauftrag. Bei der Mehrzahl der Gesprächsanlässe „bittet" die pädagogische Organisation, sei dies direkt die Lehrkraft oder indirekt die Schulleitung, um das Gespräch. Dies bedeutet, dass eine Person des Systems z.B. „Schule" den Beratungsbedarf festgestellt hat, und diesem Gespräch daher eine Art Zwangskontext zugrunde liegt. Auf diesem Hintergrund ist es um so wichtiger für die jeweilige Lehrkraft oben genannte Rollenklärung vorzunehmen. Roggenkamp u.A. (2014) sehen folgende Rollen, in der eine Lehrkraft im Gespräch mit Erziehungsberechtigten agieren kann:

- <u>Expertenrolle</u>: Die Lehrkraft hat das pädagogischer Expertenwissen. Die Eltern sind ´Experten´ in der Erziehung ihres Kindes.
- <u>Betroffene(r):</u> Im System Schule ist die Lehrkraft meist mit betroffen bei einem Problem. Ist eine Lehrkraft in der Funktion des Beratungslehrers bzw. der Beratungslehrerin tätig, so liegt keine direkte Prob-

lembetroffenheit vor, was eine andere Rolle bewirkt (klassische Beratung). In sensiblen Bereichen sind ICH-Botschaften hilfreich.

- Gesprächsleitung: In dieser Rolle ist die beratende Lehrkraft verantwortlich für den Rahmen und den Ablauf sowie die Zielorientierung des Beratungsgesprächs.
- Mitmensch / Person: In dieser Rolle bringt sich eine Lehrkraft mit allen Stärken, Schwächen, Werthaltungen, Normvorstellungen, Einstellungen und Ansichten z.B. Vorurteilen ein. Dies kann hilfreich sein, um Signale des Mitfühlens zu senden, jedoch ist gegenüber Erziehungsberechtigten hier hohe Reflexionsfähigkeit gefordert, um die Grenzen dieser Rolle zu sehen und einzuhalten.
- Berater / Beraterin: In dieser Rolle versucht die Lehrkraft gemeinsam mit den Erziehungsberechtigten das vorhandene Problem verständnisvoll zu klären und zu Lösungsansätzen zu gelangen (vgl. Rogenkamp, 2014). Dabei hilft ein bewertungsfreies Beschreiben und konkrete Beispiele. Auch in der Beratungssituation sind klare Aussagen bzw. ein Stellung beziehen wichtig.

Im ´Elterngespräch´ gilt es, sowohl Informationen weiterzugeben und Erwartungen zu klären als auch die Aufmerksamkeit der Erziehungsberechtigten auf wichtige Faktoren des Lernens zu lenken, z.B. Ressourcen und Lösungen, d.h. Lernmethoden und Lernstrategien. Hilfreich sind konstruktive W-Fragen, z.B. Wo, Wer, Wie, Was, Woran, Welche usw. (ohne Warum!!), um bei den Eltern konstruktive Suchprozesse anzuregen und sie aktiv einzubeziehen. Schon zu Beginn eines Gesprächs sollte eine Lehrkraft z.B. durch eine geeignete Wortwahl signalisieren, dass alle Beteiligten den Gesprächsrahmen mit gestalten. So sollte vermieden werden durch die Art des Fragens sich selbst als „Hauptakteur“ darzustellen, der alle Fäden in der Hand hat; denn dadurch begäbe sich z.B. eine Lehrkraft in die Position, dass sie allein die Verantwortung für das Finden einer Lösung habe. Im Beratungsgespräch bringt eine Lehrkraft z.B. im Verhaltensbereich in erster Linie Informationen aufgrund von Beobachtungen ein, verweist in diesem Zusammenhang auf z.B. bestehende Schul- und/oder Klassenregeln, die den Erziehungsberechtigten bekannt sein sollten, und ist ansonsten für die Rahmensetzung (z.B. Zeit, Raumgestaltung) sowie die Methoden (z.B. Ablaufplan, eigene Frageweise) verantwortlich.

Schon bei der Eröffnung des Gesprächs kann folgende Äußerung sinnvoll sein: „Vielen Dank, dass Sie meiner Einladung gefolgt sind. Den Grund der Einladung ... kennen Sie und er wird Thema des Gesprächs sein. Zunächst möchte ich Sie jedoch fragen, worüber wir in den nächsten 20 Minuten gesprochen haben sollten, damit Sie nach dem Gespräch das Gefühl haben, dass es sich gelohnt hat?" Diese Frageweise dient der Auftragsklärung und umfasst mehr als das anstehende Thema, nämlich die Möglichkeit das Eingebettetsein des Themas in die jeweilige Lebensumwelt mit in den Blick zu nehmen, so dies die Erziehungsberechtigten denn wollen. Zugleich fordert die Frage zum Klären auf: Ist der Auftrag verstanden worden? Wie wird der Auftrag von den Erziehungsberechtigten gesehen, d.h. wie formulieren sie ihn und ist er so auch erfüllbar?

Im Gespäch selbst versuchen Erziehungsberechtigte oft, den Berater / die Beraterin, z.B. eine Lehrkraft, in Rechtfertigungszirkel zu verwickeln. Dies geschieht oft unbewusst aus einer Art Selbstschutz heraus: „Die andere Person ist an allem schuld, ich mache doch alles richtig!" Schuldzuweisungen führen zu Abwehrreaktionen, daher bringt es nichts dagegen anzuargumentieren. Sinnvoll und zielführend ist es, streng bei den Fakten (z.B. Beobachtungen, Leistungsnachweisen) und Regelungen (z.B. Klassen- oder Schulregeln) zu bleiben und darauf aufbauend im gemeinsamen Gespräch nach Lösungen zu suchen.

Wichtig ist, dass Erziehungsberechtigten klar wird, dass sie hinsichtlich ihres Kindes / Jugendlichen für dessen (schulisches) Lernen, Arbeiten und Verhalten eine Mitverantwortung tragen: „Wo sehen Sie Ihre Möglichkeiten bei ... auf ihr Kind / ihre(n) Jugendliche(n) einzuwirken, dass sich ... verbessert?" Von Seiten des Beraters / der Beraterin, z.B. der Lehrkraft, sollte hier auch deutlich aufgezeigt werden, welche Möglichkeiten bzw. Grenzen die Organisation Schule hat (z.B. Bildungsplan, Schulgesetz) und welche Erwartungen / Anforderungen sich daraus ergeben.

Auch sollte ein gefundenes Ergebnis immer als ein Zwischenschritt verstanden werden. Konnte keine gemeinsame Lösung gefunden werden oder war kein stimmiger / mach- oder annehmbarer Auftrag der Erziehungsberechtigten möglich, sollte z.B. die Lehrkraft von sich aus ein eigenes Angebot formulieren z.B.: „Ein gemeinsames, einvernehmliches Ergebnis ist offensichtlich momentan für Sie nicht möglich, was ich bedaure. Ich könnte Ihnen anbieten, dass wir uns am ... nochmals sprechen. Zwischenzeitlich werde ich folgende Maßnahmen ergreifen ... , da Handlungsbedarf besteht." Damit wird Offenheit und Respekt gezeigt sowie der erforderlichen Transparenz und Information genüge getan.

Erfolgreiche Beratung basiert auf allgemeinen Wirkfaktoren. Für Beratungsanlässe ergänzt Hornby (2014) obige Gelingensbedingungen durch ein dreistufiges Ablaufschema von Beratungsprozessen (Hornby, 2014):

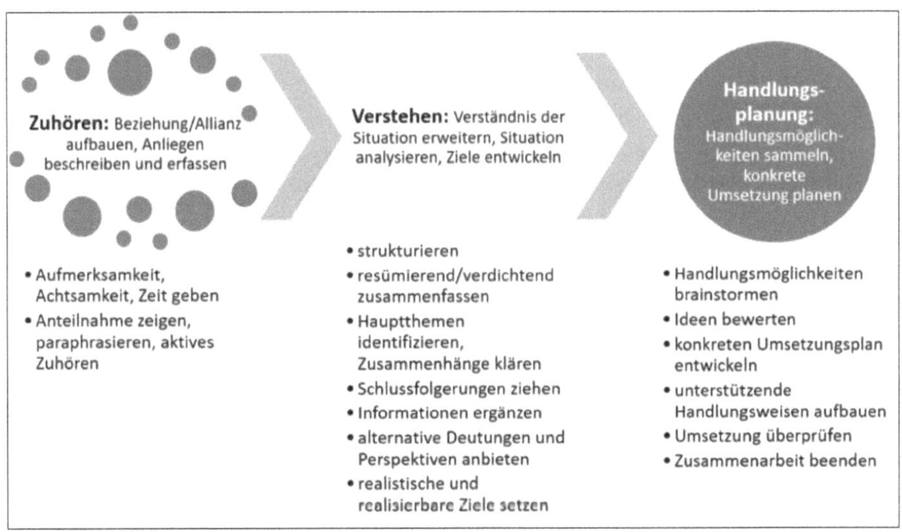

4.6.1 Trialog-Gespräche

Viele Schulen bieten Erziehungsberechtigten während eines Schuljahres z.B. viertel- oder halbjährlich Sprechtage an, an denen gezielt mit einzelnen Lehrkräften gesprochen werden kann. Dieses Format findet meist ab der Sekundarstufe I statt und soll die Zusammenarbeit aller Beteiligten verbessern. An einem solchen Gespräch nehmen neben Erziehungsberechtigten und Lehrkräften auch die jeweiligen Schüler / Schülerinnen teil. Meist geben die Erziehungsberechtigten über ein Rückschreiben von ihnen besonders anzusprechende Themen an. Auf diese kann sich dann jede Lehrkraft vorbereiten.

Im Modell von Gröben (2011) gehen einem solchen Sprechtag in Klassenkonferenzen intensive Austauschprozesse der jeweiligen Lehrkräfte einer Klasse voraus. Dort wird beraten, wie sich jeweilige Schülerinnen / Schüler entwickelt haben und welche Themen mit den Erziehungsberechtigten besprochen werden sollen. Die Zusammenfassung dieses

Protokolls (maximal eine halbe DIN A4-Seite) geht mit der Einladung den Erziehungsberechtigten zu und ist auch Gesprächsgrundlage für das etwa 30-minütige Gespräch. Für Schülerinnen / Schüler und Lehrkräfte ist die Teilnahme verpflichtend. Abweichend von Gröben ist es empfehlenswert eine Parität herzustellen: Erziehungsberechtigte, Schülerin/Schüler und drei Lehrkräfte, davon ist eine der/die Klassenlehrer(-in). Eine Lehrkraft führt das Protokoll, wobei dies je nach Gesprächsinhalt wechseln kann. Das Gespräch bezieht sich auf den jeweiligen Zeitraum. Jede Schülerin / jeder Schüler bringt zum Gespräch die angelegten Hefte oder Mappen sowie, so verbindlich, das Lerntagebuch mit. Ziel des Gesprächs ist zum einen der Informationsaustausch mit den Erziehungsberechtigten und zum andern Orientierungshilfen und Absprachen für das zukünftige Lernen und Arbeiten der Schülerin / des Schülers, so z.B. für die Teilnahme an einem Lerncoaching. Das erstellte Protokoll wird von allen Beteiligten am Ende des Gesprächs unterzeichnet im Sinne „zur Kenntnis genommen". Die Erziehungsberechtigten erhalten eine Kopie. Das Protokoll wird bei den Schülerakten aufbewahrt und ist Grundlage für weitere Gespräche (vgl. Göben, 2011).

Solche Gespräche können je nach Rechtslage auch Ersatz für die Halbjahresinformation sein.

4.7 Elemente der Gesprächsführung in Beratungskontexten

Nachfolgend werden grundlegende, das bisher Genannte ergänzende bzw. präzisierende Elemente der Geprächsführung bzw. Kommunikation bei Beratungs- und Coachingprozessen im pädagogischen Kontext benannt. Eine Art Checkliste dazu finden Sie im Anhang.

Für alle Beratungs- und Coachingprozesse entscheidend ist das Herstellen des Kontakts zur zu beratenden Person bzw. zur/zum Coachee. Bei Gesprächen ist dazu ein wichtiges Signal das Suchen nach Blickkontakt und dessen passendes Halten. Dies ist für alle Beteiligten insbesondere dann bedeutsam, wenn etwas Wesentliches mitgeteilt wird. In diesem Fall sollten sich sowohl Hörende als auch Sprechende ansehen, da dies für jeweils Sprechende signalisiert, dass der/die Hörende bzw. die Zuhörenden die volle Aufmerksamkeit auf die sprechende Person richten. Es ist besser mittels einer bewussten Pause oder eines Signals die Aufmerksamkeit auf sich zu lenken, als in eine Unruhe oder Unaufmerksamkeit hinein zu sprechen, da sonst i.d.R. die gegebene Information verpufft. Das passende Halten eines Blickkontakts wechselt, erfolgt inhaltsbezogen, wiederholt sich dazu passend und beinhaltet auch Mimik und Körperhaltung. Es ist etwas deutlich anderes als ein Anstarren.

Bei Kindern und Jugendlichen ist es bei Gesprächen oft angebracht, diese dazu aufzufordern den/die Sprecher(-in) anzusehen. Bei Beratungs- oder Coachinggesprächen kann es auch sinnvoll sein, zu schweigen, bis sich die Aufmerksamkeit des Gegenüber wieder zuwendet. Bei einem über einen längeren Zeitraum erkennbaren Signal des Abgewandtseins kann auch ein Nachfragen oder ein Wiederholen oder Paraphrasieren des letzten Satzes hilfreich sein, um die Aufmerksamkeit wieder zu fokussieren. Gerade ein zur Situation passendes Paraphrasieren kann helfen, da dies Signale des Akzeptiertseins und Verstehenwollens aussendet. Mitbeachtet sollte dabei bei dem Berater / der Beraterin werden, dass bei jedem erneuten Zusammentreffen mit der zu beratenden Person bzw. dem/der Coachee erneut eine Kontaktaufnahme, meist in kürzerer Form, erforderlich ist.

Beim eigenen Vorbereiten auf ein Beratungs- oder Coachinggespräch sollte der Berater / die Beraterin bzw. der Coach entsprechend das vereinbarte Thema antizipierend durchdenken und sich ggf. zu wichtigen Elementen daraus Fragen oder Impulse notieren sowie eine mögliche (grobe) Struktur des Gesprächs entwerfen. Bei den Fragen sind dies vorwiegend „W-Fragen" (siehe Anhang). Wichtig ist, dass auf die Wortwahl und Stimmmelodie geachtet wird, sodass möglicherweise hineininterpretierbare Bewertungen vollständig vermieden werden.

Gerade in Gesprächen mit sehr persönlichen, Ängste oder Umbehagen auslösenden Themen kommt z.B. ein/eine Coachee oft immer wieder auf das jeweilige bedrückende Problem zurück („im Kreis drehen") und droht zum einen durch das Wiederholen dieses zu verstärken und zum andern sich dadurch den Blick für mögliche Lösungen zu erschweren. Hilfreich ist hier, dass z.B. der Coach einfühlsam und doch konsequent interveniert und das Gespräch dergestalt leitet, dass zum einen das Hier und Jetzt genauer gesehen und zum andern der Blick auf die nahe Zukunft gerichtet wird mit Überlegungen zu ersten Schritten.

4.7.1 Balance von Denken, Fühlen und Handeln

Nach Gührs / Nowak (1990) ist es für eine Beraterin / einen Berater wichtig, dass in Beratungs- oder Coachingprozessen das Denken, Fühlen und Handeln zusammenpassen, um innere Spannungen und Konflikte zu vermeiden. Dies gilt es auch durch genaues Beobachten und ggf. Nachfragen bei der zu beratende Person mit Blick auf deren Anliegen zu ergründen. Daher sollte die zu beratende Person zunächst möglichst genau ihr Anliegen schildern; denn in diesem Darstellen und Schildern sind in den Sätzen, der Wortwahl und der Stimmmelodie meist Hinweise auf die drei Bereiche: Denken, Fühlen und Handeln zu finden, die entweder kongruent oder inkongruent zueinander erscheinen. Zudem erfährt eine Beraterin / ein Berater welche der drei Ebenen die zu beratende Person bevorzugt. Diese bietet sich als „Kontaktebene" an, um einen „ersten Draht" zur jeweiligen Person zu finden.

Signalsätze sind z.B. beim Denken: „Ich will Ihnen ... erklären.", „Ich will ... verstehen." oder „Mir geht ... durch den Kopf." Auf die Ebene des Fühlens deuten Sätze wie: „Ich bin aufgeregt, wenn ... .", " ... löst Ängste bei mir aus.", „Bei ... kommen bei mir ... Gefühle auf.", " ... verwirrt mich.", „Ich fühle mich hilflos bei ... ." oder „Was Sie da sagen macht mich wütend." Auf die Ebene des Verhaltens bzw. Handelns weisen folgende Sätze hin: „Das habe ich schon hunderte Male versucht.", „Trotz ständigen Bemühens misslingt mir ... .", „Was soll ich tun?" oder „Am liebsten würde ich ... machen."

Nehmen Sie bei einer zu beratenden Person solche oder ähnliche Äußerungen wahr, ist es gerade in der Anfangsphase eines Beratungsprozesses hilfreich, das Gehörte einfühlsam paraphrasierend, auf dieselbe Ebene zu gehen. So lässt sich eher ein erster, tragfähiger Kontakt durch Signale des Verstehens erreichen. Ebenso lässt sich im Gesamt der Äußerungen erkennen, ob eine der Ebenen nur ´gestreift´ oder gar weggelassen wird. Um sich hier abzusichern sind dann Nachfragen zur fehlenden Ebene angebracht. So z.B. beim Denken: „Können Sie sich ... erklären?", „Welche Gründe könnten bei ... vorliegen?", „Was folgern Sie aus ... ?" „Wie stellen Sie sich ... vor?". Ein Abklären der Ebene Fühlen könnte erfolgen durch: „Wie fühlen Sie sich bei ... ?", „Wie empfanden Sie das?", „Ich erkenne, dass sie ... ärgerlich macht." oder „Freuen Sie sich über ... ?". Die Ebene Verhalten können folgende Äußerungen erhellen: „Welche Schritte wären Ihnen bei ... wichtig?", „Was haben Sie schon unternommen?", „Welche Lösungsideen haben Sie zu ... ?" oder „Wie verhalten sich ... ?".

Bei ausweichenden Reaktionen kann hier ein Indiz für ein Problem liegen (blinder Fleck), was sich auch am Umfang des Wortschatzes zeigt: In den bevorzugten Ebenen ist dieser deutlich umfangreicher und bildhafter. Im Beratungsprozess ist dann ein Ziel, die drei Ebenen durch geeignete

Interaktionen (z.B. Anregungen, Perspektivenwechsel, spielerische Verhaltensskills) in eine dynamische Balance zueinander zu bringen (vgl. Gührs / Nowak, 1990).

Kommunikation ist ein hochkomplexes Geschehen und hat eine verbale und nonverbale Seite. Mittels Kommunikation vermitteln Menschen Informationen und treten miteinander in Beziehung. Sie vermitteln und produzieren dadurch auch Bedeutungen. Die Art und Weise jeweiliger Kommunikation bewirkt sowohl innerliche als auch äußere Reaktionen. Das nachfolgende Teilkapitel greift ein gerade auch bei Beratungs- und Coachingprozessen wichtiges Element auf, nämlich „die Art und Weise, wie wir kommunizieren, ist der Schlüssel zur Erkenntnis unserer äußeren und inneren Prozesse, dessen, wie wir mit der Realität umgehen und wie wir uns selbst einschätzen." (Satir, 2009)

4.7.2 Arten der Zuwendung

Wir wissen, dass für einen Säugling eine innige, liebevolle Zuwendung notwendig ist, was ähnlich auch für jüngere Kinder gilt. In diesen jungen Jahren besteht geradezu ein Hunger nach Zuwendung. Nur so bleibt z.B. ein Säugling am Leben und kann ein junger Mensch geistig und körperlich wachsen. In dieser Zeit sind Erfahrungen von bedingungsloser, inniger Zuwendung entscheidend dafür, ob sich ein Grundvertrauen bilden kann. Dieses führt bei jedem Menschen zum Entwickeln von Grundüberzeugungen über sich selbst und hat später Auswirkungen auf jedes menschliche Bezugssystem. In der Transaktionsanalyse gibt es das OK-Geviert, d.h. vier verschiedene Arten der Zuwendung mit ihren jeweiligen Wirkungen auch bei Erwachsenen. Unterschieden wird zwischen:

- Bedingungslos positiver Zuwendung;
- bedingt positiver Zuwendung;
- bedingt negativer Zuwendung;
- bedingungslos negativer Zuwendung.

Zu bedingungslose positive Zuwendung: Diese ist Voraussetzung für ein bestmögliches geistig-seelisches und körperliches Wachstum bzw. der Gesunderhaltung des gesamten Organismus. Diese Zuwendungart ist bedingungslos annehmend und wertschätzend als Mitmensch: „Schön, dass es Dich gibt!" „So wie Du bist, bist Du für mich in Ordnung." Diese

Zuwendungsart gilt der Person, ihrem Da-Sein bzw. ihrer Existenz. Sie drückt sich auch bei Erwachsenen in einer fürsorglichen, wertschätzenden Sprache aus: „Was für eine Freude, Sie hier wieder zu sehen!“ oder „Ich freue mich, dass Du wieder da bist!“ Auch körperliche Nähe in individueller, jeweils passender Form schließt diese Zuwendungart mit ein.

In Beratungs- und Coachingprozessen ist eine grundlegende Voraussetzung, dass die beratende oder coachende Person ihr Gegenüber mit einer bedingungslos positiven Zuwendung behandelt bzw. dies für diese Person stimmig erfahrbar und eindeutig signalisiert.

Zu bedingt positive Zuwendung: Dabei handelt es sich zwar um eine positive Zuwendung, diese ist jedoch an eine bestimmte Bedingung geknüpft. Es herrscht die Grundeinstellung vor, dass eine Person zwar in Ordnung ist, aber nur wenn sie ... tut, einhält usw. Sprachliche Ausdrücke, die diese Zuwendungsart repräsentieren sind z.B.: „Toll, dass Sie wieder da sind, die Thematik ... können ja nur Sie am besten bearbeiten!“ oder „Endlich sind Sie wieder da, da ist einiges liegengeblieben.“ oder “ ... haben Sie ganz gut erledigt.“ In all diesen Aussagen sind mehr oder weniger starke Einschränkungen vorhanden. Bedingt positive Zuwendungen erhält ein Mensch i.d.R., wenn er Erwartungen, Anforderungen oder Wünschen seiner sozialen Umwelt entspricht. Repräsentanten der jeweiligen sozialen Umwelt beziehen sich dabei auf bestimmte Fähigkeiten, Wissensbereiche oder Eigenschaften der so angesprochenen Person. Dabei steht das So-Sein im Fokus, nämlich das Anpassen bzw. Angepasstsein an bestimmte, vorgegebene Regeln.

In Beratungs- und Coachingprozessen würde diese Zuwendungart mit ihrem „... , wenn ... “ eine eingeschränkte Akzeptanz z.B. der/des Coachee signalisieren und ein Vertrauensverhältnis verhindern oder untergraben.

Zu bedingt negative Zuwendung: Diese Zuwendungsart erfährt ein Mensch, wenn er bestimmte ausgesprochene oder unausgesprochene Regeln („hidden rules“) oder Wünsche aus dem sozialen Umfeld übertreten oder unbeachtet gelassen hat: Eine bestimmte bekannte oder verdeckte Norm wurde überschritten. Die Zuwendungsweise klingt z.B. positiv, wohlwollend jedoch mit einem deutlichen Unterton, z.B. leichter Ironie. Es geht um das So-Sein, z.B.: „Es ist nicht in Ordnung, dass Du ... !“ oder „Prima, Sie heute zu sehen, sie können gleich ... !“ oder „Ich musste mich ganz schön ins Zeug legen, um Deine Aufgabe ... zu erledigen!" oder „Bitte machen Sie ... nicht noch einmal!"

Eine bedingt negative Zuwendung in Form einer kritischen Ermahnung kann im erzieherischen oder auch zwischenmenschlichen Bereich stimmig bzw. angesagt sein, wenn gesetzte Regeln oder klare Grenzen verletzt wurden und der deutliche Hinweis auf deren Einhaltung erforderlich ist. Die bedingt negative Zuwendungsweise hat somit ihre Berechtigung und ist eine Ergänzung bzw. ein erforderliches „Instrument" bei sonst praktizierter bedingungslos positiver Zuwendung. Dies gilt auch in Beratungs- und Coachingprozessen. Bei z.B. selbstüberschätzenden oder eigenmächtigen Abweichungen von Vereinbartem, wird z.B. der Coach dies in zwar freundlicher, jedoch klarer, auch in der Stimmmelodie deutlich Verärgerung ausdrückender Weise ansprechen mit z.B. der Aufforderung zukünftig zumindest zuvor um ein Gespräch zu bitten. Es folgt dann die Frage nach dem Ziel z.B. der weiteren Beratung: „Wie soll es jetzt weiter gehen?!"

Zu bedingungslos negative Zuwendung: Diese Zuwendungsweise wirkt hochgradig negativ. Sie bezieht sich auf das Da-Sein und lässt der so angesprochenen Person keinerlei Chance. Sie gründet auf der Grundeinstellung: „Du bist nicht in Ordnung, egal was Du tust!" oder das Da-Sein sogar existentiell in Frage stellend: „Es wäre besser, wenn es Dich nicht gäbe!"

Im pädagogischen Bereich gibt es diese Zuwendungsweise in der Form, dass ein bestimmtes Kind oder bestimmte Jugendliche sich negativ verhalten und dadurch negative Zuwendung erfahren. Oft handeln diese Menschen nach dem (problematischen) Prinzip: Besser eine negative Beachtung als überhaupt keine. In diese Kategorie fallen oft getätigte Provokationen. Erhalten solche Kinder oder Jugendliche sonst keine andere Zuwendung, z.B. im schulischen Bereich, so holen sie sich zumindest diese negative Art. Sie fühlen sich durch die erfahrene negative Beachtung zumindest lebendig: Sie sind wer, sie bewirken etwas. Die bedingungslose negative Zuwendung hat in pädagogischen Arbeitsfeldern keinen Platz und sollte in menschlichen Kommunikationen tabu sein; denn sie verhindert jegliche Entwicklung auf beiden Seiten und kann eine höchst problematische Konfliktspirale in Gang setzen.

Bei allen Zuwendungsarten, die das Wort „bedingt" enthalten oder negativ sind, gibt es Mischformen. Diesen ist gemeinsam, dass sie das Wachsen von Vertrauen, vor allem auch Selbstvertrauen, verhindern bzw. bestehendes Vertrauen in Frage stellen bzw. abbauen. Besonders problematisch sind solche Mischformen bei Kindern und Jugendlichen, da sie oft doppelte Botschaften enthalten und diese für einen jungen Menschen meistens unverständlich sind sowie mögliche positive Aussagen abfälschen oder übertünchen.

Die jeweilige Zuwendungsweise bewirkt beim Gegenüber spezifische Reaktionen. Jede Zuwendungsweise hat je nach Situation auch ihren Sinn bzw. ihre Berechtigung. Je nach Qualität eines Verhaltens ist eine zeitnahe klare Ansage erforderlich, um z.B. problematischen Entwicklungen, die z.B. gemeinschaftsschädigend sind, vorzubeugen. Ein Gegenüber muss für das Wachsen seiner Fähigkeit zum angemessenen Selbsteinschätzen gelegentlich erfahren, was es heißt vereinbarte Regeln zu überschreiten und entsprechende Konsequenzen zu erfahren.

Die folgende Grafik präsentiert die wesentlichen Aspekte:

(Stewart / Joines, 1990)

Nach Gührs / Nowak (1990) ist eine positive Zuwendung angesagt bei eigenem, klaren Denken; dem Einbringen echter Gefühle, einem autonomen Handeln, gezeigtem Humor, konstruktiver Kreativität und bei der Bereitschaft zu spielerischem „Durchspielen" z.B. von Ideen. Auch ist es wichtig auf die Annahme von Zuwendung zu achten. Dies zeigt sich meist in der Mimik oder Körperhaltung. Wird auf positive Zuwendung mit z.B. einem Relativieren reagiert, ist es wichtig, dies einfühlsam, jedoch klar anzusprechen und auf die eigene Aufrichtigkeit aufmerksam zu machen. Ebenso bedeutsam ist das passende Maß an Zuwendung zu finden bzw. darauf zu achten: Hier wird eine situativ stimmige Variation eher angenommen werden können.

Vor und in einem Beratungs- oder Coachingprozess muss der Berater / die Beraterin die eigene bevorzugte Zuwendungsweise auch im situativen Blick genau reflektieren. Nur aus dieser inneren Klarheit und Selbstgewissheit heraus kann ein einfühlsam, förderlicher Beratungs- oder Coachingprozess gelingen; denn in diesen Prozess bringt die zu beratende Person ebenso ihre Grundüberzeugungen ein.

In allen sozialen Kontexten ist der Wunsch nach Beachtetwerden und Zuwendung ein zentraler Faktor und „Antreiber" bzw. ein „Motiv" für die Art und Weise des individuellen Verhaltens. Zugleich besteht bei jedem Menschen ein individuelles, aus der jeweiligen Lebensgeschichte erwachsenes Muster für Zuwendungen, das auch je nach Kontext verschieden ist. Für alle an einer Interaktion beteiligten Personen gilt es, einen (gemeinsamen) Weg zu finden, um die positive Energie zu erhalten bzw. zu fördern, die im gegenseitigen Zuwenden für das Entwickeln oder Entfalten jeder Person liegt. Es besteht die Chance sowohl die eigenen Muster und Normen zu reflektieren als auch die von anderen besser kennen zu lernen. Unter Achten von individuell oder kulturell unterschiedlicher Normen und Werten wird die Aufgabe u.a. zunächst darin liegen, bestehende Grenzen zu sehen und einzuhalten. Fühlen sich alle am Prozess beteiligten Personen so angenommen, kann dann in einem gemeinsamen, von gegenseitigem Respekt getragenen und wertschätzenden Austauschprozess eine gemeinsame, tragende Handlungsbasis erarbeitet und verbindlich vereinbart werden.

5 Pädagogisch-systemorientiertes Coaching

Das Wort „Coach“ im Sinne von Trainer, Instruktor oder Tutor wurde zum ersten Mal 1840 an der Universität Oxford verwendet und bezeichnet eine Person „who ´carries´ a student trought an exam“. Diese Person könnte im Deutschen als „Einpauker“ bezeichnet werden, die Lernende während der Prüfungsvorbereitung begleitete und anleitete. Dann wurde das Wort „Coach“ für Sporttrainer, vor allem für Ruderer verwendet. Im Duden 2005 wird eine Person als „Coach“ bezeichnet, die jemand anhand von wissenschaftlich begründeten Methoden berät und betreut, um deren (berufliche) Potentiale zu optimieren. Heute versteht man darunter meist eine vielversprechende pädagogische Dienstleistung, d.h. ein Coach ist ein fachlicher und mentaler Trainer: Coaching setzt die Potentiale eines Menschen frei, seine individuelle Leistung zu optimieren. Dabei hilft ein Coach eher passender zu Lernen, um Veränderungsprozesse besser bewältigen zu können. „Coaching ist ein interaktiver, personenzentrierter Beratungs- und Begleitungsprozess, der berufliche und private Inhalte umfassen kann. Im Vordergrund steht die berufliche Rolle beziehungsweise damit zusammenhängende aktuelle Anliegen des Klienten.“ (Rauen 2005) „Beruflich“ kann auch schulisch bedeuten! Der ursprüngliche Ansatz des Coaching bezieht sich auf Erwachsene berufstätige Menschen. Einzelcoaching ist die häufigste Form. Eine einheitliche Definition von Coaching existiert nicht.

Ein Coaching auch im pädagogischen Kontext will einer anderen Person (Coachee) dazu verhelfen, vorhandene und neue Aufgaben angemessener bzw. besser erledigen zu können. Dazu ist es i.d.R. erforderlich, bekannte oder bisher beschrittene ´Wege´ zu verlassen und Neues zu lernen und sich auf Veränderungen einzulassen, um diese engagiert so selbständig wie möglich anpacken und gestalten zu können. Neben einer klaren Zielsetzung und Motivation ist dazu auch Ausdauer und Anstengungsbereitschaft erforderlich. Dies bedeutet, dass ein Coaching an der Person bzw. dem/der Coachee ansetzen muss

Insbesondere beim Coaching im pädagogischen Kontext geht es um das Stärken des/der Coachee, indem zwar Vergangenes gesehen, jedoch als Gewesenes akzeptiert wird. Jetzt gilt es, den Blick auf das Hier und Jetzt und die nahe Zukunft zu richten, d.h. darauf, was verändert werden sollte und kann. Dies stellen Wenzel et al. (2008) im sogenannten Motivationsdreieck dar:

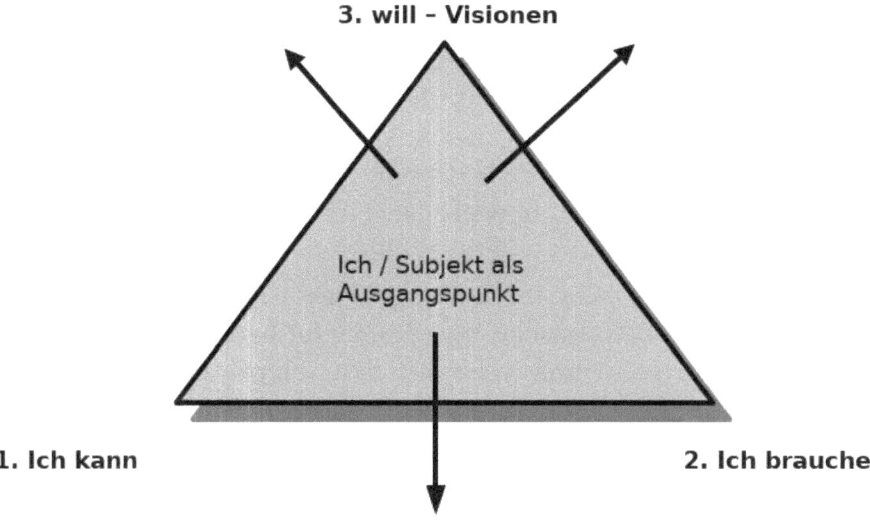

(Wenzel et al., 2008)

Der Lernprozess beinhaltet die „Auseinandersetzung mit:

- Vergangenheit – dem was als tragfähige Basis in mir an Ressourcen existiert;
- Gegenwart – dem was darauf aufbauend momentan notwendig ist;
- Zukunft – dem was daraus werden kann im Sinne eines kreativen Ausweitens von Vergangenheit und Gegenwart.“ (Wenzel et al., 2008)

Für ein Coaching im schulischen Kontext ist unabdingbar, dass der Coach für die Coachees weder früher noch aktuell in keinem Unterrichtsverhältnis stand bzw. steht. Damit sollen Rollenirritationen vermieden werden und es wird gegenseitig vorgeprägten Erwartungen und Erwartungserwartungen aus der Lehrer-Schüler-Konstellation entgegengewirkt, die sich aus schulintern bestehenden strukturell-hierarchischen Abhängigkeitsbedingungen ergeben (vgl. Schuchardt.Hain, 2017).

Es gibt verschiedenste Ansätze für Coachingprozesse und deren Gestaltung, die jedoch den Rahmen und die Intentionen hier bei weitem überschreiten würden. Daher werden im Folgenden die nach Ansicht des Autors für ein pädagogisches Coaching im schulischen Kontext grundlegenden Gedanken aus der vielfältigen Coachingliteratur herausgefiltert und unter einem pädagogischen Blick dargestellt.

5.1 Beziehungsebene im Coaching

Für ein pädagogisches Coaching ist das zentrale Wirkelement die Beziehungsebene, die besonders die Selbstbestimmung der/des Ratsuchenden achtet (Nondirektivität). Von daher kommt dem personzentrierten Ansatz von Rogers grundlegende Bedeutung im Gestalten eines Coachingprozesses zu. Dabei geht es in erster Linie um Selbstexplorationsprozesse. Dazu seien nochmals die wichtigsten Basisvariablen benannt:

- Kongruenz des Coaches: Im Coachingprozess ist sich der Coach seiner Gefühle, seines Bewusstseins und der darauf beruhenden Kommunikations- und Interaktionsweise bewusst (eigene Gedanken, Erfahrungen und Gefühle). Dies bringt der Coach in angemessener Weise in das Coachinggespräch ein.
- Empathie des Coachs: In jeweiligen Coachingsituationen ist der Coach bestrebt den/die Ratsuchende zu verstehen, d.h. sich in die jeweilige Gedanken- und Erlebniswelt einzufühlen (Spiegelneuronen). Im Hier und Jetzt wird an das Bedürfnis / Ziel des/der Ratsuchenden angeknüpft.
- Unbedingte Wertschätzung: Der Coach stellt eigene Bewertungen zurück und stellt sich auf die Welt der/des Ratsuchenden ein; d.h. es besteht eine persönliche Akzeptanz. Er ermöglicht dem/der Ratsuchenden die jeweilige Sichtweise vorzubringen und regt durch z.B. Fragen dazu an, diese Weltsicht zu erweitern.
- Verbalisieren der Aussagen: Der Coach greift sowohl sachliche als auch emotionale Aussagen der/des Ratsuchenden in emphatischer Weise auf und versucht das Anliegen, die Bedürfnisse und die Person in ihrer Situation zu verstehen. Ausgesprochen werden in eigenen Worten, was aus der Erlebenssicht des/der Ratsuchenden verstanden wurde (Paraphrasieren). Beschrieben werden Themen, Ziele, Erleben, Gedanken und (verdeckt) formulierte bzw. signalisierte Gefühle des/der Ratsuchenden. So werden das Bewusstsein sowohl auf ungewusste als auch unbewusste Aspekte gelenkt und vorhandene Ressourcen aktiviert. Durch die Art und Weise der Interaktionen signalisiert der Coach seine personbezogene Wertschätzung. dem/der Ratsuchenden. Durch das so erzielte eher entspannte und positive Beratungsklima wird es für den Coach auch möglich, andere Sichtweisen und Bewertungsmöglichkeiten aufzuzeigen, vorhandene Sichtweisen zu relativieren durch das Eröffnen anderer Perspektiven

und Standpunkte, sodass sich z.B. durch einen Perspektivwechsel weitere Handlungsmöglichkeiten ergeben können.

Der personzentrierte Ansatz ist durchaus zielbezogen. Aufgabe des Coachs ist es, den Prozess für den/die Ratsuchende passend zu steuern und dies durch „Fragenstellen“ und „Spiegeln“. Gerade für ein pädagogisches Coaching kommen dabei den von Maurer (2009) gemachten Aussagen besondere Bedeutung zu: Fragen führen eher zu Verbesserungen auf der kognitiven Ebene und betreffen mehr die Problemsicht, die Selbstwirksamkeit und die Lösungsperspektive. Das Spiegeln wirkt sich eher auf der emotionalen Ebene aus und regt mehr die emotionale Selbstregulation, die Befindlichkeit, die Aktiviertheit, die Reduktion des externalen Attributierens, den Eigenanteil an der Problemklärung und die individuelle Bedeutung an (vgl. Maurer, 2009).

5.2 Lerntheoretischer Ansatz im Coaching

Ziel eines Coachings im pädagogischen Kontext ist es, so weit als möglich eine offene, zielorientierte und dialogische Selbstreflexion zu ermöglichen, wobei je nach Situation bzw. Problem auch passend und einfühlsam Sachinformationen und Anregungen einfließen können.

Für ein gelingendes Coaching sind nach Passmore (2008) folgende grundsätzliche Schritte im Prozess hilfreich:

1. Bestimmen der Ziele bzw. des Ziels;
2. Rückblick auf die Gegebenheiten / Realität;
3. Generieren von Handlungsmöglichkeiten;
4. Einvernehmen gewinnen über den zu beschreitenden Weg.

Der/die Coachee (zu beratende Person) lernt auch durch das Verhalten des Coachs. Von daher ist es wichtig, dass das Verhalten des Coachs echt ist und sich seine Person darin wiederspiegelt. Für den Coachingprozess ebenso bedeutsam ist der Bezug zur sozialen Umwelt der/des Ratsuchenden, da i.d.R. eine wechselseitige Beeinflussung besteht und die Art und Weise der kognitiven Informationsverarbeitung dadurch mit gesteuert wird (Wertvorstellungen, Normen). Zu ergünden ist deshalb, in welchen Bereichen und welchem Maß der/die Ratsuchende hier Selbstregulationsmechanismen entwickelt hat (lerntheoretische Sicht).

Der lerntheoretische Ansatz strebt nach Williams et al. (2010) folgende Aufgaben im Coachingprozess an:

- Die Unterstützung beim Erreichen realistischer Ziele;
- die Förderung der Selbstaufmerksamkeit gegenüber kognitiven und emotionalen Barrieren im Rahmen der Zielerreichung;
- die Ausstattung des Coachees mit effektiveren Denk- und Verhaltensweisen;
- der Aufbau innerer Ressourcen, mehr Stabilität und Selbstakzeptanz und schließlich;
- die Generalisierung des Gelernten auf andere Aspekte und Situationen als nur die explizit bearbeiteten, quasi in Form einer Art des Selbstcoachings (vgl. Williams et al., 2010).

Der Abbau "fehlerhafter" Gedanken, eines stressinduzierenden Denkens, die Reduktion leistungsmindernder Gedanken, negativer automatisierter Gedanken oder auch von blockierenden Grundannahmen soll hierdurch bewirkt werden. Die Modifikation des Verhaltens oder der Art zu denken soll zu den mehr förderlichen „Thinking Skills“ führen. Ein deutlich stressreduzierendes Denken, leistungssteigernde Gedanken sowie realistische und hilfreiche Grundannahmen sollen aufgebaut werden.

Die Selbstaufmerksamkeit des Coachees (Coaching-Partners) soll dabei z.B. durch den Einsatz des sokratischen Dialogs verbessert oder durch einen über verschiedene Wege herbeizuführenden Perspektivwechsel erhöht oder überhaupt erst ausgelöst werden (vgl. Böning, 2017).

Ein systemorientiert-pädagogisches Coaching verwebt sich mit obigen Aussagen und bezieht nachfolgende Elemente mit ein:

- Individuum und System: Einbezogen werden die Interaktionen bzw. Beziehungen von Individuum und umgebendem sozialem System bzw. dessen Subsystemen, z.B. Familie, Peers, Organisationen. Probleme bestehen demnach innerhalb der beteiligten Systeme bzw. deren Wechselwirkungen. Entscheidend sind die zwischenmenschlichen Kommunikationsweisen: Wie sind jeweilige Sichtweisen bzw. Perspektiven von Systemmitgliedern? Welche lebensgeschichtlichen Erfahrungen spiegeln sich darin wieder? Der systemische Ansatz richtet den Blick auf die Frage: Wie gelingt es dem System durch Interaktionen ein Problem immer wieder neu zu erzeugen bzw. wie könnte es gelingen dies konstruktiv zu verändern?

- Konzeptionelle Ableitungen: Ein systemisch-pädagogisches Coaching baut auf einem multiperspektifischen Bild von Wirklichkeit auf, d.h. es entwickelt bzw. erzeugt völlig neue Bilder von aktuell vorgestellten möglichen Ursache-Wirkungs-Zusammenhängen und ermöglichst so veränderte, besser situativ passende Handlungsmöglichkeiten für die/den Ratsuchende(n).

Für ein systemorientiert-pädagogisches Coaching ergeben sich daraus folgende konzeptionelle Ansätze (vgl. Meier & Szabe, 2008; Bamberger, 2010):

- Durch ein starkes Konzentrieren auf die Gegenwart und die Zukunft erfolgen Coachingsprozesse konsequent person-, ressourcen- und lösungsorientiert. Es betrachtet aktuelles und entwirft probierend zukünftiges Verhalten. Es sucht andere Perspektiven und setzt veränderte Handlungsmöglichkeiten sukzessive um. Der/die Coachee entwickelt ein positives Lösungsbewusstsein, eine positive Grundstimmung hin zum Bearbeiten des Themas, dem Aktivieren von Ressourcen und Steigern des Selbstwertgefühls. Die Aktivitäten folgen dabei einem pragmatisch positiven handlungs- und zielorientiertem Grundmuster.
- Der/die Ratsuchende ist Experte/Expertin für sich selbst: Dies wird unterstützt durch den Coach, indem er Gefühle, Gedanken, Sichtweisen, Bewertungen und Verhaltensmöglichkeiten klärt, Überlegungen der/des Coachee bestärkt, Entscheidungen anbahnt, um so die Perspektiven für mögliche Lösungen zu erweitern bzw. zu entwickeln. Bestärkt bzw. angebahnt werden hiermit Ideen für ein konkretes Umsetzen sowie Maßnahmen z.B. erste Schritte dazu (Überschreiten des „Rubikon").

5.3 Strukturelemente systemorientiert-pädagogischen Coachings

Wichtige Strukturelemente für einen konzeptionellen Rahmen eines systemorientiert-pädagogischen Coaching sind nach Böning (2015):

- Konzentration auf die Gegenwart: Im Vordergrund stehen Reflexionen aktueller Situationserfahrungen, damit verbundene Gefühle und aktuelles Denken und damit die aktuelle Verhaltensebene. Im Mittelpunkt stehen gegenwärtige Interaktionen sowie Kommunikationsprozesse zwischen den Beteiligen.

- Ausgleichsmechanismen: Die unmittelbar und mittelbar am Problem beteiligen Systeme und Subsysteme stehen in dynamischer Wechselwirkung miteinander und versuchen durch Anpassungsprozesse eine funktionale Balance zu halten (Prinzip der Homöostase), sodass das dysfunktionale System stabilisiert wird. Diese Zusammenhänge gilt es im Coaching für den/die Coachee sicht- und fassbar zu machen, z.B. durch Aufstellungen. Selbst durch kleine Veränderungen verändern sich die anderen Parameter eines Systems und es kann eine neue, allen Beteiligten zugute kommende dynamische Balance entstehen.
- Interaktion: Jeder Mensch ist zwar ein Individuum, jedoch zugleich ein soziales Wesen, das existentiell auf Mitmenschen und Gemeinschaft angewiesen ist. Damit besteht einerseits das Bedürfnis nach Kommunikation und Interaktion und andererseits dasjenige nach individueller Selbstreflexion als autonomes, selbstverantwortliches Wesen. Dies beinhaltet für jedes Individuum auch, das sich je eigene Emotionen und Kognitionen wechselseitig beeinflussen und maßgeblich Interaktionen mit anderen Menschen mitgestalten, ja prägen. Auswirkungen bestehen auch zur Fähigkeit der Selbstregulation und zum Selbstwertgefühl, die Grundlagen sind für respektvolles, wertschätzendes Verhalten anderen Menschen gegenüber.
- Kommunikatives Feedback: Dieses umfasst sowohl die verbale als auch die nonverbale Sprache, die Menschen in Interaktionen sich gegenseitig kundtun: Sender und Empfänger sind regelkreisgesteuert; denn sowohl die verbale Sprache als auch Mimik und Gestik sowie das Verhalten im Raum senden bedeutungsvolle Signale aus und erzeugen Wirkungen selbst bei Beobachtenden. Für das Einschätzen einer Person sind in diesem Zusammenhang vor allem die Authentizität sowie der Gleichklang von verbaler Äußerung und Körpersignalen hinsichtlich von Glaubwürdigkeit entscheidend. Dies sind wesentliche Faktoren fürs Steuern von Coachingprozessen hinsichtlich der Art und Weise von Kommunikation sowie bewusstem Feedback, um Veränderungen bzw. Entwicklungen der Persönlichkeit des/der Coachee zu ermöglichen.
- Interpunktion: Im systemischen Ansatz wird unter Interpunktion die Strukturierung der Wahrnehmung von Interaktionsabläufen gemeint, die gezeigten Verhaltensabläufen bei Beteiligten eine Reihenfolge bzw.

einen sinnhaften Gesamtzusammenhang verleiht (vgl. Watzlawik). Mit diesem Konzept eröffnen sich eine neue Perspektive zum Betrachten regelkreisbezogener Abhängigkeiten, konkret von wechselseitiger Beeinflussung interagierender Personen. Hiermit ergibt sich ein besseres Verständnis neuer Lösungs- bzw. Handlungsräume sowie passender Interventionen. Neben dem Denken, Fühlen und Erleben sowie Verhalten eines Individuums rücken damit auch das dieses umgebende soziale System in den Fokus, um Veränderungen einzuleiten. Die Ansatzpunkte von Interventionen eines Coaching erweitern sich dadurch hin zu individuell passendem Vorgehen bei Einhaltung der systemischen Grundprinzipien (vgl. Böning, 2015).

- Interventionen: Ein Coachee ist grundsätzlich für die Inhalte und Ziele im Coaching verantwortlich, da er/sie prinzipiell sowohl über das Lösungspotential als auch die Ressourcen zur Problemlösung verfügt. Ein Coach hat eine andere Expertise und ist verantwortlich für die Rahmenbedingungen, den Coachingprozess indem bei Zielen und Inhalten eine grundsätzliche Allparteilichkeit gewahrt wird (vgl. Schlippe / Schweitzer, 2009). Alle Interventionen werden aus dem unmittelbaren Erleben und den Aussagen des/der Coachee abgeleitet bzw. beziehen sich darauf, um in einem realisierbaren, abgestimmten Rahmen Wege und Lösungsansätze zu gewinnen.
- Selbstwertgefühl: Die Art und Weise der zwischenmenschlichen Kommunikation ist zentral für den Aufbau und die Weiterentwicklung der jeweiligen individuellen Persönlichkeit, insbesondere in/bei Veränderungsprozessen. Die Qualität der sozialen Interaktionen hat enormen Einfluss auf das Ausbilden des Selbstwertgefühls sowie die sozial-interaktiv konstruierte Identität einer Person. Dies ist hoch bedeutsam für die zwischenmenschlichen Beziehungen und die Fähigkeiten Herausforderungen, z.B. erforderliche Veränderungsprozesse konstruktiv bearbeiten zu können. Ein belastbares Selbstwertgefühl beugt sowohl zwischenmenschlichen Friktionen, einem eingeschränkten Handlungsrepertoire, Beeinträchtigungen der individuellen Leistungsfähigkeit als auch intrapsychischen Problemen vor. Im Coachingprozess ist es daher wichtig, dass der/die Coachee Möglichkeiten der individuellen Handlungsfähigkeit erfährt (vgl. Böning, 2015).
- Grundwerte und -ziele: In Coachingprozessen stehen immer wieder Erfahrungen persönlicher, alltagsbezogener Nützlichkeit, das Verfügen über Einflusssphären und die Fähigkeit zum aktiven Gestalten des

eigenen Lebens, mithin der individuelle Lebenssinn im Fokus, Daher kommen im Coachingprozess für die Entwicklung des/der Coachee von Seiten des Coachs sowohl eine Ressouren- und Lösungsorientierung als auch dem Ermöglichen von Erfahrungen der Selbstverantwortung und -entwicklung große Bedeutung zu (vgl. Schlippe / Schweitzer, 2009). Neben diesen Grundzielen bzw. -werten stehen „die einzelnen konkreten Verhaltens-, Erlebens-, Einstellungs- und Leistungsziele des/der Coachee bzw. des umgebenden Systems, die einerseits die je spezifische Ausgangssituation charakterisieren und andererseits den Lösungsraum kennzeichnen. Dabei können die Ziele des Individuums, einzelner Interaktionspartner, aber auch des umgebenden Sozialsystems in Übereinstimmung oder auch in einem Konfliktverhältnis zueinander stehen." (Züricher)

- Rolle des Coachs: Nach oben genannten Hintergründen bzw. Sichtweisen übernimmt ein Coach bei einem Coachingprozess eine aktivere Rolle auch durch den Einsatz von Impulsen bzw. Anregungen als in einem klassischen Beratungsprozess. Zusammen mit dem/der Coachee finden Analysen von personbezogenen bewussten sowie momentan unbewussten Themen und Abläufen statt, um Zusammenhänge bzw. Wechselwirkungen erkennbar zu machen. Der Coach ist sich der Beobachterabhängigkeit von Wirklichkeit bewusst. Anstehende personbezogene Veränderungsprozesse sollen so individuell und situativ passend ressourcen- und lösungsorientiert bearbeitbar bzw. lösbar werden. „Die Denkweise eines systemischen Coachs zeichnet sich dadurch aus, dass er sich der Komplementarität von linearer und zirkulärer Kausalität bewusst ist, dass er erkennt, wie wichtig der Blick aus unterschiedlichen Perspektiven ist, und dass er eher Fragen stellt, statt Antworten zu geben; aufgrund dieser Vorgehensweise eröffnet sich dem Coachee mit der Zeit ein Weg, Dinge und Personen, Ereignisse und Bedeutungen so miteinander zu verbinden, dass er sich aus seiner starren Sicht von sich selbst und von der ihn umgebenden Realität zu lösen vermag. Der Coachee kann so seine Sensibilität schärfen und sich neuen Möglichkeiten gegenüber öffnen, indem er mit Ereignissen und Geschichten aus seinem Leben experimentiert und diese aus einer umfassenderen Perspektive sieht." (Boscolo/Bertrando, 1997) Dies stellt eine Art Berater- oder Coachprofil dar und ist zugleich ein Szenario eines Coachingprozesses. Aus diesem Profil und Szenario ergibt sich eine spezifische Haltung des Coachs, die als eine Art Modell für den Coachee dienen kann, es im Coachingprozess gleich zu tun.

Die Rollen eines Coach sind im Coachingprozess:

- Jemand, der einen Rahmen schafft, um über (berufliche) Interessen und Fähigkeiten nachzudenken,
- jemand, der einen Prozess zur (beruflichen) Orientierung anbietet, begleitet, strukturiert und moderiert,
- jemand, der Fragen stellt,
- jemand, der an den Coachees interessiert ist,
- jemand, der die Coachees wertschätzt,
- jemand, der ressourcen- und lösungsorientiert denkt und unterstützt,
- jemand, der ressourcen- und lösungsorientierte Zusammenarbeit anregt,
- jemand, der hilft, nach neuen Möglichkeiten zu suchen,
- jemand, der neue Perspektiven ermöglicht,
- jemand, der einlädt und motiviert, zu recherchieren,
- jemand, der interessiert nachfragt,
- jemand, der Mut macht,
- jemand, der Visionen anregt,
- jemand, der die Coachees ‚erdet',
- jemand, der lösungs- und ressourcenorientiertes Feedback gibt,
- jemand, der nach konkreten Umsetzungsstrategien fragt bzw. diese anregt (vgl. Schuchardt-Hain, 2017).

Die vorgenannten Elemente wollen die lösungsbezogenen Handlungsperspektiven des/der Coachee erweitern, indem ein grundsätzlicher Systembezug einer Herausforderung bzw. eines Problems hergestellt wird: Damit gibt es kein strenges Ursache-Wirkungsverhältnis mehr. Einseitige „Verursachungsannahmen" oder vordergründige „Schuldzuweisungen" werden relativiert. Auf diese Weise eröffnet sich der ein Problem habenden Person systembezogen ein freierer Blick hin zu individuellen Ressourcen- und Lösungsperspektiven („solution-focused coaching").

Zu Beginn eines Coaching im schulischen Kontext sollte meist ´die relative Freiwilligkeit´ thematisiert werden. Dabei sind z.B. Themen wie Eigeninitiative, Selbstverantwortung und Selbstorganisation anzusprechen und ggf. zu diskutieren

5.4 Ressourcen- und lösungsorientiertes Coaching

Beim ressourcen- und lösungsorientierten Coaching finden in jeweiligen Coachingsitzungen zwar Reflexionen, Analysen, mentales Durchdenken und Ansätze von Probehandlungen statt, die eigentlichen Veränderungsprozesse muss jedoch der/die Coachee im eigenen Alltag umsetzen. In nachfolgenden Coachingsitzungen wird er/sie diese vorstellen und reflektieren. Vom Coach als „Moderator der Entwicklung" erhält der/die Coachee Bestärkung, Anregungen bzw. Impulse für weitere zielbezogene Schritte, die der/die Coachee dann reflektierend und im Austausch mit dem Coach auf den Alltag anpasst und dort entsprechend erprobt. Der Coach wird mit dem Coachee dabei immer wieder reflektieren, dass ein verändertes Verhalten eines Mitglieds eines Systems i.d.R. zu einer korrelativen Veränderung des Verhaltens von anderen Mitgliedern des Systems führt (vgl. Bamberger, 2010). Fragen wie: „Wie agiere ich wenn ... ?" oder „Welche Handlungsmöglichkeiten habe ich bei ... ? oder „Was mache ich, wenn ... so agiert?" bewirken eine innere Sicherheit und stabilisieren die ersten Schritte hin zu Veränderungen bzw. im Veränderungsprozess selbst.

Um durch das Coaching Veränderungsprozesse einzuleiten, sind i.d.R. nach Shazer et al. (2008) vier Phasen erforderlich:

Phase I - Information / Zuhören: Das Wesentliche der Sichtweise bzw. des Standpunktes und der Haltung des/der Coachee erfassen, Hier soll ein beraterisches kooperatives und kokreatives Arbeitsbündnis zwischen Coach und Coachee geschlossen werden (Joining) indem z.B. eine gemeinsame Sprache gefunden und der/die Coachee dort abgeholt wird wo aktuell inhaltlich und emotional der Stand ist. Ein ´Smal-Talk´ kann angemessen sein, auch um ein Gefühl der Sicherheit zu gewinnen.

Phase II - Wertschätzen: Die individuelle Berechtigung der aktuellen persönlichen Sichtweise anerkennen und akzeptieren. Verschiedene Frageformen helfen Sach- und Gefühlslagen zu klären. Entscheidend ist der Blick auf das, was gut funktioniert, welche

Ressourcen verfügbar sind, welche Visionen bzw. Vorstellungen bestehen usw.

Phase III: - Reframing: Perspektivenwechsel und Umdeuten der Sichtweise als Denkimpulse vornehmen, Immaginationsfragen.

Phase IV - Perspektiven: Neue bzw. alternative Handlungsoptionen in der Auseinandersetzung mit dem Problem gemeinsam aufdecken, reflektieren und mental Erproben sowie ihre Umsetzung fördern. Stellen und Besprechen der ´Hausaufgabe´ für die nächste Sitzung.

Dabei ist das Denken von Coach und Coachee auf die Komplexität des aktuell beim Coachee wirkenden Systems und seine Interdependenzen gerichtet. Beide sind hierbei Beobachtende und entscheiden, wie eine bestehende Komplexität aufgeteilt oder reduziert wird, um Handlungsoptionen zu gewinnen, was offene, respektvolle und wertschätzende Kommunikation voraussetzt. Da im System in das der/die Coachee eingebettet ist meist andere Personen beteiligt sind, richtet sich der Blick des Coachs wie der des Coachee auf die im System abgelaufenen Interaktionen, da dortige Interpretationen durch „Beobachter" bestimmt werden, nämlich durch vorausgegangene Kommunikationsprozesse und daraus entstandene Beziehungen.

Ein Coach wird daher auch beim pädagogisch-systemorientierten Coaching versuchen „gemeinsam mit den Coachees die von ihnen partizipierten Beziehungssysteme transparent zu machen und diese vielfältigen Teilnahmen und damit verbundenen Einflussfaktoren zu reflektieren und auszubalancieren. So erschließt sich den Coachees die Erkenntnis, dass ihr Verhalten und ihre gezeigten Stärken und Schwächen, Interessen und Wünsche nicht allein in Verbindung mit ihrer Person zu sehen sind, sondern sich eben auch im Rahmen unterschiedlicher Beziehungssysteme kontextabhängig unterschiedlich zeigen können. Die Coachees lernen, sich auch in Bezug auf ihre unterschiedlichen Beziehungssysteme wahrzunehmen." (Schuchardt-Hain, 2010) So lassen sich über z.B. Perspektivenwechsel auf die unterschiedlichen Beziehungssysteme mögliche Sichtweisen und Unterschiede von Beteiligten ergründen und damit verbundene Bedeutungen klären: Welche expliziten und impliziten Regeln, Erfahrungen, Haltungen bestehen im Subsystem z.B. Familie, Peers, Clique etc. des/der Coachee? Wie nimmt sich der/die Coachee selbst wahr, wie will er/sie gerne wahrgenommen werden? Was signalisiert (wie) die Außenwelt?

So kann ein(e) Coachee erkennen, dass verschiedene Subsysteme z.B. verschiedene Verhaltensweisen zeigen. Dies dem/der Coachee deutlich werden zu lassen ist Aufgabe eines Coachs, damit der/die Coachee erkennt, dass diese mittels Re- und Dekonstruktion veränderbar und mitgestaltbar sind. Diese Erkenntnis öffnet die Perspektive der/des Coachee dahin, dass jeder Mensch in einer gegebenen Situation erfahrungsbezogen so handelt, wie es am Sinnvollsten erscheint (vgl. Palmovski, 2011).

Für den Coach wichtig ist, dass für Kinder / Jugendliche die Auseinandersetzung mit der je eigenen Wirklichkeitskonstruktion eine große Herausforderung darstellt. Dies kann nur gelingen durch eine zuvor erfahrene wertschätzende Beziehungsqualität zum Coach als Person und Experte für den Prozess sowie eines geschützten Raums. Elemente dazu sind z.B. beim Coach Verlässlichkeit, Zuversicht, ein gemeinsamens Arbeitens „auf Augenhöhe" (geteiltes Expertentum), eine Haltung der Neugier, zirkuläres Befragen, 360^0-Feedback, Hypothetisieren. „Als Experten für sich selbst erhalten die Coachees während des Beratungsprozesses die Möglichkeit, selbst ihre Wissensstrukturen (Wirklichkeitskonstruktionen) zu überprüfen, zu hinterfragen, zu erweitern, zu relativieren, zu spezifizieren etc. Hierfür stellt der Coach seine Expertise der Prozessgestaltung zur Verfügung. [...]

Indem der professionell Tätige eine Position des Nicht-Wissens einnimmt, nachfragt, Eindrücke, Gefühle und Sichtweisenmöglichkeiten als solche deklariert und wiedergibt, jedoch nicht Wissen im klassischen Sinne (z.B. in Form von Tipps, Handlungsvorschlägen) zur Verfügung stellt, gestaltet er die Kommunikation mit den Coachees so, dass den Ratsuchenden diejenigen Wissenskonstruktionen ‚entlockt' werden können, die sie zur Erweiterung ihrer Sicht- und Handlungsmöglichkeiten brauchen. Die Haltung des Nicht-Wissens auf Beraterseite ermöglicht die selbstorganisierte Schaffung neuen Wissens auf der Seite der Coachees. Der Coach bleibt also der interessierte Impulsgeber von ‚außen'." (Schuchardt-Hain, 2010)

Für die Zusammenarbeit von Coach und Coachee ist das beiderseitige Verständnis von Beratung als eines ziel-, ressourcen- und lösungsorientiertes Vorgehen wichtig. Die Aufmerksamkeit richtet sich im Hier und Jetzt auf den Prozess hin zu gemeinsamem lösungsorientiertem Arbeiten.

Mithin erfolgt eine Fokussierung auf Stärken, Interessen, Vorlieben, Leidenschaften und Möglichkeiten. Zentrale Fragen sind: „Was läuft gut?" „Was schätzen andere an ihr/ihm?" Benannte Schwächen sollten positiv umgedeutet werden (Reframing): „Welche Vorteile bietet ... für Sie?" Friedrich (2009) sagt dazu: „Aufgerufene Kompetenzen erhöhen die Effektivität des aktuellen Lernens. Schwächen der Schüler werden nicht ignoriert, aber es wird ebenso vermieden, dass sich diese als persönliche Niederlagen im Gedächtnis des Schülers einprägen." [...] „Eine Kompetenzpädagogik verfolgt das Ziel, bei den Kindern stabile Kernstrukturen aufzubauen, die ihnen die Gewissheit geben, in bestimmten Bereichen kompetent zu sein" (Friedrich, 2009) So bietet es sich an, Coachees z.B. ihr Leben in den letzten drei Jahren aus der Sicht einer wohlwollenden Person beschreiben zu lassen, die vor allem ihre Stärken, ihre Anstrengungen und Erfolge usw. benennt. Der innere Blick des/der Coachee wird so auf das was gelungen ist, was i.A. gelingt und wo Lösungen gefunden und geeignete Wege beschritten wurden gelenkt: Dies macht Mut, bewirkt positive Gefühle und eine positive Erwartunghaltung. Für den Coachingprozess wird so einer hoffnungs- und wohlwollenden Atmosphäre Vorschub geleistet, was dem Entdecken bisher unentdeckter Chancen und Handlungsmöglichkeiten zu gute kommt.

5.5 Das Anliegen im Coachingprozess

Ein Coaching sollte bei der/dem Coachee aus eigenem, freiem Antrieb (siehe neuronale Sicht auf Freiwilligkeit) erfolgen. Damit rückt zunächst das Klären des Auftrags in den Vordergrund. Dies gilt auch für pädagogisch-systemorientiertes Coaching. Der/die Coachee kommt mit einem Anliegen, das zusammen mit dem Coach bearbeitet werden soll: „Was ist Dein/Ihr Anliegen?", „Worin zeigt sich dieses Anliegen?", „Was willst Du / wollen Sie erreichen?". Dieses eigene Anliegen ist wichtig; denn es beinhaltet beim Coachee eigene Fragestellungen, eigenes Engagement, Interesse und den Willen zum Klären im Sinne von Eigenverantwortlichkeit. Das Anliegen ist dasjenige des/der Coachee. Der Coach greift dies auf, klärt es ab und bespricht mögliche Interaktionen mit dem Coachee, wissend um die Nichtinstruierbarkeit lebender Systeme. Im pädagogisch-systemorientierten Coaching wird ein interaktives Lernen angebahnt, das vor allem auf Selbsterfahrung zielt („learning by doing"). Es gilt dabei „auf uns selbst zu schauen d.h., wenn ich an problematischen Situationen etwas ändern will, dann kann ich zuerst einmal nur bei mir anfangen und davon ausgehend auch die Interaktion ändern. Mache ich mir selbst das Spiel bewusst und reflektiere ich meine Rolle dabei, dann bin ich auch in der Lage, neue Verhaltensweisen auszuprobieren und das bisherige Spiel zu unterbrechen.“ (Reich, 2010) Für den Coach geht es darum mit dem/der Coachee in kooperativer, kokreativer und koevolutionärer Art und Weise partizipativ zusammenzuarbeiten. Dazu sind aufmunternde, unterstützende Interaktionen erforderlich, um der/dem Coachee eigene Erfahrungen sowie Eigeninitiative zu ermöglichen, was auch das Selbstwertgefühl stärkt und mithin eine verbesserte Selbstorganisation bewirkt. Passend und einfühlsam eingebrachte Anregungen oder Impulse haben dabei durchaus ihren Platz, z.B.: „Mir fällt hier ... ein.“, „Sollten wir ... mit einbeziehen?“, „Ich würde gerne ihre Idee ... nochmal genauer betrachten!“

5.6 Coaching in Kleingruppen

Im schulischen Kontext können auch Kleingruppencoachings sinnvoll sein. Sie bieten nach Vogt/Caby (2006) folgende Chancen:

- In Gruppen fordert und fördert die Aufgabe einer aktiven Beziehungsgestaltung eine wachsende soziale Kompetenz.
- In Gruppen erweitern sich Perspektiven und Handlungsoptionen durch eine gemeinsame Imagination und Reflexion möglicher Zielvorstellungen.
- Kommunikation und Interaktion in der Gruppe können individuelle Ressourcen identifizieren und aktivieren.
- Die Gruppe fungiert als zusätzliches soziales Unterstützungssystem (vgl. Hennecke/Hennes, 2004).
- Die Gruppenmitglieder machen die entlastende Erfahrung, dass sie mit ihren Fragestellungen nicht allein sind und entdecken gemeinsam mögliche neue Bewältigungsstrategien.
- Ge-/Erfundene Lösungen in einer Gruppe Gleichaltriger sind für die Gruppenmitglieder glaubwürdiger.
- Die Gruppe kann Einzelne durch ihre Wertschätzung stärken.
- Eine ‚Teilnahme‘ an den Veränderungen und Lösungen anderer fördert Mut und Zuversicht in die eigene Entwicklung.
- Die Arbeit in der Gruppe eröffnet ein hohes Feedback-Potential.

In einem solchen Gruppencoaching können die Gruppenmitglieder während des Coachingprozesses die Bedeutung von Achtsamkeit erfahren als „eine neutrale Einstellung, die auch in turbulenten Situationen die Selbstreflexion bewahrt." (Goleman, 2015)

Themen eines Gruppencoaching können die Bereiche Lernen, Arbeitshaltung und Verhalten sein. Beim Thema Lernen kommen dabei insbesondere Lernstrategien in den Blick (siehe de Jong, 2020). Beim Thema Arbeitshaltung bzw. Arbeitsverhalten kann zunächst der Einsatz des Fragebogens „Arbeitsinventar" (Hogrefeverlag) hilfreich sein, um dann auf den dort gewonnenen Ergebnissen mit Beispielen zur intensiven Selbstreflexion und Selbstbeobachtung aufzubauen und gemeinsam nach gangbaren Alternativen zu suchen. Beim Thema Verhalten ist ein sehr breiter bzw. vielfältiger Bereich angesprochen, den es zunächst zu spezifizieren gilt z.B.: Welches Verhalten wird in welcher Weise und Situation von wem mit welchem Ziel gezeigt? - Es geht dabei mit Reich (2010) „um die Entdeckung der Wirklichkeit" durch zirkuläres Fragen und 360^0-Feedback sowie wertschätzenden Interviews. Dadurch besteht die Chance bei den Coachees eine Perspektiverweiterung zu erreichen, die durch hypothetische Wunsch-, Zauber- bzw. Wunderfragen und Visionsarbeit unterstützt wird. „Die Coachees erforschen ihre Lebensträume und eruieren die für sie bedeutsamen Werte. Sie werden eingeladen, ihren Assoziationen, Träumen, Wünschen und Begehren einen Raum zu geben und zu versuchen, sie narrativ in den Zukunftsgeschichten und visualisiert im Zukunftsbild auszudrücken." (Schuchardt-Hain, 2017) Mit diesen Methoden der Imagination sollen bei den Coachees „positive, motivierende und den Selbstwert erhöhende" (Reich, 2012) Gefühle geweckt werden, sodass sich vermehrt antreibende und Mut machende Kräfte ergeben können. Durch die Aufgabe in die Metaperspektive zu gehen, indem die Coachees in die Rolle eines wohlwollenden Beobachters schlüpfen, der eine ressourcenorientierte Schilderung der individuellen Lebensgeschichte z.B. in den letzten drei Jahren notiert, wird die Imagination noch plastischer und fassbarer.

Die Coachees sollen sich im Coaching mit ihren Wünschen und Bedürfnissen selbstverantwortlich und ´proaktiv-behutsam´ auseinandersetzen, um dann für sich eigene Regeln zu finden und mit sich verbindlich zu vereinbaren. „Jeder Sinn, den ich selbst für mich einsehe, jede Regel, die ich aus Einsicht selbst aufgestellt habe, treibt mich mehr an, überzeugt mich stärker und motiviert mich höher, als von außen gesetzter Sinn, den ich nicht oder kaum durchschaue und der nur durch Autorität oder Nicht-Hinterfragen oder äußerlich bleibende Belohnungssysteme gesetzt ist." (Reich, 2012) Im Coaching können dann solche selbstgesetzten Regeln mental erprobt und ggf. praxistauglich auf ihre Tragfähigkeit sowie individuelle Passung überprüft werden, um danach konkrete Umsetzungsstrategien und erste Schritte zu reflektieren und zu erproben. Auch wäre es möglich, geplante Veränderungen in der Gruppe in Form eines Rollenspiels zu erproben mit anschließendem Feedback aller Beteiligten. Vorteil des Gruppencoachings ist es, dass alle Gruppenmitglieder wissen, wer was umsetzen bzw. erproben will und auch die ersten Schritte dazu sind bekannt. Dies ist für alle Beteiligten eine große Chance für nachhaltiges Lernen am Modell. Für die/den jeweilige(n) Coachee ist das Gefühl des Bewährens, Getragen- und Unterstütztwerdens sehr hilfreich mit Blick auf nachhaltige eigene Veränderungen.

5.7 Lerncoaching

In der Literatur gibt es zum Begriff „Lerncoaching" eine Vielzahl von Konzepten, die sich teilweise stark unterscheiden. Dies reicht vom Überwinden einer Lernschwäche bis hin zu einem Angebot von Binnendifferenzierung (vgl. Eschelmüller, 2007; Palasch/Hameyer, 2008). Das Ziel ist bei allen Konzepten gemeinsam: Verbessern bzw. fördern des individuellen Lernens. Greif (2005) definiert Lerncoaching als „eine intensive und systematische Förderung der Reflexion und Selbstreflexion von Personen zur Erreichung selbstkongruenter fachlicher oder persönlich-sozialer Lernziele durch (prozess- und lösungsorientierte) Beratung, einzeln oder in Gruppen, mit konkretem Bezug zur Lernsituation und entsprechenden weiteren Methoden." (Greif, 2005) Lerncoaching will individuelles Lernen optimieren.

Lerncoachingprozesse basieren auf einem von der Grundorientierung her ressourcen- und lösungsorientierten Ansatz mit einer von Wertschätzung gegenüber dem/der Coachee geprägten Haltung des Coachs. Damit stehen vor allem die Stärken, die guten Erfahrungen, die Chancen und die bisher versuchten bzw. angedachten Lösungswege im Fokus der Gespräche. Hierauf richten sich die gestellten meist zirkulären oder hypothetischen Fragen, um so die Aufmerksamkeit des/der Befragten auf die genannten Bereiche im Hier und Jetzt und der nahen Zukunft zu lenken; denn durch Aufmerksamkeitsfokussierung auf die gut gelungenen Dinge sowie eine darauf aufbauende Vision kann jede(r) Coachee neue Wirklichkeit selbst konstruieren, sich selbst dahingehende Ziele setzen und mögliche Wege zunächst antizipierend, dann konkret umsetzend erproben. Dem sprachlichen Benennen kommt hierbei erhöhte Bedeutung zu. Dies ist um so wichtiger, je jünger ein Mensch ist.

Auch beim Lerncoaching gelten die in jedem Coachinggespräch grundlegenden Prinzipien, um die individuellen Potentiale zu entfalten bzw. zu erweitern:

1. Bestimmen der Ziele bzw. des Ziels;
2. Rückblick auf die Gegebenheiten / Realität;
3. Generieren von Handlungsmöglichkeiten;
4. Einvernehmen gewinnen über den zu beschreitenden Weg.

Zu 1.: Beim Bestimmen des Ziels bzw. von Zielen sind z.B. folgende Fragen hilfreich, z.B.: „Wie wichtig ist Ihnen dieses Ziel?", „Was wollen Sie konkret erreichen?", „Wie viel Einfluss haben Sie beim Umsetzen Ihrer Entscheidung?", „Woran erkennen Sie, dass Sie auf dem richtigen Weg sind?", „Welches Gefühl wird sich bei Ihnen einstellen, wenn Sie das Ziel erreicht haben?", „Welche Stolpersteine gibt es auf Ihrem Weg zum Ziel und wie wollen Sie diese überwinden bzw. vermeiden?", „Welche Dinge werden sich verändern, wenn Sie Ihr Ziel erreicht haben?", „Wer wird noch bemerken, dass Sie dieses Ziel anstreben bzw. es erreicht haben?"

Zu 2.: Beim Betrachten und Reflektieren der Gegebenheiten bzw. der erlebten bzw. wahrgenommenen Realität sind z.B. folgende Fragen hilfreich: „Wie haben Sie ... erlebt?", „Was ist aus Ihrer Sicht geschehen?", „Wie oft geschieht ... ?", „Wie sieht es aktuell bei ... aus?", „Welches Gefühl haben Sie bei ...?", „Was haben Sie bisher bei ... getan?", „Was hindert Sie an dem von Ihnen gewünschten Handeln?".

Zu 3.: Beim Generieren von Handlungsmöglichkeiten soll zunächst den Ideen keine Grenze gesetzt sein hinsichtlich eines möglichen Umsetzens. Es geht in ersten Linie um ein Imaginieren von Möglichkeiten. Erst in einem zweiten Schritt wird dann überlegt, welche Ideen situativ am ehesten passend sein könnten. Folgende Fragen könnten hilfreich sein: „Welche Möglichkeiten sehen sie um ... zu verändern?", „Was würde Sie weiterbringen?", „Welche Lösungsansätze sehen Sie?", „Was würden Sie gerne tun?", „Was würden Sie gerne ausprobieren?", „Welche Idee wäre Ihrer Ansicht nach am besten?", „Was hätte bei ... die größten Chancen?", „Was würden Sie bei ... Ihrem besten Freund raten?", „Was würden Sie sonst noch unternehmen?“, „Was würden Sie tun, wenn die Situation für Sie günstig wäre?“, „Welche ersten Schritte würden Sie gehen?“.

zu 4.: Es gilt hier situativ passende Handlungsmöglichkeiten bzw. erste Schritte konkret zum einen sich vorzustellen und zum andern zu planen. Der/die Coachee wählt die beste Option aus und plant konkret die ersten Schritte. In dieser Situation übernimmt der/die Coachee die volle Verantwortung. Die zentrale Frage ist: „Welche Maßnahmen sollen ergriffen bzw. umgesetzt werden?“. Der Coach frägt dabei nach präzisen Vorhaben und Daten, z.B. „Wann wollen Sie ... umsetzen?“, „Bis wann soll ... erreicht sein?“. Weitere hilfreiche Fragen können z.B. sein: „Wie bereiten Sie sich auf ... vor?“, „Was sind Ihre ersten Schritte?“, „Was tun sie bei ...?“, „Wer sollte noch von ihrem Vorhaben wissen?“, „Welche Informationen geben sie an ... weiter?“, „Wann informieren Sie ...?“, „Wen wollen Sie um Unterstützung bitten?“, „Wie viel Zeit räumen Sie sich für ... ein?“, „Woran erkennen Sie, dass Sie auf einem guten Weg sind?“ (vgl. Tolhurst, 2012).

Sowohl beim Rückblick als auch beim Generieren von Handlungsmöglichkeiten kommt das Format des wertschätzenden, teilstrukturierten Interviews zum Einsatz. Dieses Interview dient zum einen der Erhebung von Informationen (Sammeln von Sichtweisen, Ideen und Erzählungen), zum andern im besonderen Maße der Anregung der Selbstexploration und Selbstreflexion (z.B. „Was ist mir wichtig?“, „Was will ich verändern?“ „Auf welche Ressourcen kann ich zugreifen?“, „Wo bzw. bei was kann ich meine Ressourcen einsetzen?“, „Was will ich bis wann erreicht haben?“).

Für alle Prozesse eines Lerncoaching ist wichtig, dass sie eingebunden sind in bestimmte didaktisch-methodische Ansätze des Lernens und Lehrens, so z.B. auch in Lern- und Lehrkonzepte hinsichtlich von Lernstrategien (vgl. de Jong, 2020). Auch erfolgt Lerncoaching mit einer klaren Zielsetzung, nämlich das Erreichen von Lernzielen zu unterstützen. Lerncoachingprozesse setzen dabei sowohl bei der individuellen Informationsverarbeitung als auch den das Lernen beeinflussenden zusätzlichen Faktoren an. Solche Faktoren sind: Motiviertheit, kognitive und emotioale Lernvoraussetzungen, Interesse am Inhalt, Vorwissen, aktueller emotionaler Zustand und situativer Lehr- und Lernkontext. Dies zeigt deutlich die Komplexität von Lernprozessen.

Nach Reinmann-Rothmeier / Mandl (1999) ist für individuelles Lernen und damit auch Lerncoaching wichtig:

- „Lernen ist nur über die aktive Beteiligung des Lernenden möglich, wozu auch Motivation und Interesse gehört.

- Bei jedem Lernen übernimmt der Lernende in unterschiedlichem Ausmaß Steuerungs- und Kontrollprozesse, so dass Lernen stets ein selbst gesteuerter Prozess ist.
- Ohne individuellen Erfahrungs- und Wissenshintergrund und eigene Interpretationen finden im Prinzip keine kognitiven Prozesse statt, weshalb Lernen als konstruktiver Vorgang zu verstehen ist.
- Lernen erfolgt stets in spezifischen Kontexten, so dass jeder Lernprozess auch als situativ gelten kann.
- Lernen ist schließlich immer auch ein sozialer Prozess: Zum einen sind der Lernende und all seine Aktivitäten stets soziokulturellen Einflüssen ausgesetzt, zum anderen ist jedes Lernen stets ein interaktives Geschehen." (Reinmann-Rothmeiner/Mandl, 1999)

Diese Aussagen sind zeitlos gültig, da sie grundlegende neurobiologische Erkenntnisse beinhalten. Besonders bedeutsam für das Lernen sind metakognitive Strategien, d.h. das Auseinandersetzen mit den eigenen kognitiven Prozessen bzw. eine reflexive Vorgehensweise beim Lernen. Dabei kommt sowohl dem Steuern von Aufmerksamkeit, Anstrengung und Ausdauer, der Selbstbewertung (Ursachenzuschreibung von Erfolg oder Misserfolg), der Erfolgszuversicht und Selbstwirksamkeiterwartung als auch der stimmigen eigenen Zielsetzung und deren Überprüfung große Bedeutung zu. Mit Hilfe des Lerncoaching soll bei den Coachees deren Kompetenzerwerb auch bei diesen Faktoren unterstützt werden. Lerncoaching hat Auswirkungen auf:

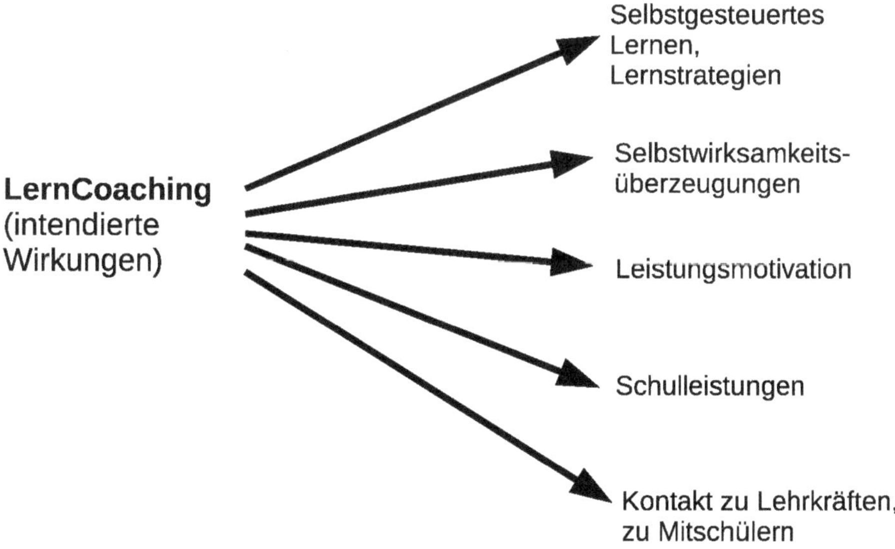

Im Folgenden sollen kurz zwei methodische Konzepte von Lerncoaching vorgestellt werden, das von Müller (2003) und das von Baeschlin/ Baeschlin (2000) sowie deren Wirkungen:

Müller, 2003	Baeschlin/Baeschlin 2000
Vorgehen	Vorgehen
Lerncoaching = individualisierter Unterricht, entsprechende Lernumgebung, Arrangements und Materialien sowie lösungsorientierte Interaktion zwischen Schüler(-innen) und Coachs Lernen in 3 Schritten: 1. Antizipieren 2. Partizipieren 3. Reflektieren.	Arbeit mit Wochenzielen; Einzel- u. Gruppengespräche, bei denen der Erfolg und erfolgreiche Strategien analysiert werden sowie neue Zielvereinbarungen getroffen werden.
Wirkungen	Wirkungen
Schüler(-innen): Gesamtkonzept mit der Kombination versch. Elemente trägt aus Sicht der Schüler(-innen) zur Verbesserung des Lernens, der Schulleistungen, des Selbstvertrauens	Allgemein positive Erfahrungsberichte; Mehrwert von Gruppengesprächen in Bezug auf neue Ideen zu Lernmethoden, Relativierung eigener Erfahrung; Befragung von Pädagog(-inn)en ergibt, dass Jugendliche mehr Verantwortung für sich übernehmen.

(Trüter-Jahr, 2015)

Beim Konzept von Müller gibt es zwei Formen von Unterricht:

- Den sogenannten Lernteam-Unterricht: In diesem arbeiten die Lernenden eigenständig an selbst gewählten Vorhaben;
- den Intensiv-Unterricht: In diesem wird in Niveaugruppen unterrichtet und dort systematisch jeweilige fachliche Kompetenzen aufgebaut (vgl. Müller, 2003).

Die Art und Weise des Lernens verläuft in drei Schritten:

1. Antizipieren: Die Lernenden reflektieren individuell, was sie schon können und was sie wie lernen wollen und visualisieren dies. Damit sollen jeweils klare Vorstellungen über das Ziel gewonnen werden, was erfahrungsgemäß Energien freisetzt. Den Lernenden stehen dazu

Flipchartpapier, Kompetenzraster, Checkliste und als Ansprechpartner der Coach zur Verfügung.

2. Partizipieren: In dieser Phase ist die je persönliche Relevanz des Themas und dessen Erfolgswahrscheinlichkeit entscheidend. Die Lernenden sollen sich den Lerninhalt zu eigen machen. Sie sollen Lern- und Arbeitstechniken sowie Lernstrategien einsetzen bzw. anwenden (siehe de Jong, 2020).
3. Reflexion: Hier reflektieren und würdigen die Lernenden ihre Arbeitsstrategien sowie das Lernergebnis. Sie dokumentieren dies z.B. im Lerntagebuch, einer Präsentation, einer Leistungskontrolle oder im Einzelgespräch mit dem Coach.

Die Lernenden erfahren bei diesem Konzept zum einen den systematischen Lehrgang mit direkter Instruktion und angemessener fachlicher sowie lösungsorientierter Präsentation. Zum anderen können sie ihre Selbstverantwortung in der überwiegend selbstgesteuerten Lernphase entfalten und so Selbstwirksamkeit erfahren, was nach Befragungen nachhaltig das Lernverhalten und die Schulleistungen verbessert sowie das individuelle Selbstvertrauen erhöht. Dadurch verbessert sich auch die Einstellung zum eigenen Lernen.

Das Konzept von Baeschlin/Baeschlin (2000) geht von einer systemisch-konstruktivistischen Grundhaltung sowie einem lösungsorientierten Vorgehen aus. Es ist ein strukturiertes Vorgehen mit Wochenzielen und Einzel- wie Gruppengesprächen im Format von Kurzgesprächen. Die jeweiligen Gespräche erfolgen kontinuierlich, wodurch eine hohe Präsenz des Coachs gegeben ist mit dem Ziel sowohl die individuelle Persönlichkeit von Kindern und Jugendlichen als auch deren Lernen zu fördern.

Bei den Einzelgesprächen sind ggf. auch Kriseninterventionen möglich. Wichtig ist, dass jedes Gespräch mit etwas positiv Geleistetem beginnt und erfolgreich erprobte bzw. angewandte Strategien herausgestellt und gewürdigt werden. Das Element des Bestätigens von Bemühen, Anstrengungsbereitschaft und überlegt eingesetzten Strategien fördert das Selbstvertrauen bzw. die Selbstwirksamkeit der Lernenden und öffnet Interesse an aufbauenden Zielen. „Wir wollen unseren Unterricht mit ihnen gestalten und sie in ihr Lernen einbeziehen. Sie müssen Betroffene werden, betroffen von ihrer eigenen Entwicklung, die sie gestalten – mit unserer Unterstützung." (Baeschlin/Baeschlin, 2000) Berlinger (2006) berichtet von den positiven Erfahrungen mit diesem Konzept.

Nach Pallasch u.A. (2008) hat ein Lerncoaching-Gespräch i.d.R. folgenden Aufbau:

1. Situations- bzw. Problemerfassung, u.a. Klären des Problems;
2. Zielformulierung, u.a. Teilzielentwicklung;
3. Situations- bzw. Problembearbeitung u.a. Bedürfnis nach Veränderung, Analyse des Lernproblems, planvolles Vorgehen,;
4. Lösungsfindung, u.a. Lösungsideen, Lernstrategien;
5. Vereinbarungen, u.a. konkrete, angestrebte Ergebnisse (vgl. Pallasch u.A., 2008).

Bei Punkt 3 können Coachees auch in einfühlsam fragender Form Anregungen und Hinweise erhalten, die auf ihre individuellen Bedürfnisse bzw. Bedarfe abgestimmt sind.

5.7.1 Lerncoaching - Fazit

Da Lernen ein äußerst komplexer Gegenstand ist, erfolgt eine Annäherung immer nur mit einem der Aspekte des Lernens. Beim Lerncoaching rückt insbesondere das Feld des ´selbstgesteuerten Lernens' in den Fokus. Das heißt, dass die lernende Person ihren Lernprozess aktiv steuert. Dabei wird das Lernziel bzw. dessen Teilziele bzw. die angestrebte Kompetenz aus einem Bedarf heraus festlegt und über methodisches und zeitliches Vorgehen sowie die Art der Beurteilung selber (mit)entschieden. Notwendige Maßnahmen für selbstgesteuertes Lernen sind kognitive, metakognitive und motivationale Strategien seitens der Lernenden. Vor allem sind metakognitiven Strategien bedeutsam für erfolgreiches Lernen. Somit sind die reflexiven Strategien zur Beobachtung des eigenen Lernhandelns wichtig für das Anwenden von Lernstrategien, zur Kontrolle des eigenen Lernens und damit zum Erreichen von Lernzielen (vgl. de Jong, 2020). Bei den motivationalen Strategien sind vor allem die Selbstwirksamkeitserwartung bedeutsam – d.h. der Glaube an die eigene Fähigkeit und die Überzeugung ein Ziel erreichen zu können - , ebenso die Leistungsmotivation: Diese umfasst die Wahl angemessener Zielsetzungen, interne und kontrollierbare Ursachenzuschreibungen und positive Affekte nach Erfolg. Das Lerncoaching will sowohl die metakognitiven als auch auf die motivationalen Strategien fördern bzw. entwickeln (vgl. Trüter-Jahr, 2015) .

5.8 Das „Innere Team" - Modell zur professionellen Selbstreflexion

Zunächst sei ein kurzer, das Wesentliche des Modells wiedergebender Text vorangestellt: Jeder Mensch hat in sich schon widerstreitende Gefühle und damit oft verbunden innere Unsicherheit erlebt. Schulz von Thun, ein Wissenschaftler, der die menschliche Kommunikation erforscht hat, nennt diese Vielstimmigkeit in uns das „Innere Team". Ein solches inneres Wahrnehmen der Stimmen wird erleichtert, indem diese Stimmen einen individuellen, zu ihrer Funktion bzw. ihrem Anliegen passenden Namen erhalten, z.B. „Zaghafte", „Geduldige" oder „Fordernde". Bildlich lässt sich dieses „Innere Team" als alle unsere inneren Persönlichkeitsanteile, z.B. Ängstliche, Antreiber, Zögerliche, Zielstrebige, Geduldige, usw. vorstellen. Ein bildliches Vorstellen der Mitglieder des „Inneren Teams" in Assoziation mit den jeweils zugeordneten Gefühlen ist für das Arbeiten mit dem „Inneren Team" hilfreich. Diese Persönlichkeitsanteile zeigen sich allgemein und situativ z.B. in unseren jeweiligen Temperamenten, Ängsten und Neigungen. Sie beeinflussen unser Denken und Verhalten, unsere Handlungen und Entscheidungen. Da streitet zum Beispiel „der Zögerliche" mit „dem Mutigen", ob eine private oder berufliche Gelegenheit wahrgenommen werden soll. In einem Coachingprozess können sich einzelne Teammitglieder z.B. „der Zielstrebige" mit „dem Geduldigen" hinsichtlich einer Intervention auseinandersetzen.

Ob bewusst oder meist unbewusst arbeitet jeder Mensch mit seinem „Inneren Team", indem ihm beim Nachdenken und Nachfühlen aus dem Langzeitgedächtnis die zur Situation passenden erfahrungsbezogenen Erinnerungen ins Bewusstsein kommen. Hilfreich ist es dabei, dass alle sich meldenden Mitglieder des „Inneren Teams" (alle Gefühle) ′gehört′, gewürdigt und ernst genommen bzw. mit ihrer Intention ins Bewusstsein gelangen und dort angemessen wahrgenommen werden. - Gefühle sind diejenigen Emotionen, die ins Bewusstsein dringen. -

Ist ein Mensch aufgrund von widerstreitenden Gefühlen noch unschlüssig, wie er sich entscheiden soll, ist häufig ein passender Ansatz dazu: „Ich werde noch darüber schlafen!" - Das Gehirn arbeitet gemäß seiner inneren Struktur und aller ihm zur Verfügung stehenden, abgespeicherten Erfahrungen im Schlaf weiter an einer Lösung! - Der stattfindende „innere Dialog" des „Inneren Teams" zusammen mit dem Verstand als „inneres, geistiges Oberhaupt" führt zu einer Selbstklärung. Letztlich findet bei eigener „Wahlmächtigkeit“ eine für den jeweiligen Menschen situativ stimmige, darauf aufbauende und bewusste Entscheidung statt.

Dieses Modell des „Inneren Teams“ bietet sich sowohl als „Instrument“ während eines Beratungs- oder Coachingprozesses als vor allem auch als „Tool“ zur Selbstreflexion z.B. nach einer Beratungs- und Coachingsitzung an. Um eine spezielle Situation genauer „anzuschauen“ kann auch eine Aufstellung der Mitglieder des „Inneren Teams“ hilfreich sein. Als selbstreflektierender Coach wird es so eher möglich mit sich selbst auf die Metaebene zu gehen, d.h. eine jeweilige Gegebenheit vor dem „inneren Auge“ aus einer „höheren Warte“ quasi von außen zu betrachten. - Soll dies gelingen, bedarf es einiger Übung und viel Geduld. -

Dabei werden z.B. Muster und passende bzw. unpassende Glaubenssätze usw. deutlich, was Ideen für mögliche Alternativen auslöst. Ein solcher spielerisch-kreativer Ansatz ist für viele Menschen zunächst ungewohnt, regt sie dann jedoch sehr an und führt oft zu verblüffenden Ergebnissen. Auch bewirkt das Arbeiten mit dem „Inneren Team“ i.d.R. ein besseres Gespür für sich selbst und erweitert den eigenen Handlungsspielraum.

Hilfreich ist es, die in einer z.B. kritischen oder besonders gelungenen Situation aktiven und miteinander „kommunizierenden“ inneren Teammitglieder mit ihren Namen und ihren „Sprechanteilen“ aufzuzeichnen. Die nachfolgende Grafik gibt dazu ein Beispiel: Es steht eine mehr oder weniger große Herausforderung auch in zeitlicher Sicht an.

(eigener Entwurf)

Nicht immer besteht die Möglichkeit nach überraschenden oder kniffligen Coachingsituationen Kontakt zu Kolleginnen / Kollegen aufzunehmen oder sich unmittelbar im Gespräch auszutauschen. Hier bietet das Modell des „Inneren Teams“ eine Möglichkeit als „Tool“.

Das Modell des „Inneren Teams“ kann in folgender Weise z.B. nach einer Coachingsitzung zur Reflexion des zuvor stattgefundenen professionellen Handelns eingesetzt werden:

- „Vor der Sitzung: zur Bestandsaufnahme der eigenen inneren Ausgangslage;
- während der Sitzung: zur Wahrnehmung der inneren Resonanz auf den Klienten und sein Anliegen;“ (Zoller, 2014)
- nach der Sitzung: zur Reflexion der eigenen Gefühle bzw. Emotionen d.h. mit ausgewählten inneren Anteilen sowie des eigenen Verhaltens und Handelns (vgl. Zoller, 2014).

Sie kennen die verschiedenen Möglichkeiten, die das Einnehmen der Metaebene bietet: Z.B. Perspektivwechsel, Strukturbild zeichnen, Aufstellung mit Figuren, Blick von außen durch eine andere Person. Sie können diesen „Blick von außen“ selbst vornehmen, indem Sie gedanklich durch die „Brille“ einer Ihnen in ihrer Haltung, ihren Überzeugungen und markanten Sichtweisen gut bekannten und für Sie bedeutsamen Person auf ihre Situation blicken, z.B.: „Was würde sie mir auf meinen Situationsbericht hin sagen? Worauf würde sie meine Aufmerksamkeit lenken?“. Hierzu könnten Sie sogar zwei Stühle einander gegenüber stellen und durch Umsetzen in beide Rollen schlüpfen (Erzählen, Fragen bzw. Antworten, Hinweisen), was nicht nur einen Rollenwechsel im Kopf, sondern auch räumlich bewirkt und so eine Identifikation verstärkt. Haben Sie Freude an solchen Rollenwechseln und können Sie sich gut in die bekannte Person hineinversetzen, können Ihnen vielfältige Gesichtspunkte und Ideen aus diesem Perspektivenwechsel erwachsen.

Mit dem Modell des „Inneren Teams“ eröffnen sich verschiedene Perspektiven für die Selbstreflexion als Coach, da dem „Inneren Team“ schon die Perspektivenvielfalt zugrunde liegt. Mit dem Modell lässt sich zudem lösungs- und erkenntnisorientiert arbeiten: „Wie kann ich mit ... klarkommen“?, „Was fühlte ich mich in der Situation ... ?“.

Arbeite ich mit mir selbst mit dem „Inneren Team“, so eröffnet sich eine breiterere Sichtweise; denn bei der Konferenz meiner inneren Teammitglieder kommen alle zu „Wort“, werden „gehört“, wertschätzend behandelt und bedingungslos gewürdigt. Was Sie bei den von Ihnen beratenen Personen anregen und anwenden, das ist in der Lage auch für Sie selbst hilfreich zu sein.

In Ihrer Vorbereitung auf eine Beratungs- oder Coachingsitzung bringen Sie ihre Gedanken, Gefühle und Ihr körperliches Befinden ein. Dies gilt auch für jede der von Ihnen geleiteten Sitzungen, schließlich sind Sie ein lebendiges Wesen. Die in der Vorbereitung investierte Zeit der Selbstreflexion bietet eine wertvolle Ressource, die sie auch in der nachfolgenden gemeinsamen Sitzung z.B. mit einem/einer Coachee einbringen. „Wenn mir meine innere Ausgangslage zu Beginn einer Sitzung bewusst ist, kann ich besser differenzieren, welche der auftauchenden Gedanken und Gefühle ich bereits mit in die Sitzung gebracht habe und welche im Sinne einer Gegenübertragungsreaktion möglicherweise mit dem Klienten, mit seinem Thema oder mit unserem Kontakt zu tun haben. [...] Gedanken, Gefühle, Bedürfnisse und Impulse werden so zu Ressourcen, die ich je nach Qualität und Ausprägung sowohl für meine Psychohygiene als Coach als auch für die weitere Arbeit mit nutzen kann.“ (Zoller, 2014)

Während einer Beratung bzw. eines Coaching steht die Anliegenbearbeitung im Fokus. Zugleich ist jede Beratung bzw. Coaching eine Begegnung zwischen zwei Menschen. So ist ein Coach zum einen fachkundig und zum andern wird einfühlsam die je eigene Wahrnehmung und Sichtweise eingebracht z.B. in Form von Erfahrungen. Persönliche Beiträge, bewusst gesetzt und sparsam eingebracht, können einen Prozess bereichern. Hier geben persönliche, innere Resonanzen auf den/ die Coachee, das angesprochene Thema und das Klima bzw. beiderseitige Geschehen Hinweise, z.B.: „Welche Teammitglieder meines ´Inneren Teams´ melden sich, in welcher Weise?“, „Welche Gefühle, Gedanken und Impulse ´melden´ sich bzw. tauchen auf?“, „Welche Atmosphäre ´verbreitet´ seine/ ihre Gegenwart?“, „Wie ist mein Bezug zum Anliegen?“, „“Wie wirkt das erkennbare Verhalten auf mich?“.

Ein Coach sollte sich ggf. auch als Mitmensch zeigen, in angemessener Weise einfühlsam Anteil nehmen und ein inneres Berührtsein passend verbalisieren. Hierdurch wird ein Coach auf besondere Weise für z.B. eine(n) Coachee zu einem greifbaren, persönlichen Gegenüber mit personspezifischen Sichtweisen, die als Angebot ggf. nutzbar sind. Wichtig dabei ist, dass ein Einbringen persönlicher Erfahrungen zu keiner Irritation bei der zu beratenden Person führt. Will heißen, persönliche Beiträge des Coachs müssen verantwortlich und abhängig sowohl in situativer als auch personbezogener Hinsicht erfolgen. Entscheidend ist, wann, was und wie Beiträge geäußert werden. Das Modell „Inneres Team“ „bietet dem Coach eine gute Möglichkeit, seine innere Resonanz auf eine wenig störungsanfällige Weise in den Kontakt einzubringen. Dem Klienten bleibt offen, ob er sich damit beschäftigen will, ob er die Resonanz aufgreifen oder lieber übergehen möchte, weil sie für ihn gerade nicht anschlussfähig ist. [...] Der Klient kann entscheiden, ob und wie er darauf reagieren will. Vielleicht greift er das Gesagte auf [...] oder lässt die Äußerung des Coaches einfach verstreichen“ (Zoller, 2014), weil sie für ihn aktuell nicht passt. Zoller (2014) schildert eine Coachingsitzung mit einem sehr kritischen und teilweise rigiden Klienten. In dieser Sitzung machte sich bei ihr eine Mischung aus innerer Distanz, Ärger und Sorge, etwas falsch zu machen breit und sie befürchtete Gegenübertragungen. In dieser Situation half ihr das „Innere Team“, indem es ihr gelang, ihre innere „Reaktion als wertvolle

Information über die Situation willkommen zu heißen, und sie“ dem Coachee „so anzubieten, dass er sie nicht aus Selbstschutz entwerten oder ablehnen muss. Darin kann eine wertvolle Erkenntnis- und Entwicklungschance für den Coachingprozess stecken. [...] Das ′Innere Team′ kommt in doppelter Weise zur Anwendung: Im ersten Schritt hilft es mir, mich selbst zu sortieren und zu verstehen: Was löst das Verhalten bei mir aus? Wie fühle ich mich Herrn ′X′ gegenüber? Wo geht bei mir eine innere Tür auf, wo mache ich eher zu? Folgende Teammitglieder melden sich zu Wort:

- die Fehler-Ängstliche: » Bloß nicht selbst in die Schusslinie geraten. «
- die Ärgerliche: » Gute Güte, der sitzt auf einem ganz schön hohen Ross ! «
- die Mitfühlende: » Wie anstrengend muss das für ihn und seine Kollegen sein. «

Obwohl ich selbst ja gar nicht die Verursacherin des Ärgers bin, bekomme ich einen prägenden Eindruck davon, wie es sich anfühlen mag, der Reaktion von Herrn ′X′ direkt ausgesetzt zu sein. [...] Die Teammitglieder wahrzunehmen, ohne mich von einem von ihnen hinreißen zu lassen, ist eine Herausforderung. Dafür brauche ich die Fähigkeit, innerlich ein Stück auf Abstand zu gehen, mich von ihnen zu disidentifizieren. Disidentifikation (als ergänzende Fähigkeit zur Identifikation) ist eine notwendige Voraussetzung, um meine innere Resonanz als Ressource für den Coachingprozess nutzen zu können: Ich kann entscheiden, wen meiner Teammitglieder ich gegenüber dem Klienten sprechen lasse und wen ich besser zurückhalte.“ (Zoller, 2014) Im von Ihnen geleiteten Coachingprozess entscheidet Ihr „Ich“ bzw. Ihr „geistiges Oberhaupt“, d.h. Ihr Verstand in Ihren Äußerungen über die situativ erforderliche stimmige Balance von Offenheit und Vorsicht bzw. Distanz. Das bedeutet, dass Sie in jedem professionellen Coachingprozess sowohl Beobachtende / Beobachter (Metaebene: 360^0-Beobachtung) als auch Handelnde(r) sind.

In komplexen Situationen ist dies oft schwer. Dann ist es besser in freundlicher, einfühlsamer Weise, jedoch mit (bildlich gesprochen) einem großen, flauschig weich gefüllten und mit festem Überzug versehenen „Herz“ als Abgrenzung auf Distanz zu gehen bzw. zu bleiben: Eine solche Situation ist dann Thema für eine eigene Supervision bzw. eine Reflexion nach der Sitzung (vgl. Zoller, 2014). Je nach eigener Situation und Gefühlslage gelingt es mehr oder weniger gut sich selbst wahrzunehmen und in kritischen Momenten auf Distanz zu gehen. Das häufige Arbeiten mit dem eigenen „Inneren Team" schafft Vertrautheit mit den je eigenen Emotionen und Gefühlen. Sie werden zunehmend selbstsicherer, beweglicher und gelassener sowie geduldiger mit sich selbst. Sie können so auch zunehmend besser mit eigenen, heiklen Anteilen umgehen bzw. diese als Teil Ihrer Persönlichkeit integrieren. Dies steigert ihre Selbstorganisations- und Handlungsfähigkeit deutlich. Auch überträgt sich dies auf den/die Coachee; denn Sie agieren souveräner, humorvoller und geduldiger aus ihrer „inneren Mitte" heraus.

Sie können so mit Hilfe von Perspektivenwechsel und dem Arbeiten mit Ihrem „Inneren Team" Ihre aktuelle Wahrnehmung würdigen und zugleich Differenzen dazu akzeptierend sehen. Sie gewinnen als Coach ein klares Rollenbewusstsein, welches hilft die eigenen Möglichkeiten, Ihre Grenzen und Ihr Selbstverständnis klar zu bestimmen. Das engagierte Einbringen fachlicher Expertise und ein klares Rollenbewusstsein sind die zwei Seiten derselben ´Medaille´: Sie können flexibel situationsbezogen zwischen beiden wechseln und so „für den Lösungsdruck der Klientin interessieren, ihn erkunden und verstehen", jedoch „ohne sich davon unter Druck setzen zu lassen." (Zoller, 2014)

Oft ist es sinnvoll, eine aktuell gefühlte Resonanz über den „Team-Filter" wahrzunehmen und die direkte Äußerung auf die Folgesitzung zu verschieben, um sich in Ruhe gründlich darauf vorzubereiten. Beim Ansprechen aus der Retrospektive kann z.B. eine aktuelle emotionale Brisanz eher durch die zeitliche und räumliche Distanz gemindert sein. Das Auseinandersetzen des/der Coachee mit dem eigenen Verhalten kann bei passender Wortwahl des Coachs dann meist besser gelingen.

Nach einer Beratungs- oder Coachingsitzung ist eine ´nachlaufende´ Selbstreflexion bzw. ein Nachbereiten als <u>erster Schritt</u> angesagt z.B.: „Wie fühle ich mich?", „Gibt es etwas, was mich beschäftigt?", „Welche Gefühle stellen sich ein?", „Wie sind meine Körpergefühle?". Es geht dabei zuerst um ein inneres Gewahrwerden. Für ein solches inneres Gewahrwerden ist das „Innere Team" hilfreich: „Welche Teammitglieder melden sich?". Zoller benennt beispielhaft fünf Teammitglieder, die für eine nachbereitende Reflexion bedeutsam sind:

- Die/der Auftragsorientierte,

- Die/der Unterschiedsbewusste,
- Die/der Würdigende,
- Die/der Wundernde,
- Der/die Stimmungsorientierte (vgl. Zoller, 2014).

Zu Auftragsorientierte: Jeder Beratungs- oder Coachingprozess beginnt mit einem Klären des Auftrags bzw. Anliegens. Oft ist dies ein mehr oder weniger präzise formuliertes Entwicklungsziel oder eine Problembeschreibung. In jedem Fall muss in der ersten Sitzung zusammen mit der zu beratenden bzw. zu coachenden Person eine klare Zielsetzung gefunden und festgehalten werden, sodass auch konkret erkennbar ist, wenn diese erreicht ist. Der/die Auftragsorientierte hat den Blick darauf bzw. überprüft, ob am formulierten Ziel bzw. zumindest hin zum Zielbereich gemeinsam gearbeitet wird.

Zu Wundernde: Die Aufgabe dieses Teammitglieds ist es, (vordergründig) Selbstverständliches infrage zu stellen und so wichtige Fragen aufzuwerfen. Vor allem in der Retrospektive rückt so jedes möglicherweise übersehene Detail in den Blick.

Zu Unterschiedsbewusste: Das menschliche Gehirn nimmt bei jeder Information vor allem Unterschiede wahr, da hierdurch Bedeutungen sichtbar werden. Jeder Mensch selektiert und übergeht bzw. übersieht das eine oder andere verbale oder körpersprachliche Signal. In Beratungs- und Coachingprozessen ist es oft erforderlich, „jeweils greifenden Unterscheidungen auf die Spur zu kommen. [...] Die Unterscheidungsbewusste hilft mir nach einer Sitzung, mir meiner eingenommenen Perspektive bewusst zu werden und in der Retrospektive gezielt eine andere Unterscheidung zu treffen,“ (Zoller, 2014)

Zu Würdigende: Würdigende können sowohl im ´Innendienst´ als auch im ´Außendienst´ tätig sein. Im ´Innendienst´ richten sie die Aufmerksamkeit auf mich selbst, z.B. „Was ist gut gelungen?“, „Wo besteht noch Ausbaubedarf?“. Im ´Außendienst´ richten Würdigende den Fokus des Wahrnehmens auf Ressourcen bzw. Stärken sowie vorhandene bzw. aktivierbare Kompetenzen der/des Coachee. Das Würdigen hat eine nachhaltige Funktion: Es knüpft an den Wunsch jedes Menschen an nach positivem Beachtetwerden und nach Wertschätzung. Vielfach hat ein(e) Coachee schon vor der Beratung bzw. dem Coaching mehrere eigene, oft intensive Versuche einer Lösungsfindung bzw. einem Weg dorthin unternommen, leider ohne Erfolg. Um so wichtiger ist es, dass im Coachingprozess dieses Bemühen und Anstrengen gesehen und gewürdigt wird. Dies hebt nicht nur das Selbstwertgefühl, sondern eröffnet oft erst einen Zugang zur Person des/der Coachee und damit eine konstruktive Mitarbeit im Entwickeln und Erproben von Lösungsansätzen. Andernfalls wächst schnell Reaktanz. Beim Nachbereiten einer Sitzung verhilft das Teammitglied ´Würdigende´ dabei meine Aufmerksamkeit auf Ressourcen und Stärken des/der Coachee zu richten und diese durch entsprechende Settings erfahrbar werden zu lassen.

Zu Stimmungsorientierte: Der/die Stimmungsorientierte entfaltet eine Wirkung sowohl im Vorbereiten als auch Nachbereiten von z.B. Coachingsitzungen. Dieses Teammitglied gibt wertvolle Hinweise auf jeweilige Gefühle und auch darauf, inwieweit ich noch in meiner „Mitte" bin. Dies hilft auf die eigene innere Balance zu achten bzw. Maßnahmen zu ergreifen, um diese wieder zu gewinnen (z.B. Achtsamkeitsübungen, leichte sportliche Aktivitäten). Auch die gefühlte bzw. erlebte Atmosphäre am Ende einer Beratungs- oder Coachingsitzung rückt so in den Blick, was für ein Anliegen bedeutsame Informationen beinhalten kann.

Im zweiten Schritt wird die vergangene Sitzung nochmals vor „dem geistigen Auge" durchgegangen: „Was fällt mir dazu ein?", sodass damit verbundene bedeutsame Themen bewusst werden. Im dritten Schritt werden die gemachten Notizen der Sitzung durchgesehen und ggf. ergänzt bzw. Anmerkungen dazu gemacht. Hinweis: Die Blätter des Blocks für die Notizen sollten, eine 2/3-Teilung haben, sodass noch 1/3-Breite für Anmerkungen verbleibt. Wichtig: Anmerkungen sind rein beschreibend abgefasst!

5.9 Das „Drama-Dreieck" - ein mentales Präventionsmodell

In Beratungs- oder Coachingprozessen besteht die Intention, nach bestem Wissen und Können einem anderen Menschen dabei zu helfen, bestehende Situationen oder Probleme besser bewältigen, verarbeiten oder lösen zu können. Dieses Annehmen, Beraten, Helfen oder Bestärken ist für die beratende bzw. coachende Person i.d.R. mental sehr anspruchsvoll. Die beratende bzw. coachende Person steuert zwar die Prozesse, ist dabei jedoch sowohl psychisch als auch physisch in den jeweiligen Prozess einbezogen. Dies geschieht über eigene Resonanzen die unabdingbar sind um einen Beratungs- oder Coachingprozess mit dem/der

Coachee passend gestalten zu können. Die zentrale Frage in Beratungs- und Coachingprozessen ist, wie kann es gelingen die für mich, z.B. als Coach, stimmige dynamische Balance von Nähe und Distanz zu halten bzw. möglichst rasch wieder zu gewinnen? Konkreter ausgedrückt: Wie gelingt es mir in kritischen Situationen bei hohem eigenem Resonanzlevel eher, in einer Art „innerer Not" präventiv „handelnd", mich selbst wieder in meine „mentale Mitte" zu begeben bzw. in deren engerem Umkreis zu verweilen? Dies ist bedeutsam, um bei der/dem Coachee passend intervenieren zu können und damit weiterhin handlungsfähig zu sein. Ist ein solcher eigener Resonanzlevel aufgrund der Kenntnis meiner selbst situativ wahrscheinlich stellt sich die Frage: „Wie kann ich mich besser darauf mental vorbereiten?". Hierzu gibt die Transaktionsanalyse im Teil des „Drama-Dreiecks" konkrete Anregungen.

Zunächst soll das Strukturmodell der Transaktionsanalyse für ein besseres Verständnis kurz vorgestellt werden: Die Transaktionsanalyse geht auf den amerikanischen Psychiater Berne zurück, der damit eine Theorie der menschlichen Persönlichkeit entwickelte. Einer ihrer Schwerpunkte ist die Art und Weise der menschlichen Kommunikation, d.h. zum einen ein besseres Verständnis und zum andern das entwicklungsbezogene Betrachten derselben. Diese beiden Aspekte sind z.B. für obige Fragen tragend. Die grundlegende Struktur stellt folgende Grafik dar:

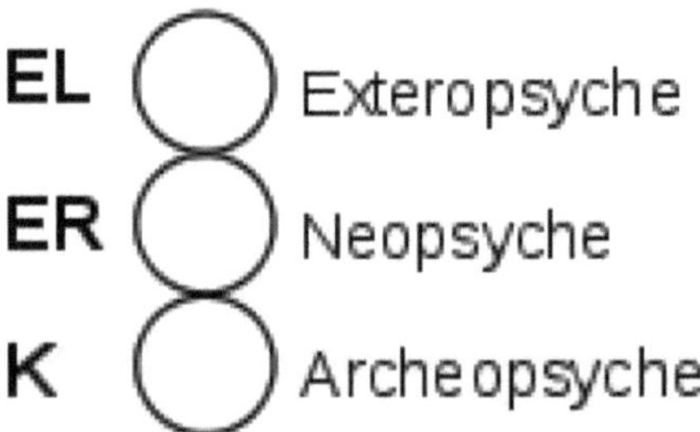

Die einzelnen Strukturteile haben folgende Bedeutung:

- **EL** = Eltern-Ich-Zustand: Das Fühlen, Denken und Handeln wurde von Autoritätspersonen früher (Eltern) oder gegenwärtig übernommen.
- **ER** = Erwachsenen-Ich-Zustand: Das Fühlen, Denken und Handeln in der Gegenwart wird nach den Gesichtspunkten der Situation und der Realität selbst und bewusst entschieden.

- **K** = Kind-Ich-Zustand: Ein Mensch fühlt, denkt oder handelt, wie er es als Kind auf Grund seiner Lebenssituation unbewusst oder bewusst beschlossen hat zu tun.

Arbeiten in einem Beratungs- oder Coachingprozess der Berater / die Beraterin bzw. der Coach mit einer/einem Coachee zusammen, so bringen beide in ihrem Erleben und Verhalten wechselnde Ich-Zustände in diese Beziehung zwischen den Personen ein. Die Beziehung wird durch die „Transaktionen“ (Interaktionen) in den jeweiligen „Zuständen“ der individuellen Personen beeinflusst bzw. gesteuert. Entsprechend diesem Modell sind folgende Verhaltensweisen von Personen möglich. Fragen bzw. Anworten aus dem Bereich:

- fürsorglich oder kritisch (Eltern-Ich-Zustand);
- der Situation angemessen und logisch (Erwachsenen-Ich-Zustand);
- natürlich oder angepasst oder rebellisch (Kind-Ich-Zustand).

Auf der Kommunikationsebene spricht so z.B. eine Person in ihrem Erwachsenen-Ich und erreicht die andere Person in deren Kind-Ich aus der diese auch antwortet. In anderen Situationen ergeben sich andere Kommunikationsmuster, z.B. Spricht eine Person im fürsorglichen Eltern-Ich und erreicht die andere Person im rebellischen Kind-Ich, aus dem auch geantwortet wird. Jedes Mal bewirkt das Kommunikationsmuster etwas anderes und hat zugleich immer etwas mit den beiden kommunizierenden Personen und ihrer Art zu kommunizieren zu tun.

Durch das Erkennen von Kommunikationsmustern besteht die Möglichkeit, mehr Klarheit über die Beziehungsebene zwischen den Beteiligten zu erhalten: Aus welchem „Ich-Zustand“ spricht bzw. antwortet eine Person? Die Transaktionsanalyse strebt damit eine stimmige Akzeptanz der eigenen Person an, sodass auch ggf. ein Verändern des je eigenen (gewohnten) Verhaltens unter Erhalten der eigenen psychischen Stabilität möglich ist. Dieses Erkennen der Transaktionen eines Gegenüber sowie der eigenen Resonanzen darauf bewirkt Klarheit der je eigenen Gefühle und Wertungen. Zugleich verhilft diese Kenntnis, einfließend in die eigenen Transaktionen (z.B. durch passende Fragen), dem Gegenüber mehr eigene Handlungsperspektiven bzw. -möglichkeiten zu gewinnen.

Mit Hilfe des Strukturmodells der TA lassen sich die eigenen Kommunikationsmuster eher und besser „von außen“ betrachten (Metaebene) und bei Bedarf situativ passend verändern.

Das „Drama-Dreieck“ ist ein Kommunikationsmuster, das es so früh wie möglich zu erkennen gilt, um sich und z.B. den/die Coachee daraus zu ´befreien´; denn es führt für beide Beteiligte in eine fatale Sackgasse. Im „Drama-Dreieck“ gibt es drei Rollen: Verfolger, Opfer und Retter. Gührs / Nowak nennen verschiedene Beispiele u.a. dieses aus Sicht eines Coaches: „Nachdem ich mich den Tag über in meiner Beratungsstelle mit den Problemen anderer abgemüht, für sie gedacht und Verantwortung übernommen habe (Retter), schimpfe ich nach Feierabend im Bekanntenkreis über die Unselbständigkeit dieser Menschen (Verfolger), um schließlich abends todmüde ins Bett zu fallen und darüber zu sinnieren, wie sehr ich doch von allen ausgenutzt werde (Opfer).“ (Gührs /Nowak, 1990) Im Beispiel wird deutlich wie fatal die jeweiligen Ich-Zustände für diesen Coach sind.

„Verfolger“ befinden sich meist im kritischen Eltern-Ich oder im rebellischen Kind-Ich. „Retter“ handeln meist aus der Haltung des nährenden Eltern-Ich heraus, sind fürsorglich und harmonisierend. „Opfer“ haben meist den Ich-Zustand des angepassten Kindes (vgl. Gührs / Nowak, 1990). Auffallend ist, dass beim „Drama-Dreieck“ der Ich-Zustand des Erwachsenen-Ich fehlt. Oft „zeigt“ es sich jedoch durch ein aufkommendes, eigenes, irgendwie dumpfes, mulmiges Gefühl, das warnende Signale setzt: „Hier stimmt irgend etwas nicht!“, ein konkretes Zuordnen ist jedoch (noch) nicht möglich.

Ein mehr oder weniger deutliches Indiz für die Gefahr des Beginnens eines „Drama-Dreiecks“ ist es, dass beteiligte Personen zum einen nach symbiotischen Beziehungen streben. Zum andern beziehen beteiligte Personen „ihre Existenzberechtigung und ihr Selbstverständnis aus dem Zusammentreffen komplementärer Positionen, d.h. Retter und Opfer sowie Verfolger und Opfer ebenso Retter und Verfolger benötigen sich gegenseitig.“ (Gührs/Nowak, 1990) Allen gemeinsam ist eine „getrübte Sicht der Wirklichkeit, die sich in einer Abwertung bzw. Übertreibung eigener oder fremder Stärken und Schwächen äußert.“ (Gührs/Nowak, 1990) Wichtig zu wissen ist, dass jeweilige Rollen und deren Besetzen für eine Person bestimmte, psychisch vordergründig ´angestrebte´ und ´nützliche´ Nebeneffekte erfüllen:

Ein Mensch in der „Retterrolle“ genießt die soziale Anerkennung sowie die Bewunderung und die gefühlte Abhängigkeit des Opfers. Das Verhalten geschieht ohne emotionale oder partnerschaftliche Nähe jedoch mit hoher sozialer Kontrolle (Machtgefühl). Retter „glauben sich erst dann gute Gefühle gestatten zu dürfen, wenn sie es geschafft haben, dass es allen anderen gut geht“ was oft zu „verstärkten Opfergefühlen“ führt (vgl. Gührs/Nowak, 1990). Retter denken an sich selbst zuletzt, eine Tragik! Retter und Verfolger stimmen darin überein, dass alle anderen unzulänglich oder unfähig seien. Ebenso fühlen sich beide in ihrem tiefsten Inneren als unzulänglich bzw. nicht in Ordnung (Ich -). Denken und Fühlen sind diametral zueinander.

Ist eine Person in der „Verfolgerrolle“ besteht das Streben nach Kontrolle über andere. Sie versucht damit andere Menschen dominierend zu beeinflussen. Mit diesem Verhalten erwirbt ein Verfolger bestenfalls Respekt. Eine solche Person ist oft von „Schmeichlern“ umgeben. Das Kontrollieren und Abhängighalten anderer übertüncht das unerträgliche Gefühl, dass ihn niemand um seiner selbst willen achtet oder liebt, was bewirkt, dass es sein Ziel ist, immer der Größte zu sein; ein oft fatales, anstrengendes und einsam machendes Lebenskonzept.

Ein Mensch in der Opferrolle erfährt anstrengungslos weitgehend ohne eigene Aktivität und Verantwortung viel positive und negative Zuwendung. Die Zuwendungweise der anderen Rollenträger sind ambivalent: Einerseits Beachtung und Hilfe durch den Retter, andererseits Demütigung und Verachtung durch den Verfolger. Das Motto einer Person in der Opferrolle könnte lauten: „Ich muss nur recht hilflos und klein wirken, alle Schuld auf mich nehmen und mich abwerten, dann werde ich von den anderen das erhalten, was ich zum Leben brauche!“ Eingehandelt wird dadurch ein hoher Grad an Fremdbestimmtsein, von Außenkontrolle und Übergangenwerden, was eine Person in der Opferrolle niedergedrückt und kraftlos erscheinen lässt. „Erscheinen“ deshalb, weil Opfer oft versuchen bei anderen nachdrücklich Schuldgefühle zu erzeugen, um dann daraus Machtgefühle zu gewinnen.

Letztlich bewirkt das Betreten bzw. sich Einlassen in das „Drama-Dreieck“, dass sich alle Beteiligten im „Opfermodus“ befinden, d.h. psychisch unter Opfergefühlen leiden.

Merkmal ist, dass in einem „Drama-Dreieck“ eine zwar intensive, jedoch meist negative Zuwendung stattfindet. „Der Verfolger denkt von sich, dass nur er recht hat (Ich +) und die anderen unfähig oder Idioten sind

(Du -). Der Retter stellt an sich selbst den Anspruch alle Last der Welt - bevorzugt ungebeten - tragen zu müssen (und auch zu können) sowie zu wissen, was für die anderen gut und richtig ist (Ich +). Die anderen sind zwar lieb und nett, aber ohne ihn und seine Hilfe nicht lebensfähig (Du -). [...] Das Opfer lebt in der festen Überzeugung eigener Hilflosigkeit und Unfähigkeit (Ich -). Die anderen dagegen sind stark und lebenstüchtig und sollen ihm bei der Lebensbewältigung helfen und Verantwortung übernehmen (Du +) Oder die anderen sind schuld an seinem Elend, weil sie so unbarmherzig und verständnislos sind (Du -)." (Gührs/Nowak, 1990)

Für eine Beraterin / einen Berater oder Coach entscheidend zu wissen ist: Widerstehe einer Einladung zum „Drama-Dreieck" bzw. weise eine dazu führende Einladung zurück, so fällt dieser problematische „Weg" in sich zusammen und wird verhindert! Solche ´Einladungen´ enthalten verbal meist Aussagen, in denen oft Wörter wie „immer" oder „jedesmal", „keiner", „nie" oder „niemand", „alle" usw. verwendet werden. Menschen in einer der drei Rollen im „Drama-Dreieck" bewegen sich mental in der Vergangenheit (vgl. Stewart / Joines, 1990).

Das Vermeiden des Beginns eines „Drama-Dreiecks" setzt am Verhalten der Beraterin / des Beraters bzw. des Coachs an: Wichtig und zielführend ist ein konsequent ressourcen-, lösungsorientiertes und wertschätzendes, respektvolles Verhalten bzw. Vorgehen (siehe oben) aus dem eigenen Erwachsenen-Ich heraus und dazu Struktursetzungen, z.B. passende, offene und zu Eigenaktivität anregende bzw. auffordernde Fragen oder Impulse. Hierdurch ergeben sich Alternativen, die das Geschehen vor oder in der Situation „Drama-Dreieck" unterbrechen und andere Sichtweisen eröffnen (vgl. Stewart / Joines, 1990). Der/die Hilfesuchende soll im Hier und Jetzt in Kontakt mit sich selbst, den eigenen Kompetenzen und Fähigkeiten kommen, um selbst in kleinen Schritten bzw. Erfolgen zunehmende Unabhängigkeit bzw. Handlungswirksamkeit zu erfahren. Ein wichtiges Ziel ist, bei und mit einer Person deren Denken, Fühlen und Verhalten in Richtung innerer Balance zu bringen durch klare, einfühlsame und wertschätzende Interaktionen sowie ggf. klaren und deutlichen sowie freundlichen Ansagen.

6 Methoden bei Beratung und Coaching

In den nachfolgenden Kapiteln werden Ansätze vorgestellt, die sowohl in Beratungs- als auch Coachingprozessen als ´Methoden´ beim gemeinsamen Bearbeiten von individuellen Problemen mit Blick auf passende Lösungen und Strategien hilfreich sein können.

6.1 Resonanzbildmethode

Eine wesentliche Frage ist, wann für einen Menschen bestimmte Gegebenheiten zu einem Problem werden? Dies tritt dann auf, wenn in (einem Teil) seiner für ihn bedeutsamen Umwelt Veränderungen auftreten, die mit vorhandenen kognitiven Schemata weder zu passenden Erlebnissen bzw. Erfahrungen führen noch als Orientierungsmodelle für das stimmige, situative Handeln dienen können. Anders gesagt: Wie geht ein Mensch mit unpassenden ´Schlüsseln´ für das Erschließen bedeutsamer, annehmbarer bzw. erwünschter Wirklichkeiten um (vgl. Kiel, 2016)? Welche Möglichkeiten bestehen für einen Menschen bei situativ unpassender kognitiver Struktur (Annahmen, Überzeugungen, Haltungen), um wieder zu einer sinnvoll erlebten Wirklichkeit zu gelangen? Die Antwort steckt schon in der Frage: Das Problem sind die subjektiven Annahmen, Überzeugungen und Haltungen bzw. das subjektive Konstrukt von Wirklichkeit, an denen aus welchen Gründen auch immer trotz erfahrener unpassender, widersprüchlicher Erlebnisse am ´alten´ subjektiven, ungangbaren und nicht zielführenden geistigen Konstrukt bzw. Schemata festgehalten wird.

Nach Watzlawick sind zwei Lösungen individuell möglich:

- Lösung erster Ordnung: Es wird durch „mehr desselben" versucht ein Geschehen zu bewältigen (quantitatives Verändern der Parameter): Das bisherige kognitive Schema steuert die jeweilige, aktuelle (unpassende) Sichtweise (negativer Regelkreis). Wird kein Erfolg erzielt und die Sichtweise aufrecht erhalten, so kann sich ein Verfestigen als zukünftiges Problem entwickeln. Lösungen erster Ordnung reichen meist dann aus, wenn ein relativ stabiles Umfeld besteht.
- Lösung zweiter Ordnung: Die bisher vorhandenen Annahmen, Überzeugungen und Haltungen werden überdacht, verändert und dann erprobt im Sinne von „etwas anders machen", sodass sich neue Sicht- und Denkweisen ergeben (qualitative Veränderung). Die kognitiven Schemata verändern sich; neue Schemata entwickeln sich (positive

Rückkopplung). Eine Lösung zweiter Ordnung ist erforderlich, wenn die Kohärenz des Systems gefährdet ist. Ziel ist der Erhalt der Flexibilität und Funktionalität des eigenen geistigen Systems, um so erneut eine stabilere dynamische Balance von Erlebniswelt bzw. Wahrnehmung und kognitiven Schemata zu erringen.

Damit ein Mensch von einer Lösung erster Ordnung, auch wenn sich eine solche negativ auswirkt, wegkommen kann, sind Interventionen durch Informationen erforderlich. Informationen müssen für einen Menschen wahrnehmbar sein, d.h. es müssen über die Sinneskanäle Signale eintreffen, die einen individuell bestimmten Schwellwert überschreiten (sinnesspezifische Unterschiedsschwelle). Bestehende geistige Schemata in Bereichen von Kommunikation, Organisation, Denken, Lernen und Entwicklung verändern bzw. bilden sich nur neu durch Information.

Interventionen intendieren ein Verändern von subjektiven Wirklichkeitskonstruktionen durch Informationen im Sinne von Bilden und Wahrnehmen von Unterschieden, d.h. durch mentales Vergleichen und Bilden neuer Vorstellungen. „Wie diese Informationen sich auswirken, hängt demnach in erster Linie nicht von den Absichten der Intervention, sondern von der Operationsweise und den Regeln der Selbststeuerung des Systems ab, in das interveniert werden soll." (Luhmann,1992) Damit kommt zum einen den Selbstbeschreibungen der Coachees große Bedeutung zu, ebenso dem ´Wechselspiel´ von Perspektiven des Coachs und des/der Coachee, was auch emotionale Elemente bzw. Prozesse umfasst. Zum andern bewirkt eine Intervention durch Umdeuten meist ein Verändern in der Wahrnehmung des/der Coachee. Ein Umdeuten einer Situation ist eine Intervention sowohl im Hinblick auf die Sachlage als auch deren emotionalen Rahmen, was bisherige Deutungsmuster des/der Coachee verändern und eine neue Sichtweise bewirken kann (veränderte Metawirklichkeit). Dies veranschaulicht die Grafik (Kiel, 2016):

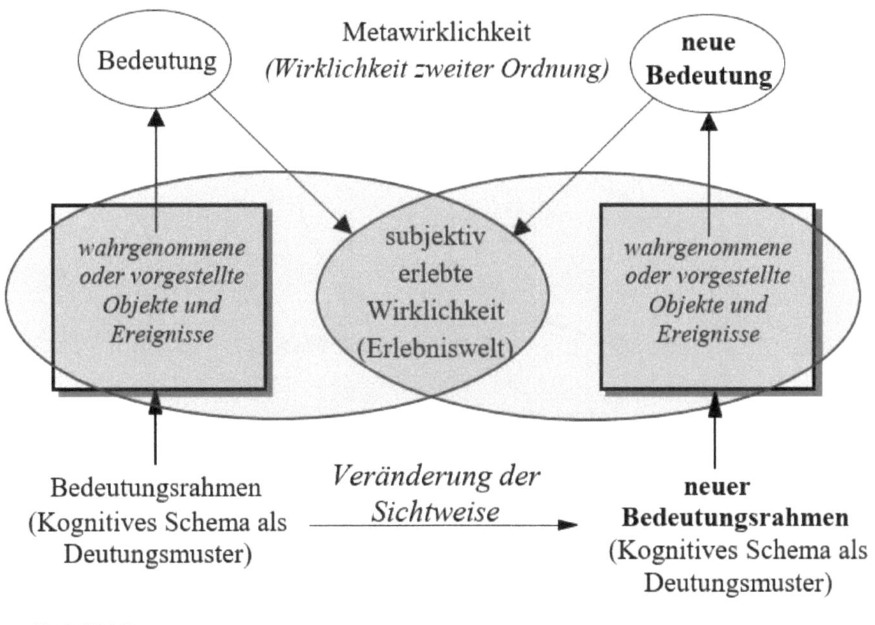

(Kiel, 2016)

Interventionen erfolgen absichtsvoll und zweckbestimmt im Sinne von „vermittelnd eingreifen“ durch Anregungen oder Impulse, verbal durch Worte oder symbolisch durch Texte sowie durch Materialien, z.B. Bilder oder Zeichnungen. Äußere Impulse werden je nach Struktur eines Menschen zu inneren Reizen und damit autonom bzw. „eigengesetzlich“ sinnesbezogen wahrgenommen: Die eigentliche Wirkung des Erkennens und emotionalen Erlebens geschieht im mentalen System ´Gehirn´ jedes Menschen selbst (Siehe dazu auch analoges und digitales Denken.). Dabei befindet sich der menschliche Organismus in Interaktion mit seiner Umwelt und diese wirkt vielfältig direkt auf den Organismus ein z.B. indem das Hormon- und Immunsystem beeinflusst wird:

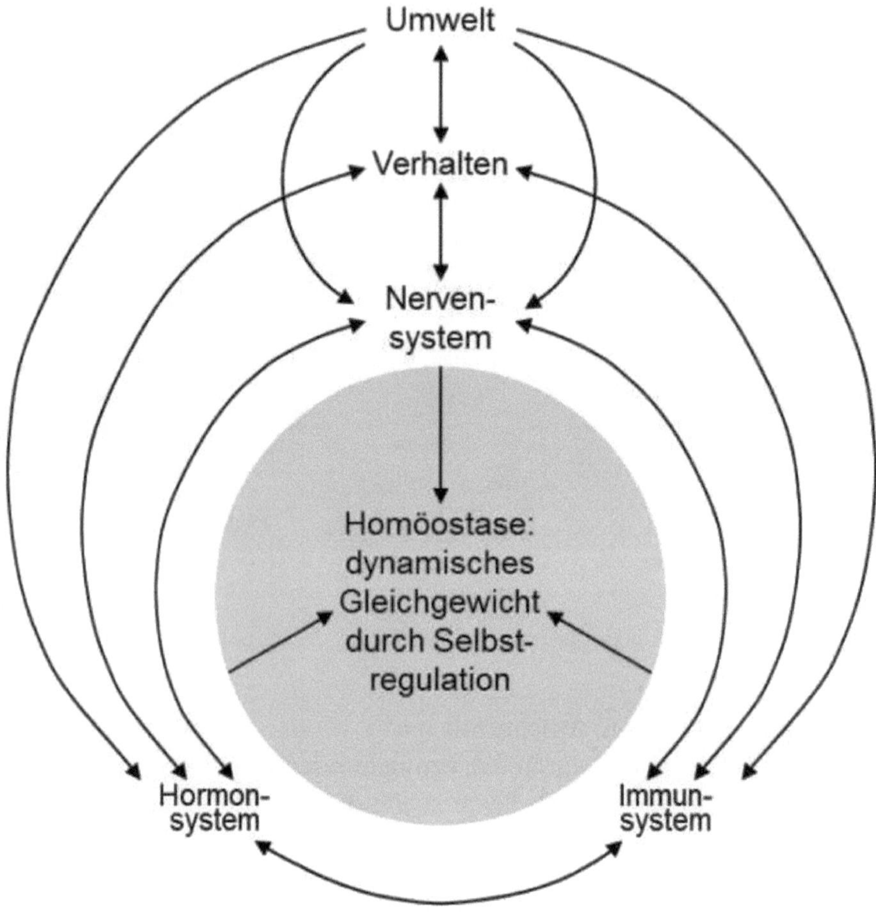

(Schmeer, 1994)

In der Resonanzbildmethode wird auf analoger Ebene gearbeitet, wobei unter „Bild“ auch ein Werk der Hände (kneten, schnitzen, zeichnen, abbilden, nachbilden usw.) verstanden wird. Mit einem „Bild“ ist immer eine individuelle Wahrnehmung oder Vorstellung der dieses betrachtenden oder herstellenden Person verbunden. Hinsichtlich eines Erkennens umfasst ein „Bild“ zum einen das unmittelbar bildlich Wahrgenommene in der aktuellen Erlebniswelt und zum anderen die bildliche Vorstellung in Form eines inneren bildlichen Vergegenwärtigens eines früher wahrgenommenen Objekts oder Ereignisses (bildlicher Eindruck) (vgl. Kiel, 2016). Mithin sind „Bilder“ eine Form subjektiver Wahrnehmungen und Vorstellungen aufgrund von individuellen Konstruktionen. „Durch ein von dem Menschen erschaffenes ´Bild´ werden die ´charakteristischen

Züge´ seiner derzeit vorhandenen kognitiven Schemata des Wahrgenommenen ersichtlich und in diesem Sinne die vorhandenen Kenntnisse, Begriffe, Annahmen und Vorstellungen über die wahrgenommenen Objekte oder Ereignisse und die sich daraus ergebene Bedeutung." (Kiel, 2016)

Das Wort Resonanz bedeutet „Widerhall", „Mitschwingen" und im übertragenen Sinne „Anklang" oder „Verständnis": Objekte stehen in einer räumlich-zeitlichen Verbindung zueinander, wobei eines davon aufgrund eines Impulses des anderen „mitschwingt". Bezogen auf zwei Menschen, die sich verstehen wird oft gesagt: „Sie haben eine gemeinsame Wellenlänge."

Sinnesbezogen gesehen erzeugen äußere Impulse durch ihr Einwirken auf die Sinnesorgane durch entsprechende Reize eine innere, subjektive Erlebniswelt, die qualitativ allein durch die mentale Struktur im Gehirn eines Menschen erzeugt wird. „Dieser ungeheure Reichtum der Erlebnisse ist gewissermaßen schon eingebaut; er hat nichts mit dem Reiz zu tun, der diese Zellen erregt." (v. Foerster, 2011) In der Psychologie wird „Resonanz" als Metapher für ein Wiedererkennen und Ähnlichkeitsassoziationen verwendet. Resonanz findet aufgrund von neuronal ablaufenden Vergleichen gespeicherter Inhalte und Erfahrungen im Gehirn statt. „Resonanz wird hier als kognitiver Vorgang des menschlichen Erkennens bzw. des Wiedererkennens auf physiologischer Grundlage verstanden. Dabei gilt als Voraussetzung, dass beide Inhalte, das sinnlich Wahrgenommene und das dadurch kognitiv ´Anklingende´ bzw. das damit kognitiv ´Verbundene´, zu gleicher Zeit im Bewusstsein des Wahrnehmenden gegenwärtig sind, sodass ein ´Gleichklang´ zwischen beiden Inhalten ´eingeläutet´ wird." (Kiel, 2016) Jeder Mensch reagiert auf empfangene Reize aus der ontologischen Welt immer auf eine „eigene Weise".

„Zwischen Wahrnehmen und Denken gibt es nämlich keine Trennung. Das Wählen, das aktive Umschauen und Ergründen, das Erfassen des Wesentlichen, das Vereinfachen, Abstrahieren, Analyse und Synthese, Ergänzen und Korrigieren, Vergleichen, Kombinieren, Unterscheiden und in Zusammenhang bringen – all diese Funktionen betreffen in gleicher Weise und gleichzeitig sowohl die Wahrnehmung" (das Sehen, Hören, Fühlen, Schmecken, Riechen) „als auch das Denken und das Wissen. Wissen ist natürlich viel mehr als das, was wir über die Augen wahrnehmen." (Schmeer, 2006)

So sagt z.B. ein vom Coachee erstelltes „Bild“ zu einem Thema mehr aus, als dieselbe Person versprachlichen kann und ergänzt den sprachlichen Teil. Indem z.B. der/die Coachee über das erstellte „Bild“ auch unter Inbeziehungsetzen der einzelnen Elemente spricht wird für den/die Coachee selbst und den Coach das Beziehungsgeflecht sowie die Wechselwirkungen „sichtbar“ und dadurch zugänglich.

Nach Schmeer entsteht durch die im „Bild“ sich befindlichen Informationen, den Informationen z.B. der /des Coachee sowie diejenigen im Coach selbst eine Art „Suspension“ (ähnlich sich mischender unverträglicher Flüssigkeiten), sodass sich daraus eine veränderte bzw. neue Sichtweise ergibt ähnlich den Prinzipien sich selbst organisierender Systeme: Es entwickeln sich weiterführende Fragen aus diesem System heraus.

Das Arbeiten mit konkreten Bildern, seien diese nun aus einem Fundus ausgewählt oder noch besser selbst gemalt, geben sowohl einen persönlichen Ausdruck als auch eine „Nachricht“ bzw. Information und wirken nach außen. Dabei werden Bildobjekte visuell von Menschen ganzheitlich wahrgenommen (Bildeindruck) und mit einem kognitiven Schemata verknüpft. Insbesondere bei selbst erstellten Zeichnungen finden sich „Zeichen“ die Nachrichtencharakter aufweisen, wobei Zeichen immer mit Blick auf individuelle Sender und Empfänger zu sehen sind: „Zeichen ist das, was in einem Kontext zum Zeichen erklärt wird.“ Dies setzt beim Empfänger die Bereitschaft des Erkundens, der Neugier und die Einstellung voraus, dass im wahrgenommenes Zeichen eine wichtige, sinn- und wertvolle Information verborgen sein könnte (vgl. Kiel, 2016), ähnlich einer „strukturellen Kopplung“ (Maturana, 1994) als kennzeichender Mechanismus autopoietischer Systeme. Die Resonanzbildmethode will über den Austausch von Botschaften durch Zeichen, Symbole und Worte entwicklungsfördernd wirken, indem vorhandene individuelle Strukturen ergänzt, aufgebrochen und verändert werden, sodass eine neue Konstruktion von Wirklichkeit möglich wird.

Beim Arbeiten mit Resonanzbildern erfolgt deren „Lesen“, Beschreiben und „Interpretieren“ in subjektiver Weise und ist von den kognitiven Schemata des/der Wahrnehmenden geleitet, wobei dies ein „konstruktiver Prozess und ein komplexes Zusammenspiel“ (Schmeer, 2006) von Wahrnehmen, Erinnern und Lernen ist (vgl. Maturana, 1994). „Der wahrnehmende Mensch empfängt nur die Reize oder Impulse aus der gegebenen Umwelt, die an seine derzeitige Struktur „anschlussfähig“ sind bzw. „anklingen“

und insofern „etwas mit ihm etwas zu tun haben". (Kiel, 2016) Insofern befindet sich ein Bild beim Arbeiten mit der Resonanzbildmethode immer im aktuellen Hier und Jetzt aller Beteiligter, d.h. deren aktuellem Wahrnehmen, Erinnern, Denken und Handeln.

Gisela Schmeer (2006) entwickelte die Resonanzbildmethode als analoge bildhafte Methode, um damit die Sichtweise von Menschen auf andere Aspekte oder Facetten eines Themas zu lenken und so die Chance zu eröffnen, neue Einsichten und Erkenntnisse zu gewinnen. Sie kann sowohl in Einzelarbeit als auch in der Gruppe zur Selbsterfahrung oder in einer Supervision eingesetzt werden, um Probleme, Fragen oder Anliegen zu klären. Voraussetzung ist, dass sich Teilnehmende auf eine bildsprachliche Kommunikation und damit verbundene Prozesse einlassen können. Die Resonanzbildmethode ist eine bereichernde Kommunikations-, Übungs- und Lernmethode. Sie bewirkt ein Auflösen bzw. Flexibilisieren von Denk- und Verhaltensmustern (vgl. Schmeer, 2006). Die Resonanzbildmethode ist ein geordnetes Verfahren mit Grundsätzen und Regeln. Ein Resonanzbild ist eine Intervention, wobei sich z.B. Coach und Coachee gegenseitig beeinflussen. Schmeer sieht für Gruppen eine sinnvolle Größe bei 14 bis 16 Personen.

Nach Schmeer erfolgt die Resonanzbildmethode in sechs Schritten:

Erster Schritt: Begrüßung und Aufforderung zum Initialbild;

Zweiter Schritt: Malen oder Auswählen des Initialbildes;

Dritter Schritt: Vorstellung der Initialbilder in der Einstiegsrunde;

Vierter Schritt: Ausbreiten der Initialbilder;

Fünfter Schritt: Aufforderung zum Resonanzbild;

Sechster Schritt: Vorstellung der Resonanzbilder (vgl. Schmeer, 2006);

Siebter Schritt: Zusammenführen von Intitialbild und Resonanzbild (vgl. Kiel, 2016).

Zu Schritt 1: Die Themen z.B. der/des Coachee bzw. der Coachees werden gleich zu Anfang durch die Auswahl oder das Malen der „Initialbilder" sichtbar (Beim Malen mindestens das DIN A3-Format verwenden!). Gemalt werden kann sowohl mit breiten Buntstiften oder Wachsmalkreiden.

Die Anweisungen lauten: „Sie finden hier verschiedenes Malpapier ... wählen Sie ein Format, das Ihnen angenehm ist und malen Sie ... auf

Ihre Weise ... ein Bild zu Ihrem Anliegen ... oder Problem ... es kann auch ein Thema sein, das gerade ein Familienmitglied betrifft ... oder einen Menschen aus Ihrem Freundeskreis ... oder was Sie beschäftigt, weil Sie in letzter Zeit darüber gelesen haben ... oder geträumt ... Sie können auch ein Bild erfinden.... ." (Schmeer, 2006)

Zu Schritt 2: Jede Person reflektiert beim gewählten Bild ihr Anliegen oder Problem bzw. bringt diese in ihrem gemalten Initialbild entsprechend ihrer Vorstellung und malerischer Fähigkeit zum Ausdruck.

Zu Schritt 3: Vor dem Hintergrund des Initialbildes stellt jede Person ihr Anliegen oder ihr Problem in „drei Sätzen" kurz vor. Sowohl z.B. Coach und Coachee als auch eine Gruppe von Coachees bilden ein komplexes soziales System. Beim Vorstellen hält sich z.B. der Coach zunächst zurück. Mit Hilfe des individuellen Initialbildes und dessen Vorstellen entwickelt sich eine Dynamik mit Wechselwirkungen. In einer Gruppensituation übernimmt z.B. die dem/der Vorstellenden gegenübersitzende Person die Funktion eine erste Frage zu stellen (und nur eine!), die jedoch nicht beantwortet wird. Dies geht dann reihum so weiter bis alle ihr Initialbild vorgestellt haben. - Beim Vorstellen werden Resonanzen ausgelöst!

Zu Schritt 4: In der Gruppensituation werden nun alle Initialbilder für alle gut sichtbar ausgelegt oder an PIN-Wänden befestigt. Beim Einzelsetting wird das einzelne Initialbild aufgehängt.

Zu Schritt 5: Wird mit Auswahlbildern gearbeitet, erstellt nun im Einzelsetting z.B. der Coach ein eigenes, skizzenhaftes Bild (DIN-A5-Blatt) zum Thema passend als Resonanzbild dazu und notiert auf dessen Rückseite ein dazu passendes Wort oder einen Satz, der zunächst nur für ihn sichtbar sein soll. Im Gruppensetting wählt jede Person aus der Reihe der Initialbilder (auch bei Auswahlbildern) eines aus, das ihr besonders gefällt, sie beeindruckt oder anrührt. Zu diesem zeichnet sie thematisch passend ein skizzenhaftes Bild (DIN-A5-Blatt) und notiert auf der Rückseite ein Wort oder einen Satz, zunächst nur für sie selbst sichtbar.

Zu Schritt 6: Im Einzelsetting stellt z.B. der Coach sein gezeichnetes Resonanzbild vor und spricht etwa drei Sätze dazu. Im Gruppensetting stellt jede(r) Beteiligte sein gezeichnetes Resonanzbild mit drei kurzen Sätzen vor.

Zu Schritt 7: Im Einzelsetting kann das Resonanzbild des Coachs z.B. für eine(n) Coachee einen Impuls bzw. eine Anregung für einen Lösungsweg oder eine Lösung ergeben. Auf dieses Coachresonanzbild könnte ein Coachee seinerseits wieder ein eigenes Resonanzbild zeichnen. Danach könnten alle drei Bilder: Initialbild (Coachee), Resonanzbild 1 (Coach) und 2 (Coachee), Grundlage für ein gemeinsames Gespräch mit Blick auf z.B. Lösungsideen sein.

Im Gruppensetting könnten z.B. mehrere Resonanzbilder Impulse für Lösungsideen oder einen Lösungsweg sein, z.B. wenn zu einem Initialbild mehrere Resonanzbilder erstellt wurden. Es besteht die Möglichkeit, dass die Person zu der das Initialbild gehört daraus eine „Blume" oder eine „Sequenz" (chronologische Reihenfolge) legt. Mit beiden Legeweisen besteht die Chance über eine dazu erfundene und erzählte Geschichte Lösungsideen oder neue Sichtweisen zu gewinnen.

Ebenfalls kann mit dem Initialbild und dem Resonanzbild in beiden Settings weitergearbeitet werden, indem beide Bilder in der Betrachtung von Sinn und Bedeutung zusammengeführt und somit miteinander verbunden werden. Hierbei findet dann während des intuitiven Sprechens darüber z.B. durch den/die Coachee individuell ein Fördern von Erkenntnisprozessen der jeweiligen Person statt. Der Coach ist i.d.R. je nach Situation ruhig und hört zu; denn der Fokus liegt auf einem selbstregulierten Verändern der jeweiligen Sichtweise. Die Ausnahme sollten allenfalls der Klärung dienende Rückfragen darstellen (vgl. Kiel, 2016).

Die Initialbilder „verankern" ein Thema oder Problem im Hier und Jetzt (Realbezug). Sie dienen auch als „Trigger" für Emotionen und sind ein individueller Ausdruck, der die derzeitige Stimmung oder Verfassung einer jeweiligen Person wiederspiegelt (gegenwärtiges Wahrnehmen, Vorstellen und Erleben). Mithin also der Färbung der aktuellen psychophysischen Grundstimmung. Damit zeigen sich aktuelle, subjektive Konstruktionen von Wirklichkeit bzw. die zugrundeliegenden geistigen Schemata inclusive entsprechender Kenntnisse, Begriffe und Annahmen.

Ein Resonanzbild ist durch Material und Durchführung standartisiert, indem ein reduziertes, abstraktes und spontanes subjektives Erleben bildhaft auf einem DIN-A5-Blatt dargestellt wird. Beim Resonanzbild reagiert eine dieses zeichnende Person individuell aufgrund eines

„Anklangs" bzw. eines „Mitschwingens" und enthält reduzierte symbolische Botschaften, die im Einzelsetting z.B. auch etwas zur Beziehung Coachee-Coach und im Gruppensetting zur Gruppendynamik aussagen (vgl. Schmeer, 2006). Das Resonanzbild sagt jedoch immer etwas aus zur Person, die es erstellt hat. Besonders interessant ist, dass das gezeichnete Resonanzbild sich der Kontrolle der Person entzieht, die das Initialbild gezeichnet hat. So kann überraschend ein Thema beim Zeichnenden eines Resonanzbildes aufgrund dessen intuitiven „Erschließens" auftauchen mit Blick auf sein eigenes Initialbild (vgl. Schmeer, 2006). Durch das Initialbild wird bei einer anderen Person ein Thema angeregt oder aufgegriffen, das vielleicht bisher „im Schatten" lag. Das überraschende Thema wird im Resonanzbild von der dieses zeichnenden Person aufgegriffen und dadurch angesprochen. „Resonanz schafft und unterhält Schwingungsfelder zwischen denjenigen, die Resonanzen auslösen, und denen, die durch ein Bild oder eine Äußerung des anderen – meist überraschenderweise – berührt werden. Die Resonanzbildmethode nutzt die Tatsache, dass durch den Überraschungseffekt Unvorhergesehenes zum Schwingen gebracht und im spontan gemalten Bild erkennbar wird." (Schmeer, 2006) Sind nun beide Bildarten, Initialbild und Resonanzbild Abbildungen von Realität oder eine subjektive Konstruktion von Wirklichkeit? Schmeer antwortet mit einem konstruktivistischen Ansatz: „Es gehört zwar zu den Vorzügen des Bildes, dass es Realität mit großer Detailtreue wiedergeben kann. Mit gleicher Detailliertheit vermag das Bild auch Realität vorzugaukeln. Immer ist jedoch ein Bild Repräsentant einer subjektiven psychischen Realität. Und damit einer subjektiven Wahrheit. Die manchmal karikaturartigen und schematisch verkürzten, reduktionistischen Darstellungen auf den Resonanzbildern spiegeln eine spezielle Realität wieder, nämlich diejenige, die, wie im Traum, das Bild der äußeren Realität verfremdet und verzerrt und gerade dadurch die innerpsychischen Gesetze (Psycho-Logik) sichtbar macht." (Schmeer, 2006)

Ein Resonanzbild ist nach Schmeer durch den spontanen skizzenhaften Ausdruck teilweise nicht bewusst gesteuert. Dadurch können bisher nicht bewusste psychische Zusammenhänge sichtbar werden (vgl. Kiel, 2016). In Zusammenarbeit mit einem einfühlsam agierenden Coach kann so ein Coachee bzw. können Coachees Zugang zu den je eigenen oft unbewussten Vorstellungen gewinnen indem diese ins Bewusstsein gelangen und als Repräsentanten von Objekten und Ereignissen verstanden, versprachlicht und damit bearbeitbar werden.

6.2 Tetralemma - Coachingtool - eine Entscheidungshilfe

Im Begriff Tetralemma steckt das Wort Dilemma, d.h. eine Entscheidung oder Wahl zwischen zwei Faktoren. Im Tetralemma wird sowohl der Verstand als auch das Bauchgefühl einbezogen, Ein wichtiges Element ist zum einen der Perspektivenwechsel und zum andern das Achten auf eigene körperliche Signale („somatische Marker" (Storch, 2005)).

Ein Erleben entsteht durch die Verbindung zwischen äußeren Reizen und Körperreaktionen, auch somatische Marker genannt. .Somatische Marker vermitteln zwischen dem „Ich" und der „Welt". Hüther (2006) benennt dies zusammenfassend: „Das Körper-Selbst bildet die unterste Ebene für die Verankerung selbst gemachter Erfahrungen und dient als inneres Referenzsystem für die Bewertung von eigenen Erfahrungen auf der Basis von Körpersignalen, die Damasio somatische Marker nennt [...]. Diese somatischen Marker signalisieren, ob angesichts einer bestimmten Situation oder einer bestimmten Wahrnehmung, auch einer bloßen Vorstellung, entweder eine Störung oder aber eine Stabilisierung der inneren Organisation des Organismus zu erwarten ist. Sie sind die Signale für Annäherungs- oder Vermeidungsverhalten." (Hüther, 2006)

Das Tetralemma ist eine Methode der systemischen Strukturaufstellung und stammt ursprünglich aus der traditionellen indischen Logik zur Kategorisierung von Standpunkten und Haltungen. In Indien wurde es auch zur Kategorisierung möglicher Standpunkte im Rechtswesen verwendet. Es ist eine Methode zum lateralen Denken und bietet sich an, wenn eine Person sich nicht zwischen zwei Alternativen entscheiden kann. Es will auch dabei helfen zusätzliche Möglichkeiten oder Varianten zu entwickeln und damit Blockaden aufzulösen. Oft wird noch ein fünfter Teil, ein „Joker" oder eine „Vision" hinzugefügt.

Aufgabe z.B. des/der Coachee ist es, auf jeweilige körperliche Reaktionen bzw. Signale zu achten. Das Verfahren will über die körperlichen Signale, dass der Verstand auf eine Metaebene geht und von dort heraus die jeweilige Entscheidungssituation umfassend betrachtet, indem das emotionale Erfahrungsgedächtnis einbezogen bzw. beachtet wird. Das Unterbewusstsein jedes Menschen signalisiert erfahrungsbezogen wie es eine bestimmte Idee (Verstand) einschätzt und gibt dies i.d.R. durch „somatische Marker" oder Gefühle kund. Viele Menschen sprechen auch von ihrem Bauchgefühl, das i.d.R. anzeigt, bei was eher ein Wohlgefühl erreicht wird oder was auf keinen Fall sein sollte. Der Coach unterstützt dies durch Fragen und leitet durch den Prozess. Das Aufstellen z.B. mit

Holzklötzen oder Figuren dient einer Visualisierung in der Situation hin zu einer Entscheidung. Die Aufstellung umfasst dabei vier Positionen und einen „Joker“ bzw. eine „Vision“ jenseits der Entscheidung:

- Das Eine: Soll konkret auch situativ benannt werden (Alternative 1)!
- Das Andere: Soll konkret und eindeutig benannt werden (Alternative 2)!
- Beides (Dilemma, Irritation): Was sagt die Intuition? Gibt es einen Kompromiss, eine situative Lösung? Bestehen Scheingegensätze und lassen sich beide Alternativen vereinbaren? Welche Unterschiede oder Gemeinsamkeiten gibt es? - D.h. es findet ein Suchen nach neuen Aspekten statt, um die Sichtweise zu erweitern.
- Keins von beiden: Was sagt mein Bauchgefühl? Wie ist das Umfeld (Kontext)? Um was geht es wirklich? Hilft eine ganz neue Lösung? Gibt es einen Gewinn durch das weder ... noch ... ? Ist es der richtige Zeitpunkt oder Ort?
- Dies nicht und auch das nicht: Alles ist in Frage gestellt! Gibt es eine Vision, unbekannte Hindernisse? Was will ich? Um was geht es noch? Ist ein Wechsel des Standpunkts angesagt? Wie kann ein Weiterentwickeln aussehen?

Für die Aufstellungsarbeit werden fünf Figuren (Holzklötze oder Figuren, Karten o.Ä.) benötigt, die entsprechend beklebt oder beschriftet werden. Der/die Coachee legt das Material über Kreuz z.B. mit genügend Abstand auf einen Tisch oder auf den Boden. Das fünfte Material liegt etwas abseits der anderen. Sowohl der Coach als auch der/die Coachee stehen. Der Coach steht leicht seitlich etwa einen Schritt hinter dem/der Coachee. Der/die Coachee bewegt sich beim Übergang zu einer anderen Position um das Bodenbild bzw. um den Tisch herum.

Die folgende Grafik zeigt die einzelnen Positionen und ihre Inhalte in einer überblickartigen Zusammenfassung:

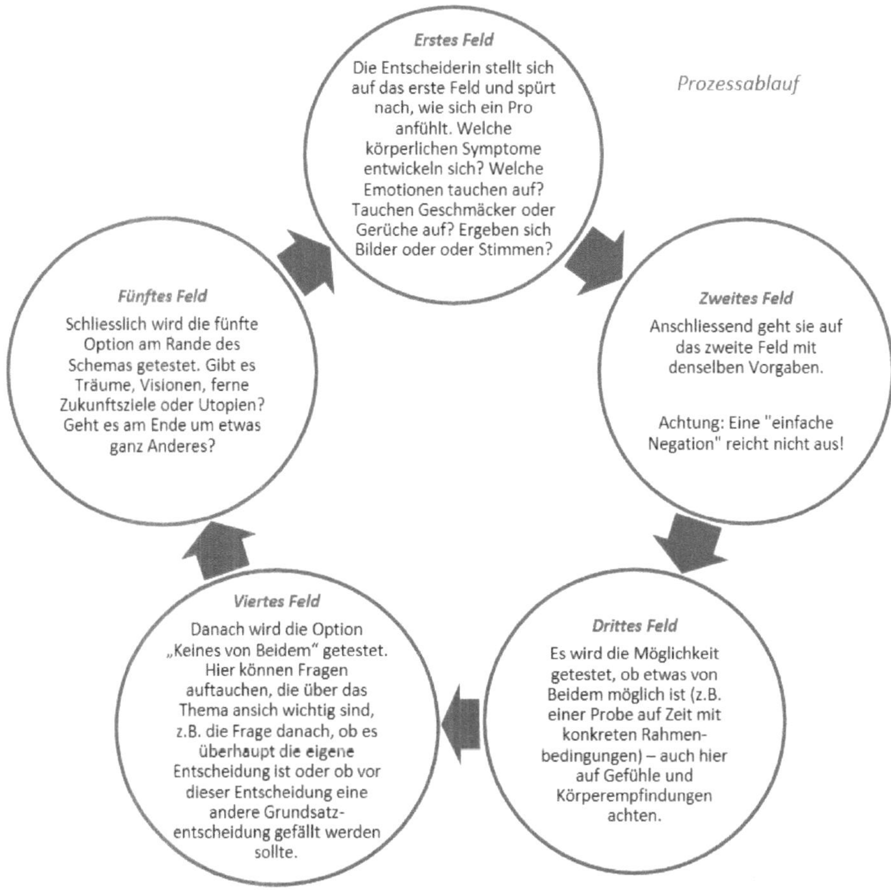

(Sparrer / Kibéd, 2010)

Der/die Coachee wendet sich dem Material „das Eine“ zu (nimmt z.B. den Holzklotz in die Hand oder steht genau auf die Karte). Der/die Coachee soll sich ganz auf das Körperempfinden konzentrieren und konkret und genau diese Alternative 1 benennen, z.B. „Die Alternative 1 ist: ... .“ Die Augen können dabei geschlossen sein. Der Coach steht und beobachtet den/die Coachee genau in der Körperhaltung und fordert dann den/die Coachee auf, die empfundenen körperlichen Reaktionen bzw. Signale kurz zu schildern. Der Coach hört nur zu! Entsprechend wendet sich der/die Coachee nach einer kleinen Weile dem Material „das Andere“ zu und benennt auch dieses präzise und konkret., z.B. „Die Alternative 2 ist: ... .“ Der Coach beobachtet wieder genau und hört nur zu.

Der Coach fordert die/den Coachee auf sich der Position „Beides" zuzuwenden, z.B. den entsprechenden Holzklotz in die Hand zu nehmen. Der Coach fordert den/die Coachee auf in sich hinein zu spüren, wie sich „Beides" anfühlt und dann alles zu sagen, was erfühlt wird bzw. welche Bilder oder innere Impulse einfach so aufkommen (ohne bewusst nachzudenken).

Entsprechend geht der Coach bei der Position „keines von beiden" vor. Wieder achtet der/die Coachee auf aufkommende Gefühle usw.

Nun fordert der Coach auf den/die Coachee bei „ dies nicht und das nicht" fortzufahren. Wieder beschreibt der/die Coachee aufkommende Gefühle, innere Impulse oder Gedanken.

Durch das Beobachten der Körperhaltungen durch den Coach erfährt dieser zuammen mit den Beschreibungen, wie sich der/die Coachee in der jeweiligen Position gefühlt hat und baut darauf das folgende Gespräch auf, indem zunächst die Beobachtungen ohne Bewertung geschildert werden. Das Körpergefühl gibt i.d.R. eine passende Richtung an, in der weiter zusammen gearbeitet werden sollte z.B. mit einem Brainstorming, aus dem sich ein Strukturbild von Alternativen ergibt. Auf diesem Entscheidungstool baut der folgende Coachingprozess auf, in dem jetzt die Ziele des/der Coachee klar sein sollten.

6.3 Systemische Aufstellung in Beratungsprozessen

Systemische Aufstellungen sind Methoden in Beratungs- und Coachingprozessen, um Klarheit und Einblicke in komplexe Systeme zu erhalten, um darauf aufbauend weiter mit der zu beratenden bzw. zu coachenden Person gemäß deren Bedürfnissen arbeiten zu können. Vorläufer der Aufstellungsarbeit waren das von J.L. Moreno (1889-1974) entwickelte Psychodrama und die Soziometrie Methoden. Diese stellten eine Gegenbewegung zum statischen Setting der Psychoanalyse mit ihrem rein verbalen Part dar. Moreno wollte bei Problemkontexten die Menschen in Bewegung bringend zu Perspektivenänderungen anregen mit Rollentausch und Spiegeln, um dadurch ein besseres Verstehen zu ermöglichen oder neue Verhaltensansätze zu entwickeln. V. Satir (1916-1988) fand heraus, dass sich belastete Menschen in ihrem Verhalten meist an bestimmten Mustern orientieren und entwickelte daraus die Methode der Familienrekonstruktion (System Familie). Mittels Rollenspielen sollten unbewusst wirkende Beziehungsmuster offengelegt und damit bearbeitbar werden, um so Veränderungen bzw.

Entwicklungen einleiten zu können. B. Hellinger (*1925), T. Schönfelder (1925-2010) und G. Weber entwickelten die Methodik des Familienstellens weiter. M.V. v. Kibéd und I. Sparrer entwickelten nach 1990 die Methode der systemischen Strukturaufstellung, die heute in verschiedensten Kontexten eingesetzt wird. Nach dem Jahr 2000 entwickelten B.L. Hofmann, M. Zink, P. Klein und S. Limberg-Strohmaier das Lehrsystem der Integral-Systemischen Aufstellungen der Inneren Form®, das ein ganzheitliches Verständnis der Welt anstrebt. Der integrale Ansatz dient als Landkarte zur Orientierung bei hoher Komplexität und ermöglicht es, eigene Ressourcen wieder besser nutzen zu können.

Es gibt zwei Ansätze, den phänomenologischen und den konstruktivistischen Ansatz: Die Denkmodelle unterscheiden sich darin, ob in einer Aufstellung tatsächlich „Ordnungen" allgemein gültiger Art zu finden sind oder ob Regeln und Muster und somit Ordnungen und Wirklichkeit individuell, d.h. subjektiv, erschaffen und dadurch veränderbar sind. Systemische Aufstellungen sind immer Teil eines Beratungsprozesses und sind in diesen eingebunden, da sie sowohl einer Vorbereitung als auch Nachbereitung bedürfen.

Aufstellungen müssen in voller Präsenz der beratenden, die Aufstellung leitenden Person mit Blick auf den klaren Auftrag der zu beratenden Person, dem vollständigen Lösen eigener Bilder und Absichten sowie einer Klarheit von Möglichkeiten und Grenzen von Aufstellungen erfolgen. Insbesondere gehören z.B. dazu: Respekt, Wertschätzung, Empathie, Achtsamkeit, Neutralität, Rollenklarheit, Demut, Selbst- und Prozessverantwortung, Entwicklungsbewusstsein und Verschwiegenheit sowie einer offenen, nichtwertenden, selbstreflexiven und unvoreingenommenen Haltung.

Systemische Aufstellungen in einem Beratungsprozess werden eingesetzt, um die von einer Person vorgebrachten Themen oder Probleme zu analysieren, zu bearbeiten, zu simulieren und Lösungsideen daraus zu entwickeln. Die zu beratende Person bringt ihre Anliegen, das sind die jeweiligen Probleme oder Themen, vor. Solche Anliegen können das Erreichen von Zielen, das Treffen von Entscheidungen, das Lösen oder Bearbeiten von Problemen oder Konflikten, das Durchdenken oder Simulieren anstehender, zukünftiger Situationen oder das Analysieren von privaten oder arbeitsbezogenen Beziehungen im jeweiligen Kontext sein. Sparrer (2009) geht davon aus, dass nur Strukturen aufgestellt werden können, die dann Schlüsse auf mögliche dahinterliegende Systeme eröffnen können.

Das Finden einer Lösung steht im Vordergrund (lösungsorientierter Ansatz), d.h. mit Hilfe einer Aufstellung soll das Anliegen einer Person analysiert, geklärt und dazu Lösungsmöglichkeiten generiert und durchdacht werden. Fragen betreffen also das was Ist bzw. das Wahrgenommene und das was sein Soll bzw. das „Wie komme ich dahin?“ oder „Wie kann ich ... schaffen?“ Zugleich ermöglicht eine Aufstellung Einblicke zu gewinnen in die Lebensumwelt einer Person, in die Zusammenhänge und Wechselwirkungen des individuellen Systems (Person) oder der jeweiligen Strukturen, in die sie eingebettet ist. Es erfolgt ein systemischer Blick, der die Aufmerksamkeit der beratenden Person, z.B. eines Coachs, von der Person mit ihrem Anliegen hin zum Zusammenspiel aller im System, z.B. einer Familie oder sonstigen Gruppe lenkt. Dabei kommen alle subjektiv relevanten Aspekte eines Themas in den Blick und werden räumlich aufgestellt. Damit werden verschiedene Facetten eines Themas sichtbar und veränderbar, indem je einzelne Repräsentanten bzw. Agenten im System wahrgenommen und zugänglich gemacht werden können. Selbst subtil wirkende Beziehungsmechanismen oder „hidden agendas“ können sich so abbilden.

Beim Aufstellen der Wirkkräfte (Personen oder Gegebenheiten) in ihrer räumlichen Anordnung (Positionen, Stellungen) durch die zu beratende Person entsteht ein „Bild“ des „Ist-Zustands“ des betreffenden Themas aus der subjektiven Perspektive. Indem die zu beratende Person Veränderungen an den Positionen der Wirkkräfte vornimmt oder neue Wirkkräfte hinzufügt bilden sich durch neue Aspekte veränderte oder neue Sichtweisen des Themas aus. Dadurch können sich veränderte oder neue Handlungsoptionen ergeben. Mit der Aufstellung erzeugt die diese gestaltende Person ein Abbild des von ihr so empfundenen Systems, von dem sie ein Teil ist. Im Betrachten und Reflektieren der themenbezogenen Aufstellung begibt sich die Person auf eine Metaebene. Beziehungsmechanismen und Wechselwirkungen kommen dadurch oft erst ins Bewusstsein, und es entsteht in der zu beratenden Person ein verändertes inneres Bild, das auf das „wirkliche System“ übertragen wird und dort Wirkungen entfalten kann. Systemische Aufstellungen sind eine Art Kurzzeitberatung mit klarer Struktur, die neue Zugänge zu einem Thema oder Problem schaffen können.

Vor einer Aufstellung werden alle Beteiligten in einem Vorgespräch genau über die geltenden Regeln informiert und bei Personen auch gefragt, ob sie an der Aufstellung mitwirken wollen. Der Berater / die Beraterin bespricht im Vieraugengespräch dann mit der aufstellenden Person genau deren Anliegen und das angestrebte Ziel. Damit wird deutlich, dass die aufstellende Person die Verantwortung für das Thema trägt: Was die Beraterin / den Berater verpflichtet streng bei diesem Thema zu bleiben, sofern in der Situation kein neuer Auftrag erteilt wird. Elemente einer Aufstellung, d.h. die Repräsentanten vorhandener Wirkkräfte, können sowohl Gegenstände, z.B. Figuren oder Holzkörper als auch reale Personen sein. Wichtig ist bei jeder Aufstellungsarbeit, dass diese in einem passenden, möglichst stillen und geschütztem Raum stattfindet, ohne Störungen von außen.

Im Einzelsetting, bei dem nur die zu beratende Person ihr Thema vorbringt, bieten sich Gegenstände als Repräsentanten an, z.B. Holzklötze verschiedener Größen, Formen und Farben. Um auch die Stellung sowie Körpersignale mit einzubeziehen, können diese auf Papier als z.B. „Smilybild" und „Strichfigürchen" gezeichnet, jedem Repräsentanten passend zugeordnet werden. So können rasch die Struktur bzw. das Wirkgefüge und die Beziehungen des jeweiligen Systems präsent und deutlich zutage treten.

In einem vertrauten Gruppensetting bilden anwesende Personen die jeweiligen Repräsentanten. Die aufstellende Person erschafft mit der Aufstellung aus ihrer aktuellen Sicht heraus ein Strukturbild, das Beziehungsmechanismen und -strukturen repräsentiert und offenlegt. Repräsentierende Wahrnehmung bezeichnet „die Fähigkeit von RepräsentantInnen, in einer Aufstellung körperliche Wahrnehmungen und Gefühle zu entwickeln und zu verbalisieren, die zum Thema des aufgestellten Systems passen" (Kibéd, 2010). Der Körper wird zum Wahrnehmungsorgan für die Beziehungsstrukturen eines fremden Systems. Kibéd spricht in diesem Zusammenhang von drei Arten der Feldwahrnehmung:

<u>Rezeptive Wahrnehmung:</u> Wahrnehmung bei der durch spontan veränderte Körperbefindlichkeiten die Beziehungsstrukturen der repräsentierten Systemelemente sowie der Einfluss von Beziehungsveränderungen anderer Systemelemente untereinander widergespiegelt werden.

<u>Interagierende Feldwahrnehmung:</u> Wahrnehmung der gegenseitigen Beeinflussung der Felder von Aufstellungsbeobachter(-in), aufstellender

Person und gegebenenfalls anderen Personen und von deren Einfluss auf das Aufstellungsgeschehen.

Modulierende Feldwahrnehmung: Wahrnehmung der Veränderungstendenzen des Feldes der Aufstellung und des Feldes der aufstellenden Person durch die von der Leitung induzierten Interventionsansätze, insbesondere in der Nachbesprechung.

Die Anordnung der jeweiligen Repräsentanten sollte zum einen deren Beziehung bzw. Wirken untereinander als auch deren Bedeutung für das bzw. im Thema darstellen. Die jeweilige Stellung, z.B. Blickrichtung, Körperhaltung und Mimik stellt weitere Merkmale der jeweiligen Repräsentanten dar. Anmerkung: Je nach Körperhaltung und Mimik sollten diese nur eine kurze Zeit aufrechterhalten werden, nämlich so lange, bis sich die aufgestellte Person in diese einfühlen konnte.

Beim Einzelsetting erläutert die zu beratende Person dem Berater/der Beraterin, was sie bewegt hat den jeweiligen Repräsentanten an diese Position zu stellen und ihn diese Stellung einnehmen zu lassen. Die aufstellende Person hat nun aus ihrer Sichtweise zu ihrem Thema ein Abbild des Systems vor sich, von dem sie ein Teil ist. Durch verschiedene einfühlsame, passende Frageweisen (siehe Frageformen im Anhang) versucht die beratende Person z.B. mittels Perspektivwechsel, Rollentausch oder das Führen auf die Metaebene bei der zu beratenden Person veränderte Sichtweisen oder neue Aspekte anzubahmen. Auch bringt die Beraterin / der Berater die während der Aufstellung und dem Bericht aufkommenden eigenen Resonanzen ein in Form des Angebots einer wohlwollenden Fremdwahrnehmung. Beides ist dann im Nachgespräch weiter Thema mit Blick auf Handlungs- bzw. Umsetzungsmöglichkeiten.

Beim Gruppensetting werden die Repräsentanten in Form von realen Personen ohne irgendwelchen Kommentar seitens der aufstellenden oder der beratenden Person intuitiv an ihre Position sowie entsprechenden Stellungen gestellt. Bei Gruppensettings gibt es drei Arten von Aufstellung:

offen:	Repräsentant(-in) kennt das Thema, das Setting (definierte Elemente des Systems) und die zugewiesene Rolle;
verdeckt:	Repräsentant(-in) kennt das Thema, jedoch weder Setting noch zugewiesene Rolle;

doppelt verdeckt: Repräsentant(-in) kennt weder das Thema, noch das Setting, noch die zugewiesene Rolle.

Die Wahl sollte je nach Thema und Kontext geschehen. Das verdeckte Stellen hat den Vorteil, dass keine etwaige Beeinflussung der repräsentierenden Personen durch eigene Bilder oder Vorstellung in ihre Wahrnehmung einfließen können. Nachfolgend wird von einem offenen Setting in einer vertrauten Gruppe ausgegangen.

Offengelegt ist nur das Thema bzw. Problem und wer oder was repräsentiert wird. Die aufstellende Person nimmt die Aufstellung der Repräsentanten vor, betrachtet sie, ob es für sie stimmig ist und nimmt ggf. noch Änderungen vor. Dann signalisiert sie, dass die Aufstellung komplett ist. Die Beraterin / der Berater hat die Funktion der/des Beobachtenden und steht abseits des Geschehens. Insbesondere darf nicht deutend oder lenkend in den Prozess eingegriffen werden, da die dadurch kundgetane persönliche Sicht auf die Wirklichkeit für die aufstellende Person keine Bedeutung für deren Lösungsfindung hat (vgl. Sparrer, 2006) Hinweis: Im Anhang finden sich mögliche Bedeutungen von Anordnungen.

Die jeweiligen Repräsentanten drücken nun ihre Eindrücke, Befindlichkeiten oder Gefühle gemäß ihrer Position und Stellung aus. Sie dienen als subjektive Spiegel des themabezogen aufgestellten „Ist-Zustandes" des Systems. Sie treten dabei weder untereinander in Verbalkontakt noch nehmen sie andere Äußerungen auf. Die aufstellende Person hört sich alles schweigend an. Eine legitime systemische Intervention wäre nun, dass der/die Beobachter(-in) anregt, die Aufstellung so zu verändern, wie die aufstellende Person z.B. die Beziehungen gerne hätte und sich hierzu nach einer kurzen Einfühlungszeit nun Stellungnahmen der Repräsentanten einholt. Durch die Aufstellung können sich die inneren Bilder einer aufstellenden Person und damit deren Selbsttheorie aber auch diejenigen der Repräsentanten aufgrund des erhaltenen bunten Straußes an verschiedenen perspektivischen Bildern verändern (vgl. Sparrer, 2006; Gerhard, 2014).

Ist der Prozess der Aufstellung beendet, sollte eine kurze Pause eintreten, in der die Repräsentanten auch innerlich ihre gewesene Position verlassen und die aufstellende Person etwas Zeit hat alles Gehörte nachwirken zu lassen. Im Nachgespräch kommt zuerst die aufstellende Person zu Wort und berichtet was sie gehört, was sie daraus entnommen und was dies in ihr ausgelöst hat (Gefühle, Gedanken, Ideen usw.). Der Berater / die Beraterin kann aus der Beobachterperspektive Gesichtspunkte einbringen, z.B. Körpersignale bei Repräsentanten bzw. der aufstellenden Person insbesondere bezüglich der von dieser vorgenommenen Veränderungen. Die ursprünglichen Repräsentanten hören zu und lassen beides kommentarlos auf sich und in sich wirken. Entscheidend sind die nachwirkenden Momente für die aufstellende Person und diese braucht dazu Zeit zum Verarbeiten. Kommentare, Begründungen oder gar eine Diskussion hätten die Wirkung eines Zerredens, Abschwächens oder Relativierens wichtiger gewonnener Anregungen bzw. Ideen.

Mit zeitlichem Abstand können ggf. offene Fragen geklärt, Rückmeldungen gegeben und auch mögliche Umsetzungsstrategien besprochen werden. Dies kann z.B. auch in einer Folgesitzung oder Folgesitzungen im Beratungsprozess erfolgen. So können Elemente aus Aufstellungen hinsichtlich von Interventionsmöglichkeiten zum Einleiten oder Anregen von Veränderungsprozessen von der beratenden Person wieder aufgegriffen bzw. eingebracht werden im Sinne von erneutem „Anklingen“, „Aufleuchten“ oder „Andocken“.

6.4 Szenariobasierte Methoden

Die Szenariomethode ist ein vielfach angewandtes Vorgehen, um voraussichtliche, zukünftige alternative Entwicklungen aufgrund in einem „Ist-Zustand“ getroffener Entscheidungen einschätzen zu können. Sie ist eine Methode des Entwickelns von Strategien für ein wahrscheinlich passendes Verhaltensrepertoire innerhalb vernetzter und komplexer Systeme, seien dies Personen oder Organisationen. In einer sich rasch wandelnden Umwelt muss sich jeder Mensch immer wieder neu in seinem Verhalten strategisch ausrichten z.B.: Welche Einflussfaktoren verändern sich in welcher Weise? Wie schaffe oder erhalte ich für mich zukünftig relevante Ressourcen? Wo und wie finde ich dann erforderliche Erfolgspotentiale, um vorhandene oder entstehende Herausforderungen bewältigen zu können? Welche Optionen stehen zur Verfügung, um Entwicklungsmöglichkeiten offen zu halten? Welche „Mitspieler“ bewegen sich auf dem „Feld“ und wie kann ich im Zwischenmenschlichen auf eine förderliche „Dynamische Balance“ im Systemfeld hinwirken?

Szenarien dienen zum einen einer strategischen Entscheidungsfindung und andererseits dem Sensibilisieren für zukünftige Entwicklungen mithin sind sie auch Kreativwerkzeuge für personale oder organisationale

Entwicklungs-, Veränderungs- und Innovationsprozesse. Ein Szenario unterscheidet sich entscheidend von einer Prognose: Im Szenario werden mögliche Entwicklungen mit antizipierten Optionen betrachtet.

Im Folgenden soll die Szenariomethode im Setting von Beratungs- oder Coachingprozessen genauer beleuchtet werden. Beratungs- und Coachingprozesse wollen die zu beratende Person oder den/die Coachee dabei unterstützen ein gestelltes, meist drängendes und bedeutsames Thema oder ein individuell virulentes Problem zu bearbeiten bzw. dafür eine Lösung zu finden, die dann umgesetzt werden kann bzw. sollte. Beratungs- und Coachingprozesse knüpfen zwar im Hier und Jetzt an, haben jedoch eine deutliche Blickrichtung in eine nähere oder weitere Zukunft mit diese gestaltenden Handlungsoptionen. Mit der Szenariomethode richtet sich der Blick der zu beratenden Person oder des/der Coachee vorwärts. Inhalt in einem Beratungs- oder Coachingprozess können auch Wunsch- oder Chancenszenarien sein. Zwei Faktoren sprechen demnach für ein näheres Betrachten der Szenariomethode: Zukunftsweisende Entscheidungen und das Antizipieren von individuell möglichen, alternativen Optionen zukünftigen Verhaltens. Auch der didaktische Ort für das Verwenden der Szenariomethode ist klar: Der Zeitpunkt, an dem Entscheidungen anstehen.

Sowohl bei Beratungs- als auch Coachingprozessen sollen Ziele formuliert werden, dazu müssen zukünftige Entwicklungen zunächst erkannt und dann in die Überlegungen für ein ggf. zu änderndes Verhalten einbezogen werden. Die Szenariomethode beschreitet einen induktiven Weg indem sie Entwicklungsalternativen und dazugehörende Schlüsselfaktoren in den Blick nimmt. Durch vorausschauende Alternativen, die auch Auswirkungen von Veränderungen berücksichtigen, verbessert sich unter Einbezug der Rahmenbedingungen qualitativ und quantitativ die individuelle Handlungsfähigkeit. Mit Hilfe des Durchdenkens möglicher Szenarien lassen sich Folgerungen ableiten, um erforderliche oder notwendige Maßnahmen bzw. ein gezieltes Handeln rechtzeitig einleiten zu können. Ein wichtiges auch anschauliches Instrument der Szenariomethode ist der Szenariotrichter:

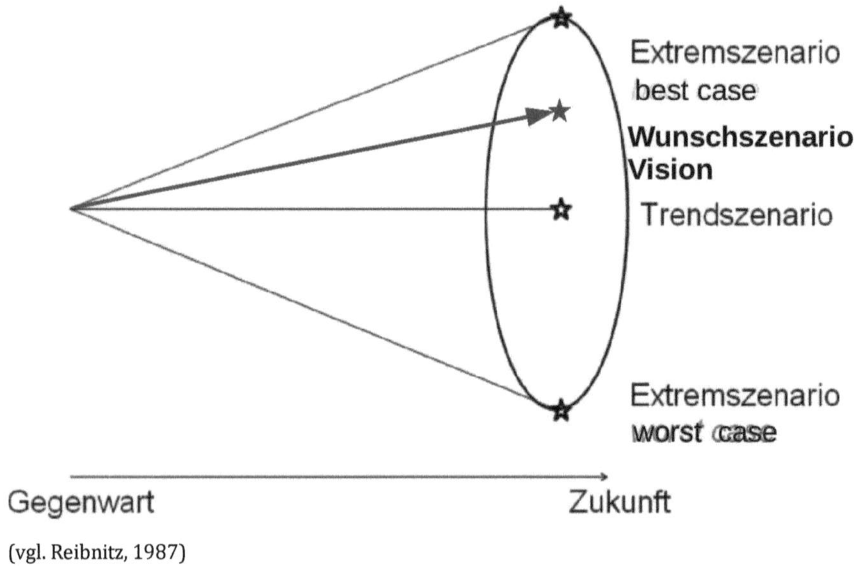

(vgl. Reibnitz, 1987)

Ausgangspunkt eines Szenarios ist ein sachlich, zeitlich und räumlich begrenztes Problem. Nun werden die einwirkenden Elemente aus der Umwelt identifiziert, um so die Einflussfaktoren benennen und beschreiben zu können. Im Anschluss daran findet ein Betrachten und Abwägen der kurz- und mittelfristig und so möglich auch der wahrscheinlich längerfristig zu erwartenden Veränderungen sowohl in positiver wie negativer Richtung statt. Im Anschluss daran wird das individuell angestrebte Wunschszenario bzw. die Vision sowie die eigenen vorhandenen sowie noch zu erwerbenden Ressourcen dazu benannt. Damit kommen auch mögliche Störfaktoren in den Blick, die einen direkten „Weg" zum Ziel beeinträchtigen können. Im Beratungsprozess werden nun Chancen und Risiken abwägend, individuell mögliche Maßnahmen generiert, z.B. mit Brainstorming oder einem kreativen Interview. Anschließend werden diese besprochen und hinsichtlich realistischer Handlungsstrategien durchdacht. Daraus abgeleitet ergeben sich Teilziele mit ersten Schritten bzw. einzuleitenden Maßnahmen. Nachfolgend sind diese dann Themen z.B. vorausgehender „Hausaufgaben" bzw. einzelner Beratungstermine. Der zu beratenden Person bzw. dem/der Coachee wird entweder schon aus bisherigen Erfahrungen oder während der Beratungen deutlich, dass für einen solchen Prozess sowohl Zielstrebigkeit, Anstrengungsbereitschaft bzw. Engagement als auch Geduld, Ausdauer, ein Blick für Chancen und deren Nutzen und ein möglichst breites sowie situativ passend vertieftes Ressourcenrepertoire erforderlich sind. Dies ist deshalb so bedeutsam, da der Weg, im Bild des Szenariotrichters gesprochen, sowohl oszilliert als auch mäandriert. Entscheidend ist, dass er sich überwiegend und über möglichst längere Zeiträume in der oberen Hälfte des „Trichters" bewegt. Damit wird deutlich, das der „Weg" zum angestrebten Wunschszenario bzw. der eigenen Vision für die persönliche oder berufliche Entwicklung schrittweise, bewusst und erprobend erfolgt. Angeknüpft wird an die von der zu beratenden Person bzw. der/des Coachee selbst gesetzten realisierbaren (Teil-)Ziele. Dies geschieht durch regelmäßige Reflexion sowie falls erforderlich einer Prozessbegleitung durch z.B. den Coach bzw. den/die Berater(-in) so lange, wie das Bedürfnis dazu besteht oder die zu Anfang vereinbarte Zeit erreicht ist.

6.5 Selbstreflexion fördern - Balance von Affekten

Bei verschiedensten Autoren bildet der Begriff „Affekt" den Oberbegriff für Emotionen: Affekte bilden demnach im Gehirn den inneren Zustand eines Menschen ab. Ciompi (1997) definiert Affekte als „eine von inneren oder äußeren Reizen ausgelöste ganzheitliche psycho-physische Gestimmtheit von unterschiedlicher Qualität, Dauer und Bewusstseinsnähe." (Ciompi 1997) Affekte wirken auch auf Denkprozesse ein, dazu schreibt Ciompi:

- „Affekte sind die entscheidenden Energielieferanten oder „Motoren" und „Motivatoren" aller kognitiven Dynamik.
- Affekte bestimmen andauernd den Fokus der Aufmerksamkeit.
- Affekte wirken wir Schleusen oder Pforten, die den Zugang zu unterschiedlichen Gedächtnisspeichern öffnen oder schließen.
- Affekte schaffen Kontinuität; sie wirken auf kognitive Elemente wie ein „Leim" oder „Bindegewebe".
- Affekte bestimmen die Hierarchie unserer Denkinhalte.
- Affekte sind eminent wichtige Komplexitätsreduktoren." (Ciompi, 1997)

Die Fähigkeit zur Selbstreflexion ist für alle Beratungs- und Coachingprozesse von großen Bedeutung. Jede Selbstreflexion gründet auf der Selbstaufmerksamkeit. Selbstaufmerksamkeit bedeutet, dass bei einem Menschen dessen Aufmerksamkeit auf sich selbst gerichtet ist (objektive Selbstaufmerksamkeit). Diese sozusagen nach innen gerichtete Aufmerksamkeit ist stark individuell geprägt und damit variiert die Fähigkeit zur Selbstreflexion bei Menschen ebenso stark. Für einen Menschen passende äußere Reize können die Selbstaufmerksamkeit stimulieren und Facetten des Selbstkonzepts aktivieren bzw. bewusst werden lassen. Im Selbstkonzept sind Gefühle und Verhaltensstandards verbunden. Im Gehirn findet aufgrund des äußeren Reizes ein Vergleich zwischem Facetten von idealem und realem Selbstkonzept statt. Dieser ins Bewusstsein gedrungene Vergleichsprozess wird Selbstreflexion genannt: Bewusst werden so z.B. Diskrepanzen zwischen eigenem, realen Denken und Handeln und deren individuelle Idealvorstellung, was unangenehme Gefühle bewirken kann. Die aufgrund der Diskrepanz entstehende Motivation zu Veränderungen ist Voraussetzung und der Anknüpfungspunkt für Beratungs- und Coachingprozesse. Im Beratungs- und Coachingprozess muss darauf geachtet werden, dass durch eine Selbstreflexion ein Absinken des Kompetenzgefühls und Kompetenzerlebens (psychisches Grundbedürfnis) z.B. bei Coachees vermieden wird. Durch ein passendes, für die jeweilige zu beratende oder zu coachende Person passendes Vorgehen im Beratungs- und Coachingprozess soll möglichen Abwehrreaktionen (z.B. Verteidigung oder Rechtfertigung) vorgebeugt werden. Erste hilfreiche Ansätze dazu sind das Würdigen und Aktivieren von Ressourcen z.B. bei Coachees sowie ein lösungsorientiertes Methodenrepertoire der Beraterin / des Beraters bzw. des Coachs. Hilfreich ist auch eine durch z.B. den Coach einfühlsam geleitete Exploration der jeweiligen Situation aus dem Blick eines angestrebten Ziels, um so die wirkenden Variablen ausfindig zu machen. Dann kann der Blick zusammen mit vorhandenen bzw. erwerbbaren Ressourcen der Coachees auf mögliche Handlungsalternativen gerichtet werden. Beim Hinführen zum Gewinnen von Selbstreflexion in einem Beratungs- oder Coachingprozess muss bedacht werden, dass dies eine hohe geistige Anstrengung bedeutet und das Aufmerksamkeitssystem eines Menschen stark in Anspruch nimmt. Selbstreflexion gelingt am ehesten, wenn allein der geistige Prozess im Mittelpunkt steht und alles Handeln ruht.

Hinsichtlich des Aktivierens der eigenen Selbstreflexion z.B. bei Coachees ist zu Beginn von Beratungs- oder Coachingsprozessen oft zu beobachten, dass Menschen ihr vorhandenes Potential zur Selbstreflexion unterschätzen und dieses zunächst unausgeschöpft bleibt (Vermeidungstendenzen). Ein(e) Berater(-in) bzw. ein Coach ist daher gut beraten, zu

Anfang der gemeinsamen Arbeitsphasen mit z.B. Coachees ein Verständnis der Gründe für dieses Vermeiden von Selbstreflesion zu gewinnen. In der Literatur wird hierzu ein häufiger Faktor genannt: der Selbstwertschutz bzw. die Bedrohung des Selbstwertgefühls (vgl. Greif, 2008). Zu erkennen ist ein Bedrohtfühlen des Selbstwerts in Äußerungen, in denen z.B. in einer Situation bei vorhandener Diskrepanz eine verharmlosende oder beschönigende Re-Interpretation erfolgt. Bei vielen alltäglichen Routineaufgaben z.B. Morgentoilette, Frühstück bzw. viele wiederkehrende Verhaltenssequenzen ist i.d.R. keine Selbstreflexion erforderlich (unnötige Optimierung).

Selbstreflexion wird i.d.R. dann erforderlich, wenn entsprechende Routineoperationen für das Erreichen eines Ziels fehlen bzw. mit Gefahren verbunden sind: Es gilt unter Einsatz (aller) abrufbarer Erfahrungen (Gedächtnisinhalte) eine neue Handlungsstrategie zu finden. Bei einer Veränderung innerhalb eines Routineelements bzw. von Rahmenbedingungen, z.B. eine neue Waschmaschine, hilft die bisherige Routine meist nur eingeschränkt weiter: Bisherige Erfolgsmechanismen müssen angepasst werden, um auch erneut erfolgreich routiniert handeln zu können: Aufbrechen eines Methodismus hin zu neuer Problemlösungsstrategie. Es erfolgen Gedankenspiele und reale Experimente sowie möglichst genaue Beobachtungen von Abläufen und erreichten Ergebnissen, um zum gewünschten Erfolg zu gelangen. Hier greifen geistige Prozesse der Selbstreflexion, insbesondere dann, wenn reale Experimente zu gefährlich oder Ergebnisse unrevidierbar wären: „Es bestehen Zweifel an der Angemessenheit des Verhaltens." (Dörner, 1994).

Einige Methoden der Selbstreflexion trägt die Sozialpsychologie bei. Im Folgenden werden diese hinsichtlich von individuell, auf sich allein als Person bezogenen Aspekten kurz angesprochen und in ihren Möglichkeiten und Grenzen benannt.

Bei Aroson et. al. (2004) findet sich eine erste Methode, die der Introspektive. Wie im Wort schon sichtbar, ist dies ein „Prozess, bei dem der Mensch sich nach innen wendet und seine eigenen Gedanken, Gefühle und Motive untersucht." (Aronson et al., 2004) Aronson bezieht sich mit dieser Aussage auf individuelle Selbstaufmerksamkeit. Ein Prozess der Introspektion kann unangenehm sein und ist in sich limitiert hinsichtlich der Möglichkeiten. Introspektion erfordert einen grundlegend wertschätzenden Umgang mit sich selbst, was z.B. die Fähigkeit zum Selbsthumor einschließt. Introspektion benötigt eine Ergänzung, um z.B. innere

Einstellungen zu verändern, nämlich weitere Informationsquellen für den Blick auf sich selbst z.B. einen Beratungs- oder Coachingprozess.

Eine weitere Methode ist das Beobachten des je eigenen Verhaltens in bestimmten Situationen, um daraus auf die jeweiligen inneren Zustände zu schließen (Selbstwahrnehmung). Einstellungen und Gefühle können durch Selbstwahrnehmung bewusst werden (erweiterte Selbstkenntnis). Das Problem dabei sind falsche Schlussfolgerungen.

Eine andere Methode ist das Beobachten anderer Personen (sozialer Vergleich) hinsichtlich bestimmter Kriterien. In sozialen Interaktionen findet auch meist ein Vergleichen statt und durch ein Auseinandersetzen mit anderen Menschen wird das eigene Selbstbild mit gewonnen. Aronson et al. (2004) fragen hier nach den beobachteten Situationen und den gewählten Gesichtspunkten, die einem solchem Vergleichen zugrunde liegen: „Der soziale Vergleich wird dann herangezogen, wenn Menschen sich ihres Selbst unsicher sind und in der konkreten Situation kein objektiver Vergleich existiert. [...] Am erkenntnisreichsten ist, sich mit Personen zu vergleichen, die bezüglich des relevanten Vergleichskritieriums“ (Aronson, 2004) (vermeintlich) besondere Fähigkeiten aufweisen („aufwärtsgerichteter sozialer Vergleich“). Es geht dabei um eine „möglichst genaue Einschätzung ihrer Fähigkeiten oder Persönlichkeitseigenschaften.“ (Aeonaon, 2004) im Sinne von: „Wo stehe ich?“

Ein soziales Vergleichen ist einerseits wichtig und andererseits fragwürdig. Das Problem ist i.d.R. die beobachtete Person in einer bestimmten Situation und ein an dieser ´festgemachtes´ Selbstwertgefühl. Zu erfahren ist in sozialen Vergleichen oft z.B. wie eine bestehende Gruppe ´tickt´ oder wie z.B. in einer Organisation Fähigkeiten und Persönlichkeitsmerkmale einzuordnen sind. In Beratungs- und Coachingprozessen ist z.B. der Coach in seiner Person und seinem Handeln jeweiligen Vergleichen ´ausgesetzt´. Neben inhaltlichem Arbeiten wirken auch die eingesetzten Methoden, auch die Sprache und Wortwahl als mögliche ´Modelle´ für zum einen das Steuern des Prozesses und zum andern der darin gezeigten Haltung sowohl gegenüber des/der Coachee als auch sich selbst.

Eine weitere Möglichkeit zu einer Sicht auf sich selbst zu kommen ist das Betrachten von Fremdwahrnehmungen: „Wie werde ich von ... wahrgenommen?“ Anzunehmen wäre, dass zahlreiche, verschiedenste Rückmeldungen z.B. aus einer Seminargruppe, Hinweise auf ein realistisches Bild der eigenen Person darstellten und so auf je eigene Motive und

Persönlichkeitsmerkmale geschlossen werden könnte. Hier greift der konstruktivistische Ansatz: Andere Personen haben eigene Werte und Normen, die zu ihrer ´Welt´ mehr oder weniger passen. Zudem entwickelt sich z.B. in jeder Gruppe über die Gruppendynamik eine bestimmte innere Struktur. Durch beides sind auch die Rückmeldungen geprägt, was erhebliche Fehlerquellen beinhaltet.

In den vorausgehend vorgestellten Methoden, die im Alltag oft angewandt werden, ergeben sich deutliche Grenzen hinsichtlich eines daraus zu gewinnenden tragfähigen und realistischen Selbstbildes. Greif (2008) spitzt dies zu, indem er diese Art zur Selbstreflexion zu kommen als „ziellos kreisende Grübeleien" (Greif, 2008) bezeichnet.

Das Anstreben einer tragfähigen, nachhaltigen und individuell passenden Selbstreflexionsfähigkeit benötigt klare Grundlagen: Einen geschützten Raum bzw. Rahmen, wertschätzende, reflexionsfördernde Methoden, eine Balance zwischen situationsbezogenen und handlungsorientierten Phasen. Wichtig sind weiterhin z.B. von Coachees gewollte und umgesetzte klare Zielwünsche, d.h. getroffene Vereinbarungen (formaler und psychologischer Vertrag (siehe Anhang)) im/zum Begleiten (z.B. Prozessablauf, Freiwilligkeit, Diskretion), eine belastbare, d.h. vertrauensvolle Beratungs- bzw. Arbeitsbeziehung und z.B. bei Coachees bewusstes Dranbleiben im Sinne von Ausdauer, Einsatz- und Anstrengungsbereitschaft.

Beim Beraten oder Coachen gilt es, dass die ratsuchende Person zunehmend „Ordnung in ihre Gedanken über sich selbst bringen" (Greif, 2008) kann. Besonders zu Anfang des Prozesses lenkt z.B. der Coach in einfühlsamer, wertschätzender Weise den Prozess sowohl der Problem- als auch der Selbstreflexion, um später darauf aufbauend den z.B. von Coachees gewünschten bzw. angestrebten Zielen gemeinsam sukzessive näher zu kommen.

Ein wichtiger Schlüssel dazu ist nach Greif (2008) das sogenannte Kalibrieren der Affekte, d.h. das Ausbalancieren positiver und negativer Emotionen und der damit verbundenen Gefühle. Dazu ist eine ganzheitliche Betrachtungsweise hilfreich bzw. angesagt: Selbstreflexion bezieht immer möglichst alle Facetten der wirkenden Systeme in die Betrachtung bzw. Analyse mit ein. Nach Greif (2008) ist zu einer ganzheitlichen Selbstwahrnehmung und einer ergebnisorientierten Selbstreflexion ein „gemäßigt positiver Affekt" (Greif, 2008) hilfreich. In diesem emotionalen Zustand gelingt es am besten auf das individuelle Selbstkonzept im Extentionsgedächtnis zuzugreifen, d.h. dieses ins

Bewusstsein zu rufen. Dies gelingt i.d.R. da emotional ein positiver Ausgleich zwischen Denken und Fühlen möglich wird. Dazu muss nach Greif ein Mensch über die hohe Fähigkeit verfügen, aktiv steuernd seine eigenen Gefühle wahrnehmen zu können (Hinweis: Modell des „Inneren Teams“).

In der nachfolgenden Grafik werden die drei Bereiche gezeigt, die angesprochen werden sollten, um jeweilige Affektbereiche zugänglich und bearbeitbar zu machen. Zugleich finden sich jeweils zugeordnet mögliche Handlungsfelder, mit denen ein Coach im jeweiligen Bereich agieren kann, damit das Begleiten bzw. Ansprechen des/der Coachee hin zu einem förderlichen Umgang mit bzw. Bearbeiten von Affekten führen kann.

Reduktion negativer Affekte	Reduktion starker positiver Affekte	Förderung gemäßigt positiver Affekte
• Affektauslösende Situationen schildern lasses und Verständnis zeigen („Dampf ablassen“) • Selbstberuhigungen (Entspannungsübungen, Selbstinstruktionen wie „Ruhig bleiben!“ • Selbstablenkungen (an etwas anderes denken). Förderung der Reflexion über den negativen Affekt und die Situation, die ihn ausgelöst hat, durch verständnisvolle direkte und zirkuläre Fragen. Erarbeiten einer vorläufingen Möglichkeit zum Bewältigen der Affekte. • Positive Selbstbewertungen oder Bewertungen fördern (z.B. Aufzäh-	• Fragen zur Beschreibung und Reflexion der Gefühle und Situationen, die sie ausgelöst haben. • Fragen zu konkreteren Folgerungen und Plänen für künftige konkrete Handlungen.	• Deutlich gezeigte und glaubwürdige Wertschätzung und Sympathie des Coachs für den/die Coachee. • Empathie des Coachs bei Schwierigkeiten des/der Coachee. • Glaubwürdige Anerkennung und Bewunderung der Stärken und Fähigkeiten oder bereits erzielter Erkenntnisse und Veränderungen im Coaching. • Humor und gemeinsames Schmunzeln und Lächeln.

len wichtiger positiver Merkmale und Erfahrungen)		

Optimales Kalibrieren von Affekten zur Förderung bewusster Selbstreflexion (vgl. Greif, 2008)

Begleitend zum Beratungs- und Coachingprozess ist für die Selbstreflexion auch der Einsatz von Arbeitsjournalen oder Lerntagebüchern hilfreich. In diesen werden z.B. anhand von Leitfragen Anregungen zu zentralen Bereichen gegeben, die dann selbst bearbeitet bzw. reflektiert werden. In z.B. nachfolgenden Beratungs- oder Coachingsitzungen lässt sich dazu ein Feedback einholen.

Im obigen Text und auch in der Tabelle wurde schon beim Verhalten des Coachs kurz auf die Bedeutung einer Haltung des Humors bzw. von Lächeln oder Lachen aufmerksam gemacht. Hierzu haben Schinzilarz / Friedli eine interessante und zugleich ungewöhnliche Perspektive entwickelt, aus der nachfolgend beispielhaft einige vom Autor als wesentlich empfundenen Teile benannt werden.

6.6 Lachen, Lächeln und Humor in Coachingprozessen

Humor wird durch sein häufiges und passendes Anwenden zu einer Haltung. Dabei wirkt Humor auf die Wahrnehmung sowie auf die Gefühle, da er eine jeweilige Perspektive verändert und so breitere Möglichkeiten des Verhaltens eröffnen kann. Viele auch alltägliche Dinge erscheinen nun in einem anderen Licht. Im Leben wirkt Lachen auf die individuelle Psyche in Richtung einem Wohlsein sowie situativer Gelassenheit. „Im Coaching und Beraten stellen Lachen und Lächeln gezielte Interventionen dar, mit denen Situationen bewusst gestaltet werden. Humorvolle Strategien [...], Gesprächsverläufe sind [...] Ergänzungen zu bekannten und erprobten Instrumenten.“ (Schinzilarz / Friedli, 2013) Bei echtem Lachen und Lächeln, bei dem sowohl die Augen- als auch die Mundpartie beteiligt sind, signalisiert ein Mensch Freundlichkeit mit wachem, offenem Blick. Wichtig ist dabei, dass Stimme und Mimik zur angewandten Sprache passen, sodass ein freundliches Zugewandtsein entsteht. Echtes Lächeln beinhaltet auch eine Haltung des Humors. Eine humorvolle Stimmung verbreiten auch Anekdoten, Sprachspiele und Wortirritationen: Sie bewirken ein Schmunzeln oder Lachen. Eine humorvolle Haltung und dazu passendes Handeln signalisiert Zufriedenheit, Lebensfreude und Leichtigkeit. „Interessant für Humorcoaching sind die Auswirkungen von

Humor und Lachen auf den Körper, die Psyche, das zwischenmenschliche Zusammenleben und die Zusammenarbeit in allen Bereichen des Lebens. Wenn Menschen einander anlächeln, dann reagieren und ´feuern´ die Spiegelneuronen und signalisieren Sympathie und Freundlichkeit." (Schinzilarz / Friedli, 2013) Eine humorvolle Haltung kann jeder Mensch für sich erarbeiten und lernen. Sie wächst sukzessive zunächst im bewussten Tun, verinnerlicht und festigt sich, sodass sie zu einem persönlichen Merkmal, einer Haltung wird (mindset). Humor ist verbunden mit einem positiven Selbstwertgefühl und einem realistischen, deutlichen Selbstbewusstsein verbunden mit Gelassenheit. Dies beinhaltet ein heiteres Betrachten sowohl eigener Fähigkeiten, des Könnens und der Potenziale (Ressourcen) als auch das realistische Eingestehen der eigenen Grenzen, Marotten und Unvollkommenheiten: Humor ist auch eine Haltung der Demut, des Respekts, der Verantwortung und der Achtung sowohl gegenüber sich selbst, als vor allem auch gegenüber Mitmenschen und der Natur. Sie entsteht durch lernreiche Beziehungen zu anderen Menschen und dabei gemachten Erfahrungen und ist etwas anderes als antrainiertes „Gehabe“. Hilfreiche Erfahrungs- und Erprobungsfelder bieten z.B. im geschützten Raum TZI Persönlichkeitskurse in verschiedenen Gruppenkonstellationen bei unterschiedlichen Leitungspersonen (Ruth Cohn Institut: Themenzentrierte Interaktion).

Eine humorvolle, freundliche Haltung bewirkt z.B. bei Coachees eine entspanntere Herangehensweise an eine Situation, sodass sich eine breitere Palette an Ideen für mögliche Handlungen entwickeln kann. Aus dem Gesichtspunkt der Achtsamkeit heraus wird an den Ressourcen der Coachees angesetzt: „Wo und wann ist Ihnen etwas gelungen?“, „Welche Ihrer Ressourcen haben Sie da eingesetzt?“. Im humorvollen Herangehen kann bei genauerem Betrachten eine (vermeintliche) Niederlage oft als Lernfeld für zukünftiges Handeln und damit als ´Erfolg´ umgedeutet werden, der das eigene Selbstbild und die Handlungsfähigkeit stärkt. Im Coachingprozess ist an einer solchen Stelle in der Mimik von Coachees oft ein Schmunzeln zu beobachten.

Auch für den Coach ist es als Person wichtig, möglichst oft in Situationen zu Lächeln oder zu Lachen. Hilfreich ist auch, immer wieder Texte zu lesen oder Filmclips anzusehen, bei denen wir lächeln oder Lachen; denn dies hilft zu mehr Wohlbefinden und Selbstzufriedenheit. Hilfreich kann auch sein, in ernsten Situationen, wenn Sie alleine sind, immer mal wieder zu lächeln. Oft eröffnet sich dadurch der Blick bzw. die Situation wird gefühlt als bewältigbar gesehen. Empirisch nachgewiesen ist auch die psychische bzw. psychosomatische Wirksamkeit, wenn ein erwünschtes Ziel bildlich mental mit innerem Lächeln (emotional positive Konnotation) vorgestellt wird. Dies lässt sich noch verstärken, indem daraus ein zielbezogenes, allgemeines Motto in aktiver Form und positiv formuliert wird, z.B. „Ich klettere auf den hohen Ast, setze mich und gewinne den Überblick." Hier signalisiert „klettern" Ausdauer und Anstrengungsbereitschaft, das „sich setzen" bedeutet zur Ruhe kommen und „Überblick gewinnen" bedeutet aktiv werden, genau die Situation beobachten bzw. in der realen Situation auf die Metaebene gehen und so handlungsfähig bleiben. Ein solches mental handlungsleitendes Motto kann z.B. auf einen Gegenstand, der sich in Ihrem Blickfeld befindet, übertragen werden. Dieser erinnert Sie als „somatischer Marker" an ein mit dem Motto verbundenes, positiv empfundenes Erlebnis oder eine schöne Erfahrung, wo Sie z.B. herzhaft gelacht haben. Ein solcher Gegenstand kann z.B. eine Skizze sein: Fertigen Sie eine solche an und stellen Sie diese als „somatischen Marker" z.B. auf Ihren Arbeitsplatz. Haben Sie einen besonderen Gegenstand, der Ihnen gefällt, dann machen Sie diesen zu Ihrem „somatischen Marker", indem Sie, wie bei der Skizze genannt, mental bewusst und mehrfach die damals erfahrenen positiven Gefühle mit diesem Gegenstand verbinden: Jedes Mal, wenn Sie in Zukunft die Skizze oder den Gegenstand ansehen, bewirkt dies das Aufkommen der jeweiligen positiven Gefühle („somatische Marker"), mithin auch ein Lächeln oder Schmunzeln. Auch angenehme Erlebnissequenzen, in denen etwas lustiges geschah, können „somatische Marker" sein, die bei Ihnen ein Lächeln auslösen. Solche mentalen Momente in z.B. ernsten Situationen eingesetzt, bewirken und stärken die Fähigkeit um real und mental ´durchatmend´ auf Distanz gehen zu können. Dies bewirkt ein Entspannen, sich anbahnende Muskelverspannungen lösen sich und ein geistiges Angespanntsein wandelt sich zu klarer Konzentration auf das sachgeboten Wesentliche. Dies setzt eine situativ erforderliche, positiv stärkend wirkende innere Energie frei, die das Denken und Handeln zielgerichtet steuert: „Hah! hab ich´s mir doch gedacht, das gehe ich jetzt in dieser Weise an!" (verbunden mit einem Lächeln oder Lachen je nach Umgebung).

Beim Vorbereiten auf Beratungs- oder Coachingsprozesse könnten sie sich z.B. überlegen, welche Ziele Sie durch ein Lächeln leichter erreichen könnten, z.B.:

- Wie kann ich den Kontakt zum/zur Coachee erleichtern?
- Wo bietet sich ein Aufmuntern an?
- Wie kann ich eine vertrauensvolle Atmosphäre schaffen?
- Wie und wo könnte ich meine eigenen Ressourcen einbringen und gleichzeitig diejenigen der/des Coachee bewusst bzw. zugänglich machen?
- Wie bzw. wo bieten sich aktivierende, entspanntere Phasen an?

Ziele werden um so attraktiver, je öfter sie mit einer lächelnden Haltung in aufmunternder, verständnisvoller, sanfter und ggf. erkennbar verschmitzter Art und Weise ´betitelt´ werden z.B.: „Ich denke, ... könnte interessant werden!“, „Mal sehen, wie wir ... aufbereiten können!“ oder „So wie es aussieht, beinhaltet ... interessante Perspektiven!“ Wichtig ist, dass ein gezeigtes Lächeln echt, d.h. synchron mit Ihren Gefühlen ist; denn ein wie auch immer gezeigtes bzw. antrainiertes ´Schauspielern´ (attitude) wird über kurz oder lang durchschaut und beschädigt dadurch das so nötige Vertrauensverhältnis zwischen Coach und Coachee.

So von Coachees gewünscht, sollten Sie diesen das ´Energiepaket´ Lächeln oder Lachen ebenfalls zugänglich machen. Elemente dazu könnten sein:

- Gleich nach dem ersten Räkeln am Morgen, begrüßen Sie den Tag mit einem Lächeln und/oder lächeln Sie sich im Spiegel an mit den Worten: „Prima, ein neuer Tag schafft neue Chancen!“
- Legen Sie eine Notiz für Sie gut sichtbar an ihren Arbeitsplatz mit der Aufforderung: „Ich lächle mindestens eine Minute lang und dies zwei bis drei Mal in einer Stunde!“
- Besteht für heute ein bestimmtes Ziel, so lächeln Sie beim Erreichen jedes Teilziels. Haben Sie ein persönliches Ziel, so lächeln Sie bei dessen Formulierung und nach jedem abgeschlossenen Schritt aufs Ziel zu.
- Am Ende des Tages, beim Rückblick, lächeln Sie bei allen, auch kleinen erreichten Zielen. Lächeln Sie über alle Gelegenheiten, bei denen Sie sich bei einem anderen Menschen bedankt haben. Verabschieden Sie den Tag mit einer persönlichen Dankesformel, vielleicht einem Dankgebet (vgl. Schinzilarz/Friedli, 2013).

In Beratungs- und Coachingprozessen sind situativ passende Fragen wichtig. Sie sind ein „Werkzeug“ um z.B. den/die Coachee zum Reflektieren bzw. Denken anzuregen: Mit gezielten, einfühlsamen, überraschenden, aktivierenden und aufmunternden Fragen soll zu ungewohnten, neuen Denkwegen angeregt werden, um Potentiale, Chancen, andere Perspektiven und unkonventionelle bzw. kreative Denkprozesse anzubahnen. Humorvolle, von einem Lächeln begleitete, möglicherweise vordergründig zunächst irritierende Fragen fokussieren die Aufmerksamkeit des/ der Coachee und regen zu breiterem Denken an. Schinzilarz / Friedli (2013) gliedern anregende Fragen. in folgende Bereiche:

„Situationen humorvoll betrachten und bewerten:“ Eine Frageweise die hierzu anregt, will es ermöglichen z.B. in Situationen mit hoher Herausforderung mittels einer humorvollen Haltung den inneren Blick offen und weit zu halten, z.B. mittels des Wechsels auf die Metaebene oder einem Perspektivenwechsel: „Was erheitert Sie bei ... ?“, „Welche Momente bringen Sie beim Anstreben Ihres Ziels zum Lächeln?“, „Was wird sich verändern, wenn Sie bei ... mit innerem Humor herangehen?“, „Sie streben ... an, was wird bei Ihnen ein Lächeln hervorzaubern?“, „Bei ... ist Ihnen der erste Schritt gelungen, worüber werden Sie lachen?“, „Sie sind Ihrem Ziel schon näher gekommen, welche Anekdote dazu werden Sie ... erzählen?“, „Gerade haben Sie von der Situation ... berichtet. Erzählen Sie dazu etwas Witziges!“, „Was löst heute am Tagesende bei Ihnen ein Lächeln aus?“, „Wie gelingt es Ihnen andere zum Lachen zu bringen?“.

„Humorvolle Erkenntnisse über Begriffe:“ Viele Begriffe sind mehrdeutig und können verschieden verstanden werden. Diese Mehrdeutigkeit lässt sich humorvoll nutzen, indem durch die Irritation andere Ideen aufkommen: „Können Sie zu den Bedeutungen des Begriffs ... eine Anekdote erzählen?“, „Was bewirkt beim Begriff ... ein Lächeln?“, „Erfinden Sie zum Begriff ... einen flotten Spruch, der Sie zum Lachen anregt!“, „Sie haben eben gesagt, es gehe Ihnen gut. Welche Mimik passt dazu?“ „Erfinden Sie zum Begriff ... ein Wortspiel, das Sie lächeln lässt!“

„Gefühle als humorvolle Bewältigungsstrategie:“ Jeder Mensch erlebt in jedem Augenblick Gefühle. Diese stellen eine Chance dar, auch kritische Situationen besser bewältigen zu können. Dazu gilt es sie zunächst wahrzunehmen und dann z.B. in der Vorstellung einer Situation bildhaft ´umzuwandeln´. Beispiel: Bei Ihnen steht ein Vortrag vor fremdem z.T. wahrscheinlich eher kritischem Publikum an. Sie bereiten sich inhaltlich und mental auf die Situation vor. Fügen Sie an inhaltlich passenden Textstellen humorvolle Anmerkungen ein z.B. was eine ´unbedarfte Person´ hierzu vielleicht denken könnte: Stellen Sie sich an verschiedenen Stellen innerhalb des Raums eine z.B. lächelnde, Ihnen zunickende, clownhaft verkleidete Person vor. Blicken Sie abwechselnd in die jeweilige Richtung und lächeln Sie passend zum Vortagsinhalt ins Publikum. Fragen könnten lauten: „Was will Ihnen das Gefühl ... sagen?", „Welche körperliche Empfindung bewirkt das Gefühl ... bei Ihnen?", „Welches Gefühl ´meldet´ sich in der Situation ... bei Ihnen?", „Was bedeutet das Gefühl ... für Sie`", „Was gefällt Ihnen beim Gefühl ... ?". „Wie könnten Sie das Gefühl ... bei ... nutzen?", „Welche Ressourcen öffnen sich bei Ihnen beim Gefühl ... ?", „Verbinden Sie das Gefühl ... mit der Situation ... , was bewirkt das bei Ihnen?", „Sie haben die Gefühle ... , ..., was bewirken diese? Versuchen Sie diese ´humorvoll´ mit Freude zu verbinden. Was ändert sich?".

„Humorvolle Selbsteinschätzung:" Viele Menschen ´fliehen´ innerlich vor einer unangenehmen Situation durch Äußerungen, die ein eigenes Unvermögen signalisieren sollen. Dies kann durch eine ´vorgeschobene Opferrolle´ oder eine ´Mitgefühl erheischende Rolle´ geschehen. Beispiel: „Dazu bin ich zu doof!" In Beratungs- und Coachingsituationen hilft hier meist eine Art humorvolle Verfremdung, um (wieder) einen Zugang zur jeweiligen Person zu erhalten: (Freundliche, lächelnde Mimik)„Was erreichen Sie mit diesem Nichtkönnen?", „Wovor schützt Sie dieses ´bin zu doof´?", „Neben diesem Doofsein haben Sie sicher noch andere ´Ressourcen´?!", „´Nichtkönnen´ scheint Ihnen Spaß zu machen?!", „Sie können etwas! Ich bin neugierig darauf?", „Ihnen fällt ... schwer, was fällt Ihnen leicht?".

„Verhaltensmuster humorvoll verändern:" Menschliche Verhaltensmuster schaffen in vielen Alltagssituationen Routinen, die entlastend wirken. Sie weisen ein mehr oder weniger großes Beharrungsmoment auf und werden erst überprüft bzw. verändert, wenn deutlicher Bedarf dazu besteht. Bei anstehenden Veränderungen, so auch in Beratungs- und Coachingprozessen, steht meist neben einem Überprüfen zugleich auch ein ´auf den Weg machen´ hin zu erforderlichen Veränderungen an. Hierzu muss ein jeweiliges Verhaltensmuster meist erst einmal wahrgenommen und damit ins Bewusstsein rücken. Hierzu sind entsprechende Fragen hilfreich: „Sie verhalten sich bei ... in ... Art und Weise was gewinnen Sie bei dieser Inszenierung?", „Zeichnen Sie eine

Karikatur, die Ihr Verhalten ausdrückt!", „Was gefällt Ihnen am ... -verhalten besonders?", „Was macht für Sie ... sinnvoll?", „Was meinen Sie, welche ´Geschichte´ bei diesem Verhalten über Sie erzählt wird?", „Welche Fähigkeiten finden Sie bei sich lustig?", „Wo wollen Sie Ihren Humor zeigen?", „Wie und wo setzen Sie ihre besonderen Fähigkeiten ein?", „In welchen Momenten lächeln/lachen Sie meistens?"

6.6.1 Humorvolle Interventionen

Humorvolle Interventionen können sowohl am Anfang einer Beratungs- oder Coachingsitzung als auch in deren Verlauf sinnvoll sein, um z.B. eine Situation zu entspannen, einen einstimmenden Moment zu gestalten oder ein Umlenken der Gedanken zu bewirken. Einsetzen lassen sich dazu z.B. Bilder mit lustigen Darstellungen, Karikaturen, Sprüche, kurze Reime und lustige Assoziationen auslösende Gegenstände.

In Beratungs- und Coachingprozessen können sowohl bei einem andauernden Redefluss als auch in stockenden Gesprächen zu Sprache passende lustige oder witzige Karikaturen als impulsartige Interventionen dienen. Suchen Sie sich aus dem sowohl in Printmedien als auch z.B. im Internet verfügbaren Karikaturen welche aus, die auch Ihnen gefallen und bei denen Sie lachen oder lächeln. Mit einer Karikatur oder einer anderen bildlichen Darstellung mit lustiger Wirkung fokussieren Sie die Aufmerksamkeit z.B. von Coachees auf dieses Objekt und verändern damit die Perspektive. Danach könnten Sie z.B. fragen, wie jetzt weiter verfahren werden soll?
Auch Smileys sind eine Art ´verkürzter´ Karikatur. Zielgerichtet und sparsam eingesetzt wirken sie entspannend und regen zum Lächeln an, was eine angenehmere Atmosphäre schafft im Sinne einer heiteren Stimmung. Sie können auch z.B. den/die Coachee einen Smily zeichnen lassen als Ausdruck des aktuellen Gemütszustands. Im Internet finden Sie zahlreiche Vorlagen, die passend vergrößert, farbig ausgedruckt eine Smilysammlung bilden können.

Setzen Sie Sprüche oder Reime ein, so ist ein kurzer Hinweis sinnvoll, z.B. „In diesem Zusammenhang kommt mir ein Spruch in den Sinn.", dann legen Sie den Spruch z.B. auf den Tisch und tragen ihn auch vor. Wie bei den Karikaturen ist es hilfreich, wenn Sie eine kleine Spruch- bzw. Reimsammlung angelegt haben. Alle Sprüche oder Reime sollten etwas

Lustiges beinhalten. Auch eine Kombination von Spruch bzw. Reim und einem passenden Smily oder diametralen Smily kann anregend sein. Beispiele für witzige Sprüche: „Ein Schnäppchen ist etwas, das man nicht braucht, zu einem Preis, dem man nicht widerstehen kann." (Franklin Jones) „Der frühe Vogel fängt den Wurm, isst mehr, wird fett und stirbt an Herzversagen." (Unbekannt) „Niemals, unter keinen Umständen sollte man ein Abführmittel und eine Schlaftablette zur gleichen Zeit nehmen." (Dave Barry) „Ein Diplomat ist jemand, der dir sagen kann, dass du zur Hölle fahren sollst und du dich bereits auf die Reise freust." (Caskie Stinnett) „Warum nur hat Noah die beiden Moskitos nicht erschlagen?" (Unbekannt) „Eine Bank ist der Ort, wo sie einem Geld leihen, wenn du beweisen kannst, dass du keines brauchst." (Bob Hope) „Oft nennt die Welt im eitlen Trug den Weisen dumm, den Narren klug." „Hat die Blume einen Knick, war der Schmetterling zu dick." (Quelle: https://www.aberwitzig .com/lustige-zitate-3.php) Das Erstellen von solcherart lustigen Sprüchen oder Reimen könnte eine „Hausaufgabe" für den/die Coachee sein, wobei die Themen aus dem jeweiligen Alltag stammen sollten.

Ein den meisten bekannter und mit lustigen Momenten verbundener Gegenstand ist die Clownnase. Im Gedächtnis werden dazu meistens Erstaunen, Neugierde, Irritation, Belustigung usw. assoziiert. Die „rote Nase" ist mit Gefühlen verbunden und zeigt entsprechende Wirkung. Wird sie aufgesetzt, so verändert sich die Atmosphäre. In einer Beratungs- oder Coachingsituation muss ihr Einsatz genau durchdacht und zielbezogen erfolgen. Neben einem Aufsetzen kann schon ein sichtbares In-die-Handnehmen Wirkung entfalten. Schinzilarz / Friedli (2013) regen den Einsatz der „roten Nase" durch z.B. den Coach in Konfliktsituationen an: Sie wird direkt aufgesetzt und dann werden alle beteiligten Personen nacheinander mit lächelndem Blick angesehen. Die „rote Nase" wird wieder entfernt und gefragt: „Was denken Sie jetzt?" „Wie haben Sie auf die Rote Nase reagiert?" „Was haben Sie gefühlt, als sie Rote Nase auftauchte?". (Schinzilarz / Friedli, 2013) Mit diesem Hilfsmittel lassen sich angespannte Situationen auflösen, Verhaltensmuster brechen auf, Beziehungsgefüge verändern sich, der „Clown" hat sofort die volle Aufmerksamkeit.

7 Anlagen

Zielkonkretisierungs-Assessment

Es sollte z.B. in ein Tabelle (Querformat) einer Textverarbeitung mit ausgefüllten Zielerreichungskriterien übertragen werden.

Was (welche Ressourcen) brauche ich, um mein Ziel zu erreichen?

Datum:

***(100 % bezeichnet das Ausmaß, das ich für wünschenswert halte)**

Zielerreichungs-kriterien (Ressourcen)	**Ausmaß, in dem ich die Ressource derzeit erfülle (in %)***	**Ziel-Relevanz** (Priorität)	**Bemerkungen**
	10 – 20 – 30 – 40 – 50 – 60 – 70 – 80 – 90 – 100		
	10 – 20 – 30 – 40 – 50 – 60 – 70 – 80 – 90 – 100		
	10 – 20 – 30 – 40 – 50 – 60 – 70 – 80 – 90 – 100		
	10 – 20 – 30 – 40 – 50 – 60 – 70 – 80 – 90 – 100		
	10 – 20 – 30 – 40 – 50 – 60 – 70 – 80 – 90 – 100		
	10 – 20 – 30 – 40 – 50 – 60 – 70 – 80 – 90 – 100		
	10 – 20 – 30 – 40 – 50 – 60 – 70 – 80 – 90 – 100		
	10 – 20 – 30 – 40 – 50 – 60 – 70 – 80 – 90 – 100		
	10 – 20 – 30 – 40 – 50 – 60 – 70 – 80 – 90 – 100		
	10 – 20 – 30 – 40 – 50 – 60 – 70 – 80 – 90 – 100		
	10 – 20 – 30 – 40 – 50 – 60 – 70 – 80 – 90 – 100		
	10 – 20 – 30 – 40 – 50 – 60 – 70 – 80 – 90 – 100		

(Wahl)

....

Grundregeln der Gesprächsführung

- Vorbereiten auf das Gespräch: „Was ist mein Ziel?", „Wie ist meine Einstellung bzw. wie sind meine Gefühle zum Gegenüber?", „Was sind meine Stärken beim Thema ... ?" und „Worauf will / werde ich besonders achten?"
- Meinem Gegenüber mit Achtung und Respekt begegnen.
- Kontakt herstellen: „Ich suche und halte passend den Blickkontakt!", „Ich achte auf in mir aufkommende Gefühle und meine Körpersprache und tue das auch bei meinem Gegenüber."
- Erwartungen: „Mit welchen Erwartungen muss ich rechnen?", „Welche Erwartungen kenne ich bereits?", „Worum geht es bei ... ?", „Was kann ich einbringen und was erwartet mein Gegenüber?"
- Thematische Informationen ergründen: „Ich stelle themenbezogene, offene Fragen!", „Ich frage nach, strukturiere und lass das Wesentliche herausarbeiten."
- Die Arbeit im Hier und Jetzt: Mein Gegenüber soll die aktuelle Situation und das Anliegen genau benennen. „Ich höre genau zu und stelle situationserhellende Nachfragen." „Ich bringe mich per „Ich ..." ein." „Ich akzeptiere Aussagen so wie sie vorgebracht wurden, kläre durch Paraphrasieren und fasse wichtige (Zwischen-) Erkenntnisse zusammen."
- Interventionen: Sind Interpretationen meiner Erfahrung bzw. Ansicht nach erforderlich, so mache ich dies fassbar deutlich, z.B.: „Ich habe bei ... die Erfahrung gemacht, dass .... Ich biete Ihnen eine Idee / einen Gedanken an: ... ."
- Authentizität: „Ich sage immer die Wahrheit und entscheide situativ und verantwortlich, was ich wie sage!" und „Ich werde alles tun, was sinnvoll und passend ist und entscheide verantwortlich was ich tue."
- 50%-Regel: „Ich kläre, um wessen Problem es aktuell im Kern geht." Mindestens die Hälfte allen gemeinsamen Arbeitens auf dem Weg zum (Zwischen-) Ziel wird vom Gegenüber gesteuert und verantwortet.
- Rückschau und Vorausschau: Sowohl mein Gegenüber als auch ich blicken auf den aktuell, in dieser Sitzung gemeinsam gegangenen Weg zurück: Was wurde bearbeitet und wo ist der aktuelle Stand? Was steht noch an und wird bei ... bearbeitet? „Welche Fragen stellten sich neu bzw. kamen neu auf?" „Was ist das Thema der nächsten Sitzung?" Welche Schritte bzw. welcher Schritt folgen als nächstes (z.B. Hausaufgabe oder Umsetzung)?
- Feedback zum Gespräch bzw. zur gemeinsamen Arbeit.

Ressourcenorientiert Beraten - eine Art Checkliste

(nach Bamberger, 2015)

Achte auf:

- Was will der/die Ratsuchende? (Ziel, Lösung)
- Was kann der/die Ratsuchende tun? (Ressourcen)
- Was ist der nächste Schritt? (Handeln)

Grundlegende Annahmen:

- Die Situation ist schwierig!
- Harte Arbeit erfordern selbst kleine Veränderungen!
- Experte ist der/die Ratsuchende!
- Der/die Ratsuchende weiß besser Bescheid als der/die Beratungsperson!
- Grundsätzlich verfügt jeder Mensch über die Fähigkeit, sein Leben aus eigener Kraft positiv zu gestalten!

Grundlegende Regeln:

- Nichts wird repariert, was nicht kaputt ist!
- Von allem, was schon klappt etwas mehr!
- Hat etwas nicht funktioniert, dann mach etwas anderes!

Phasen eines Beratungsprozesses:

- **Synchronisieren:** Einander kennen lernen, erste Orientierung (Wer ist er/sie? [persönliche Ebene] Worum geht es? [thematische Ebene] Wie stellt er/sie sich die Kooperation vor? [Ebene der Art und Weise], Problemverstehen, gemeinsames Klären des Beratungsauftrags;
- **Lösungsvision:** Erfragen von Ausnahmen eines Problems, Fokussieren auf Ressourcen, hypothetische Lösungsmöglichkeiten und sonstige Potentiale für Veränderungen;
- **Lösungsverschreibung:** Entwerfen einer geeigneten Intervention („Nachdenkpause"), Kommunikation der Lösungsidee(n);
- **Lösungsevaluation:** Reflektieren und Analyse der Verbesserung und Konzeption weiterer Veränderungsschritte;
- **Lösungssicherung**: Überlegen von Möglichkeiten, das Erreichte im Verhaltensrepertoire der beratenen Person zu verankern;
- **Verabschiedung**: Beendigung der Beratung mit ggf. dem Vereinbaren eines Gesprächs nach einer zu vereinbarenden Zeit.

Beziehung zwischen Berater und Ratsuchenden (Rapport)

- eine Art Checkliste -

(nach Bamberger, 2015)

Ziel zu Beginn und während eines Beratungspozesses ist es, eine gute Arbeitsatmosphäre (Arbeitsbeziehung) aufzubauen. Faktoren für eine gute Arbeitsbeziehung sind:

- **Empathie:** Der/die Beratende kann den/die Ratsuchende wirklich verstehen und akzeptiert die Person bedingungslos. Dazu gehört das Versetzen in die aktuelle sinnliche Wahrnehmungswelt des/der Ratsuchenden und das Wahrnehmen, was der/die Ratsuchende fühlt, denkt und braucht. Mit jedem „Ja, genau so ist es!" wird sich der/die Ratsuchende sowohl besser verstanden fühlen als auch sich auf eine Lösungssuche, -beschreibung und -erprobung einlassen.
- **Aktives Zuhören:** Das Zuhören bedingt ein Sicheinlassen auf das Gegenüber und völlige Präsenz und Aufmerksamkeit.
- **Neutralität:** Zurückhaltung hinsichtlich einer Bewertung des Problems sowie bezüglich der Probleminterpretation.
- **Achtung und Respekt:** Dies sind Formen der Wertschätzung des/der Ratsuchenden.
- **Angleichung:** So weit als möglich bzw. sinnvoll soll ein Angleichen an die verbale und nonverbale Sprache des/der Ratsuchenden erfolgen. Dazu gehört auch die Anpassung an das Tempo des/der Ratsuchenden.
- **Wertschätzung:** Dies drückt sich in einem freundlichen, wohlwollenden und achtsamen Verhalten des Beraters / der Beraterin aus. Wertschätzen heißt auch, die Bedürfnisse, Ressourcen und Kompetenzen des/der Ratsuchenden wahrzunehmen. Der Berater / die Beraterin muss nach dem Positiven suchen. Wertschätzung lässt sich auch auf nonverbale Weise kommunizieren, z.B. durch Blickkontakt, Kopfnicken, eine zugewandte, leicht nach vorn geneigte Sitzhaltung, eine offene Armhaltung usw.
- **Resourcen aktivieren:** Allein die Ressourcen des/der Ratsuchenden sind in der Lage „Agenten von Veränderung" zu sein. Es gilt alle positiven Aspekte von Stärken hervorzuheben und immer wieder darauf Bezug zu nehmen, um zu weiteren zielführenden Aktivitäten zu ermuntern und so zu aktivem Verändern zu motivieren.

Lösungsorientiertes Frageweisen (vgl. Bamberger, 2015)

Lösungsorientierte Zentralfrage: Sie richtet sich an der Vision aus, dass das Problem nicht mehr existent wäre. Der/die Ratsuchende soll eine Vorstellung davon gewinnen, welches persönliche, positive Ziel, welche Lösung, konkret in der Beratung angestrebt wird. „Woran werden Sie erkennen, dass wir während der Beratung gemeinsam auf dem richtigen Weg sind? ... Was werden Sie dann tun, was sie momentan noch nicht tun?"

Ausnahmefrage: Mit dieser Frageweise geht es darum, mögliche Potenziale für Lösungen aufzudecken. Fragen dazu könnten sein: „Was ist anders, wenn das Problem nicht besteht?", „Wann tritt das Problem weniger oder überhaupt nicht auf? ... Was müsste geschehen, damit dies öfter so ist?" War das Problem schon einmal weniger belastend?", „Woran merken Sie, dass das Problem etwas weniger da ist?" usw.

Evaluativfrage: Meist bewirken viele Einzelschritte erst einen Weg vom Problem zu Lösungsansätzen bzw. einer Lösung. Äußerungen dieser Art könnten sein: „Was hat sich seit ... verändert?", „Ich merke, dass sich bei Ihnen Dinge verändern!", „Ich erlebe Sie als sehr energiegeladen / kraftvoll heute! Was hat sich verändert?" usw.

Hypothesefragen: Für den/die Ratsuchende werden mit solchen Fragen alternative Wirklichkeitskonstruktionen erfahrbar. Sprachformen sind dabei: „Stellen Sie sich vor, dass ...! Was wäre dann?" Angenommen .... Was veränderte sich damit?", „Gesetzt den Fall, ... Welches Gefühl löste dies bei Ihnen aus?" usw.

Immunisierungsfragen: Immunisierungsfragen sollen helfen momentane Rückschritte, Seitenbewegungen, Bögen (Schleifen) oder Verharren zu durchstehen. Sie sollen die/den Ratsuchende(n) dazu ermuntern bzw. befähigen auch bei auftretenden Schwierigkeiten eine getroffene Entscheidung beherzt weiter zu verfolgen. Ein solches Dranbleiben verhilft meistens zum Erfolg, zum „Durchbruch". Hilfreich ist dabei, so möglich, an vorausgegangene Erfahrungen anzuknüpfen: „Sie haben schon Probleme gemeistert. ... Wenn Sie zurückschauen, wie sind Sie damals vorgegangen?", „Was brachte für Sie die entscheidende(n) Veränderung(en)?", „Was könnten Sie sich aus diesen Erfahrungen aktuell raten?"

Operationale Fragen: Sie wollen sicherstellen, dass der/die Ratsuchende z.B. bei einer Lösungsvereinbarung genau weiß, was zu tun ist. Dazu passende Fragen sind: „Wann beginnen Sie mit ...?", „Welchen Zeitpunkt wählen Sie für ...?", „Was wäre Ihr erster Schritt? ... Welche kämen danach?", „Woran sehen Sie Ihren Erfolg?", „Wie gedenken Sie sich dafür zu belohnen?" usw.

Kontextfragen: Kontextfragen helfen, die zu bearbeitenden Themen in einen Zusammenhang zu stellen und die Kontextabhängigkeit zu verdeutlichen.

Beispielfragen: „Wer in Ihrer Familie hat das größte Interesse an einer Lösung des Problems?", „Wer hat ein Interesse, dass sich nichts ändert?", „Wer könnte Ihnen bei der Lösung Ihres Problems behilflich sein?"

Reframingfragen: Diese Frageweise intendiert das Vermitteln neuer bzw. anderer Perspektiven auf ein Problem. Hinweise bzw. Fragen dazu könnten sein: „Situationen weisen oft mehrere Facetten auf, z.B. ... Könnte eine solche Perspektive auch bei Ihnen /Ihrem Problem zutreffen?" usw.

Ressourcenscreening: Jedes Entwickeln und Verändern bei Ratsuchenden beruht auf den je persönlichen Ressourcen. Beim Beraten gilt es die individuellen Ressourcen bei Ratsuchenden in deren Bewusstsein zu holen. Für den Berater / die Beraterin ist der Fokus auf Ressourcen ein wichtiger Ansatz um mögliche Lösungen ins Gespräch zu bringen. Bei Ideen oder einer Hausaufgabe von Ratsuchenden könnte eine entsprechende Frage lauten: „Sie haben die vereinbarte Hausaufgabe bewältigt, was glauben Sie, was mich dabei besonders beeindruckt?"

Skalafrage: Skalenfragen ermöglichen es, Unterschiede bewusst zu machen. Sachverhalte sind ob ihrer Komplexität oft nur schwer zu beschreiben. Insbesondere bei komplexen Zusammenhängen oder nur kleinen Veränderungen lassen sich mit Skalafragen Unterschiede hervorheben. Ausgegangen wird bei Skalafragen immer von einer Skala von 0 bis 10. Je höher der benannte Wert ist, desto näher liegt eine Problemlösung und umgekehrt. „Wo sehen Sie sich bei ... auf einer Skala von 0 bis 10?" oder nach (kleinen) Veränderungen: „Wo sehen Sie sich jetzt auf der Skala?", „Wenn Sie die Perspektive ... umgesetzt haben, wo würden Sie sich dann sehen?"

Skalafragen können zum Bewusstmachen von Entwicklungen oder Zuständen eingesetzt werden, so z.B. bei Motivation, Ausdauer, Beziehungen. Dazu passende Fragen wären z.B.: „Wie schätzen Sie ihre Beziehung zu ... nach der Veränderung ... ein?", „Wie schätzen Sie ihre momentane Motivation zu ... ein?", „Wie schätzen Sie Ihre aktuellen Fähigkeiten zu ... ein?"

Splittingfragen: Bei zahlreichen Problemen gibt es ein „Sowohl ... als auch" oder ein „Einerseits ... und andererseits ...". Im Beratungsprozess soll so „das Gute im Schlechten" identifizierbar werden und dies für Lösungsideen nutzen. Splittingfragen sollen die „zwei Seiten einer Münze" bewusst machen, um hinsichtlich des Problems beide Aspekte in den Blick zu nehmen. Der Berater / die Beraterin wird z.B. mit dem Hinweis beginnen, dass jedes Problem oft zwei (mehrere) Aspekte aufweist: „Über diese Aspekte würde ich gerne mit Ihnen sprechen! An was könnte ich Ihrer Meinung nach dabei denken?", „Wofür könnte ... gut sein?" oder „Wofür konnte es gut sein, dass ... ?"

Copingfragen: Ratsuchende haben i.d.R. vor dem Aufsuchen einer Beratung zuvor schon selbst versucht zu einer Lösung zu kommen und dies höchstwahrscheinlich mit wechselndem oder keinem Erfolg. Copingfragen wollen an den dort eingesetzten Ressourcen ansetzen: „Wie haben Sie es geschafft bis jetzt trotz der schwierigen Situation?“, „Wie haben Sie das bisher ausgehalten?“, „Was gibt Ihnen die Hoffnung für eine Lösung?“

Universalfrage: Jedes Lösen eines Problems ist mit mindestens einer Veränderungen verbunden. Dies kann den Kontext, die Interaktionsweise oder Teile des eigenen Denkens betreffen. Hilfreich ist es oft bereits in einem Element eine Veränderung zu bewirken; denn meist ändern sich dadurch weitere Elemente: „Haben Sie eine Idee, wo sie übungshalber im jetzigen Zeitpunkt etwas verändern könnten z.B. in Ihrem Handeln?“

Verflüssigungsfrage: Mit Hilfe von Verflüssigungsfragen soll eine differenziertere Sicht auf eine Situation erreicht werden: Sie verändern die individuelle Wahrnehmung durch das Erkennen von Unterschieden. So verändert sich das Denken, sodass es freier wird und sich vom Kreisen um das Problem löst. „Welche Bereiche Ihres Lebens werden von dem Problem beeinflusst und welche nicht?“, „Was ist bei den nicht beeinflussten Bereichen anders?“

Wunderfrage: Sie ist im Kern eine hypothetische Frage und will „den Blick des Kaninchens auf die Schlange“, sprich eine Lähmung des Denkens überwinden durch die Vision von Möglichkeiten mit: „Was wäre wenn ... ?“, „Woran würden sie bemerken, dass ...?“, „Welches Gefühl hätten Sie dann?“

Zirkularfragen: Hierbei soll dazu angeregt werden, eine Situation einmal mit den Augen einer anderen Person zu sehen. Es soll bewusst eine Außenperspektive eingenommen werden, um systemische Zusammenhänge so (besser) sehen zu können: „Wenn ... einträte, wie würde sich ... verhalten?“, „Wenn ... da wäre, was würde ... wohl dazu sagen?“

Modell einer Systemskizze (Systemische Sichtweise, Vester, 1999)

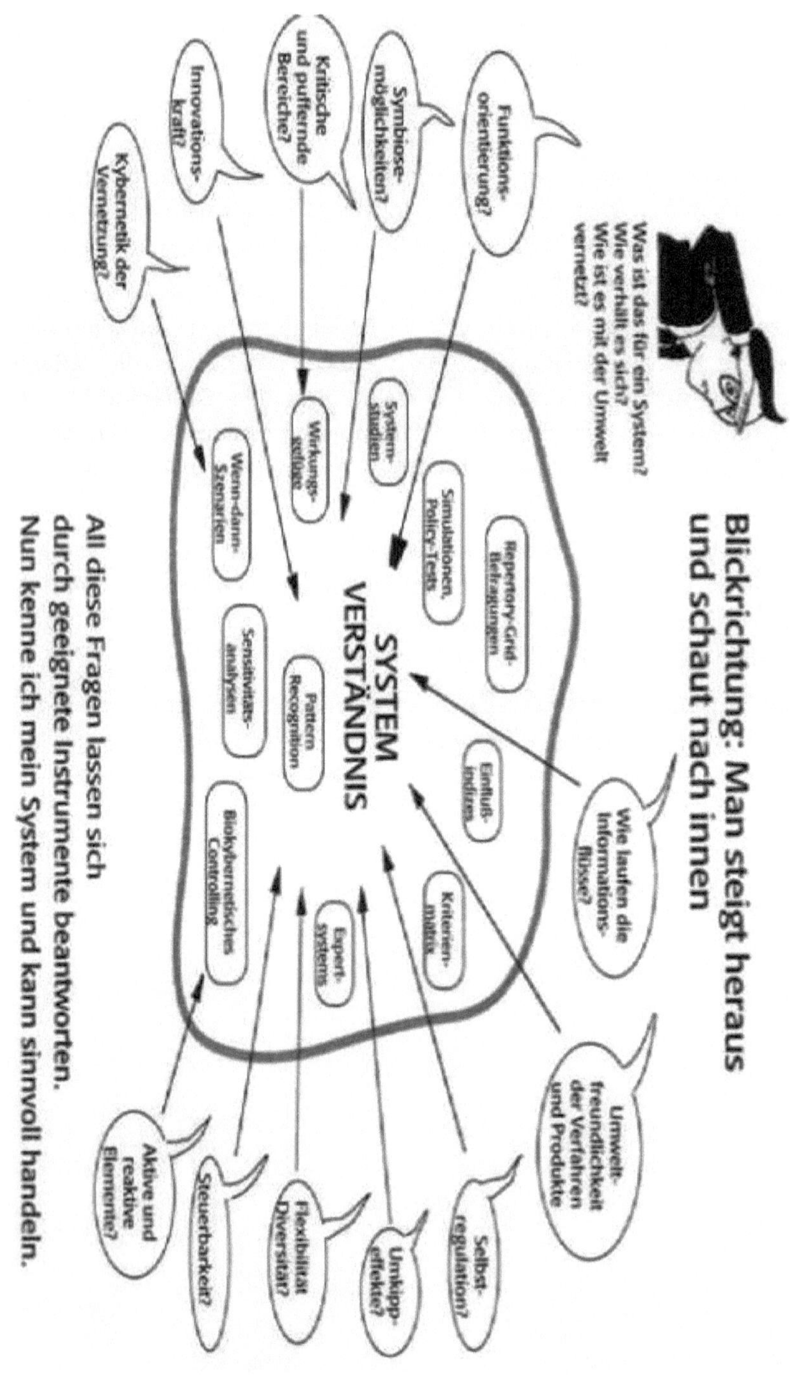

Reflexionsfragen für Beratende (nach Egan, 2002)

- Wie sieht meine Einstellung gegenüber dem Klienten aus?
- Wie würde ich die Qualität meiner Präsenz dem Klienten gegenüber einstufen?
- Inwieweit zeigt mein nonverbales Verhalten Bereitschaft an, mit dem Klienten zu arbeiten?
- Welche Einstellungen drücke ich mit meinem nonverbalen Verhalten aus?
- Welche Einstellungen drücke ich mit meinem verbalem Verhalten aus?
- Inwieweit erfährt der Klient mich als effektiv präsent in der Zusammenarbeit mit ihm?
- Inwieweit verstärkt mein nonverbales Verhalten meine Einstellungen?
- Was hält mich davon ab, dem Klienten meine volle Aufmerksamkeit zu schenken?
- Was tue ich, um dies abzustellen?
- Wie könnte ich noch wirksamer für diese Person werden? (vgl. Egan, 2002)

Psychologischer Beratervertrag

Elemente für einen psychologischen Beratervertrag sind:

- „Die Bereitschaft zum selbstkritischen Hinterfragen der eigenen Werte muss auf Seiten des Klienten gegeben sein (Veränderungsbereitschaft)
- Die konkreten Erwartungen an das Coaching (Vorannahmen, Befürchtungen, Ziele)
- Die im Coaching einzusetzenden Techniken und Vorgehensweisen und der Umfang der angestrebten Veränderung
- Die Grenzen im Coaching: Zum einen sollte der Coach erläutern, was mit einem Coaching erreicht werden kann, zum anderen sollte der Gecoachte klarstellen, wie weit das Coaching gehen darf und welche Bereiche nicht thematisiert werden sollen („Tabuzonen")." (Trager, 2012)

Grundhaltungen für professionelle Beratungsprozesse (Rogers)

Empathie

- Genaues Beobachten und Wahrnehmen beim Gegenüber (z.B. Sprache, Tonfall, Körperhaltung);
- Sichtweise des Anderen erfassen, dann öffnet sich die Person eher;
- genau Hinhören ohne Bewerten; Rückfragen in „Ich-Form" und begründen;
- eigene Emotionen erkennen und im Gespräch ausblenden können.

Wohlwollende Wertschätzung

- Bedingungslos den Anderen respektvoll annehmen;
- dem Gegenüber mit Achtung als Mitmensch begegnen;
- das Gegenüber in seinem SoSein wahrnehmen und akzeptieren;
- in seinem Dasein die Person akzeptieren
- Zeit haben, geduldiges Verhalten zeigen;
- Anteilnahme am Lebensweg und der Lebenssituation zeigen.

Echtheit/Kongruenz

- Offen sein für sich selbst (Selbstakzeptanz);
- übereinstimmend mit sich selbst handeln;
- Echtsein im Verhalten (verbal und nonverbal), d.h. keine Rolle spielen oder sich verstellen;
- Eigene Gefühle akzeptieren und äußern und dies dem Anderen auch zugestehen;
- Dem Anderen gegenüber zugewandte professionelle Offenheit zeigen.

Phasen eines Beratungsgesprächs (vgl. Bartz)

Bartz gliedert ein Beratungsgespräch in vier Phasen:

1. „*Orientierungsphase:*

Orientierung auf der Beziehungsebene:

- positive Beziehung herstellen (Akzeptanz)
- Selbstinstruktion als Berater/-in:
  ´Die Beratung hat zum Ziel, die Fachkraft dabei zu unterstützen,selbst eine Lösung zu finden´.

Orientierung auf der Inhaltsebene:

- Was ist Thema der Beratung?
- Was soll nach Abschluss der Beratung das Ergebnis sein?

Kontrakt zwischen Berater / Beraterin und zu beratender Person:

- Definition der Situation als Beratung und Klärung der entsprechenden Rollen.
- Kontrakt über das Thema: Worum genau geht es in der Beratung?
- Kontrakt über Zeitrahmen und Vorgehen.

2. *Klärungsphase:*

- Die zu beratende Person berichtet frei über ihre (Problem-)Situation.
- Der/die Beratende unterstützt die Klärung durch Verständnis und Sondierungsfragen, die sich auf den Zusammenhang von Person, Rolle und System beziehen.

3. *Veränderungsphase*:

Sammlung von Lösungsmöglichkeiten für die Fragestellung bzw. das Thema oder Problem:

- Die zu beratende Person findet selbst neue Lösungen; der/die Beratungsperson unterstützt sie dabei durch lösungsorientierte Fragen (Prozessberatung)
- Die zu beratende Person bringt angedachte / mögliche Ansätze bzw. Strategien ein.
- Der/ die Beratende stellt ggf. mögliche Lösungsansätze / Handlungsstrategien vor (Expertenberatung).
- Bewertung der Lösungs- bzw. Handlungsstrategien (Blick auf: „Sowohl-als-auch-Strategien):

- Die zu beratende Person bewertet die gefundenen Lösungs- bzw. Handlungsideen.
- Die Beratungsperson unterstützt sie dabei und durchdenkt / überprüft gegebenenfalls die Belastbarkeit der Lösungen, die der/die beratene Person für sich findet, zum Beispiel durch die Frage, was bei der angestrebten Lösung / Handlungsstrategie bestenfalls passieren könnte. Kommuniziert werden sollte auch, was passiert, wenn die angedachte Lösungs- oder Handlungsstrategie nicht zum angestrebten Erfolg führt im Sinne von gelingt etwas nicht, dann mach es anders, ggf. etwas Neues. Die Sicherheit und das Vertrauen, dass in einem solchen Fall der Berater / die Beraterin weiterhin unterstützend und konstruktiv mit der beratenen Person zusammenarbeiten wird, hilft meist innerlich gelassener an ein vereinbartes Handlungsziel heran zu gehen.

4. *Abschlussphase*:
- Entwicklung eines konkreten Handlungsplans (Prozessberatung): „Was nehmen Sie als Ergebnis mit? Was machen Sie mit diesem Ergebnis? Was sind ihre nächsten Schritte?"

Kontrakte:
- Kontrakt, den die beratene Person mit sich selbst in Anwesenheit der Beraterin oder des Beraters macht: „Ich werde . . ."
- Kontrakt über Abschluss der Beratung und ggf. über einen neuen Beratungstermin." (verändert nach Bartz, A.).

Grundsätze für ein persönliches Feedback

1. Objektive Rückmeldungen gibt es nicht:
   Aussagen von einer Person über das Verhalten einer anderen Person sind keine objektiven Wahrheiten. Sie sind immer persönlich eingefärbt, weil es Aussagen durch eine persönliche „Brille“ sind. Der Beobachter unterliegt dabei dem Phänomen der „blinden Flecken“.
2. Rückmeldungen über das situative Verhalten:
   Feststellungen einer Person über eine andere dürfen nur das situative Verhalten des Beobachteten beschreiben. Sie enthalten keine Aussagen über den „Kern“ oder „Charakter“ einer Person, sondern über deren Erscheinungsbild. Es müssen Aussagen zu einem Verhalten sein, das veränderbar ist.
3. Beschreiben - nicht bewerten:
   Wer Rückmeldungen gibt, beschreibt seine *subjektiven Wahrnehmungen und Beobachtungen* - also das, was ihm am anderen aufgefallen ist. Und er beschreibt, was das in ihm selbst auslöst: seine persönlichen Gefühle, Empfindungen, Fragen, Überlegungen. Er fällt *keine Werturteile*, er macht *keine Vorwürfe*, er *moralisiert nicht*, er *vergleicht nicht.*
4. Immer zuerst positive Rückmeldungen:
   Entweder positive *und* kritische Rückmeldungen oder gar keine - und die positiven immer zuerst!
   Es ist wichtig, dass sowohl der Sender als auch der Empfänger beide Dimensionen beachten. Einseitigkeit führt immer zu Verzerrungen. Außerdem helfen positive Aspekte dem Empfänger, Kritisches zu akzeptieren und zu "verdauen".
5. Möglichst kritisch-konstruktive und konkrete Rückmeldungen geben:
   Mit Allgemeinplätzen und abstrakten Betrachtungen kann der Empfänger nichts anfangen. Rückmeldungen sollten konkret und nachvollziehbar sein. Am besten ist es, wenn sie durch praktische Beispiele aus der beobachteten Arbeit untermauert werden können.
6. Keine negativen oder positiven Verallgemeinerungen:
   Jede einzelne Verhaltensvariable gilt für sich. Von einem beobachteten Verhalten auf das Gesamtverhalten zu schließen ist ein Kurz-Schluss. Weder darf ein einzelnes Verhaltensbeispiel zum „Drama“ noch zum „Glücksschlüssel“ hochgespielt werden.

7. Jeder spricht nur für sich selbst:
   Jeder spricht per "ich" und nicht per "man". Der Feedback-Geber spricht den Empfänger direkt und persönlich an. Jeder bezieht sich auf seine eigenen Erfahrungen und Empfindungen.
8. Bei Störungen "Signal" geben:
   Wer sich verletzt oder durch die aktuelle Situation verunsichert fühlt, teilt dies dem anderen sofort mit, so dass darüber gesprochen werden kann.
9. Jeder ist für sich selbst verantwortlich:
   Rückmeldungen sind keine Verdikte und keine Verpflichtungen, sondern Angebote zur Selbstprüfung. Der Empfänger entscheidet selbst, was er aufnehmen, annehmen und gegebenenfalls bei sich verändern will - und was nicht.
10. Strikte Vertraulichkeit und Datenhoheit:
    Alles, was im Rahmen von persönlichem Feedback gesprochen wird, bleibt ausschließlich im Kreis der Anwesenden und wird nicht nach außen weitergetragen. (nach Doppler/Lauterburg, Change Management, Campus 1995)

Kooperative Unterrichtsberatung - eine Übersicht

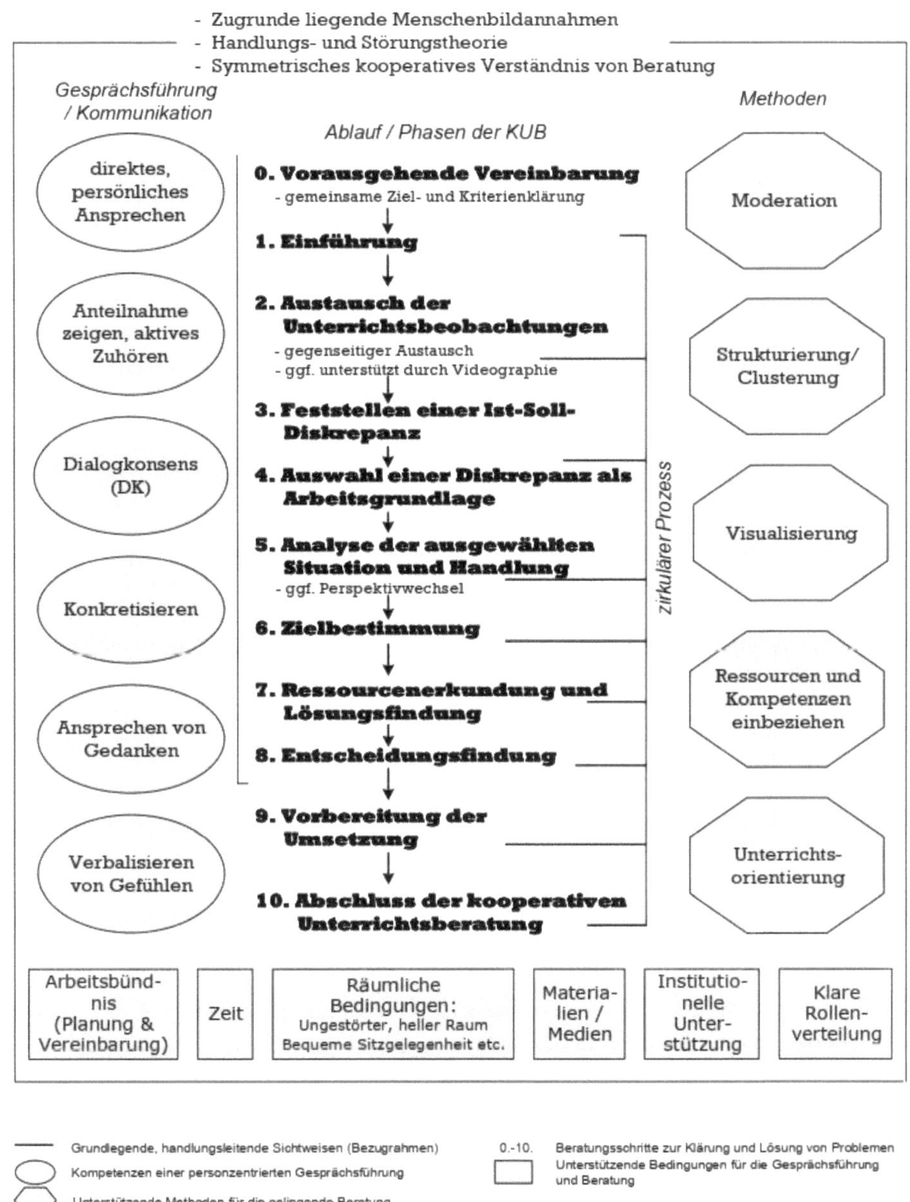

(Höffner & Schmalfuß, in: Mutzek 2008)

Ablauf eines Coachingsprozesses (Böning)

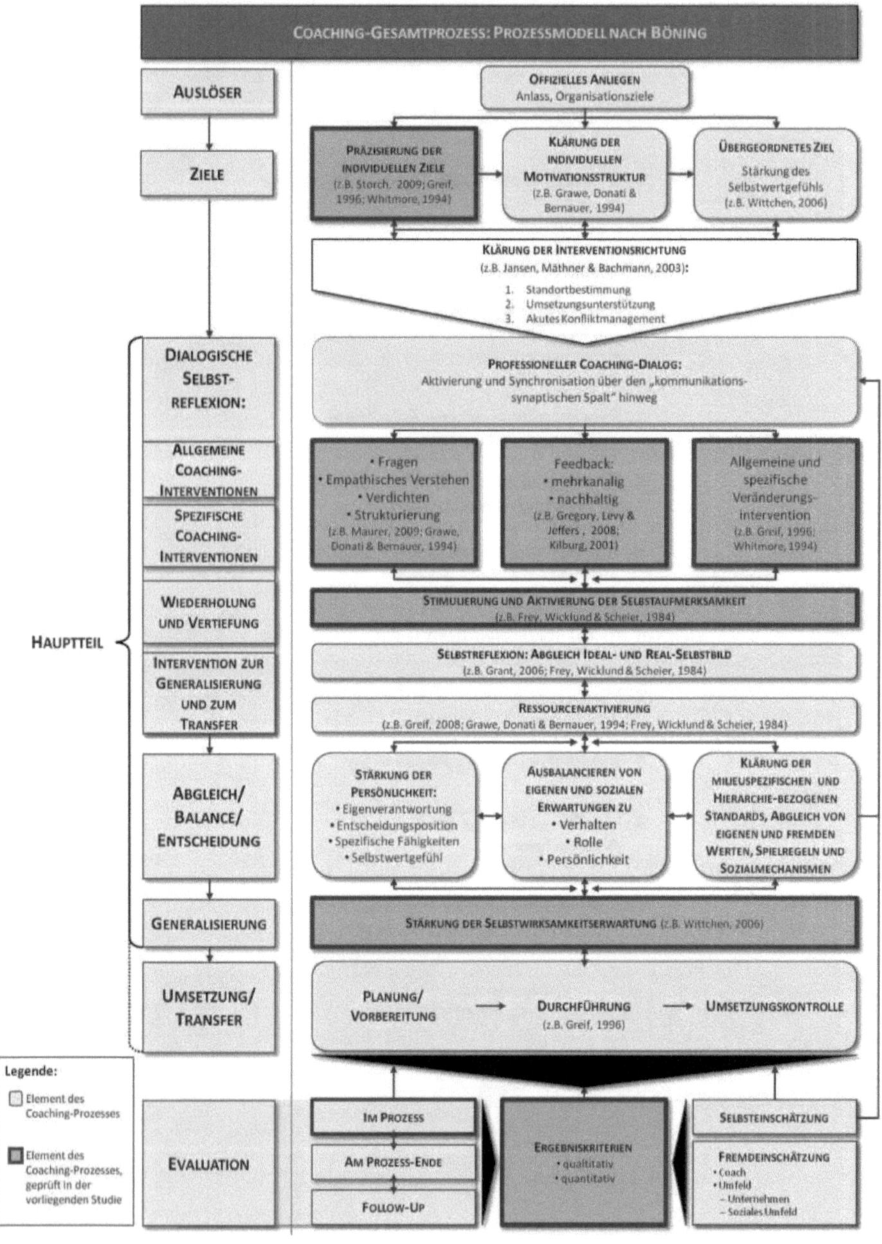

Aufstellungen - mögliche Bedeutung von Anordnungen (Gerhard, 2014)

Aufstellungsbild	Mögliche Bedeutung
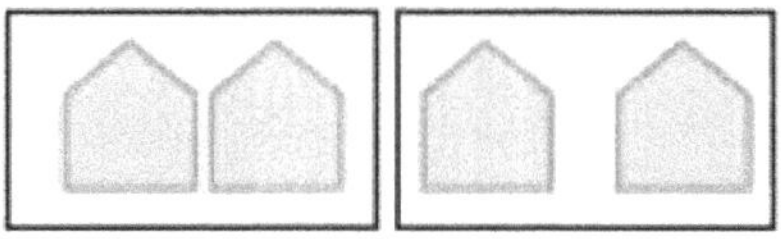	Stehen zwei Elemente gleich ausgerichtet nebeneinander, deutet das auf Unabhängigkeit und Selbständigkeit hin. Jeder verfolgt seine Spur, vermutlich haben nicht beide den gleichen Fokus und es besteht wenig Beziehung. Zu prüfen ist, wie viel Nähe oder Distanz angemessen ist.
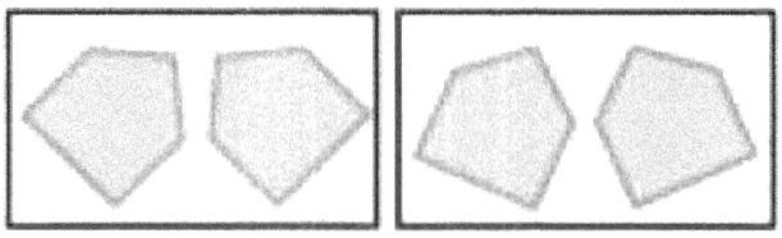	In den beiden Bildern dürften ein gemeinsamer Fokus und ein spezifisches Interessenfeld vorhanden sein. Der Austausch untereinander wie auch die Kommunikation mit Außen ist gewährleistet.
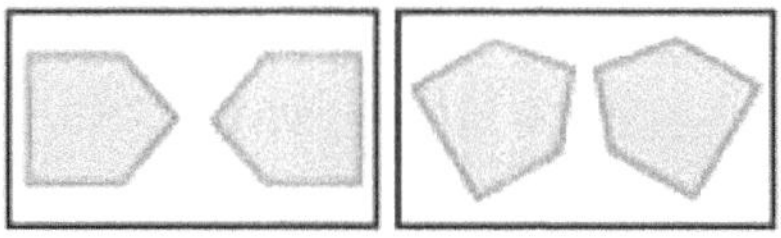	Je mehr sich zwei Elemente einander zuwenden, umso intensiver wird ihre Beziehung, Die Außenwelt geht mehr und mehr vergessen, der alleinige Bezug aufeinander kann Liebe oder Konflikt bedeuten.
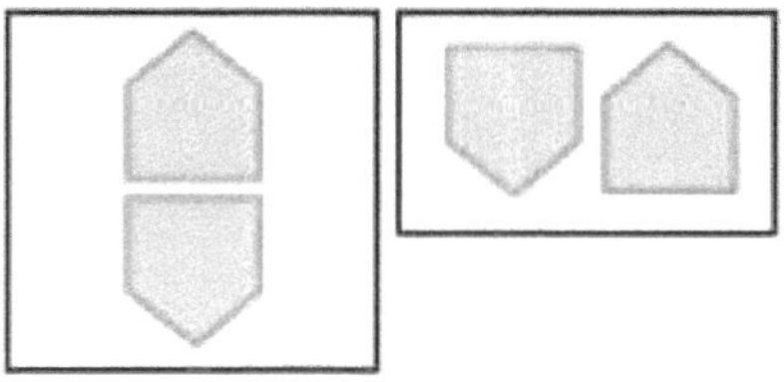	Hier stehen sich die Elemente zwar nahe, eine gemeinsame Ausrichtung fehlt aber. Die beiden Elemente teilen kein Ziel und haben nicht dieselbe Fokussierung. Es stellt sich die Frage, welche Veränderung sich einstellt, wenn Blickkontakt hergestellt wird.
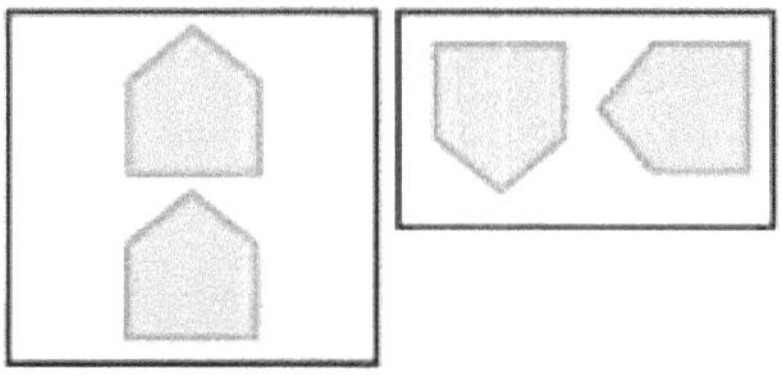	Die Wahrscheinlichkeit ist groß, dass das Element, welches das andere nicht oder nur eingeschränkt sieht, sich kontrolliert oder gar bedroht fehlt. Im Bild links ist es auch möglich, dass das hintere Element unterstützend und stärkend erlebt wird.
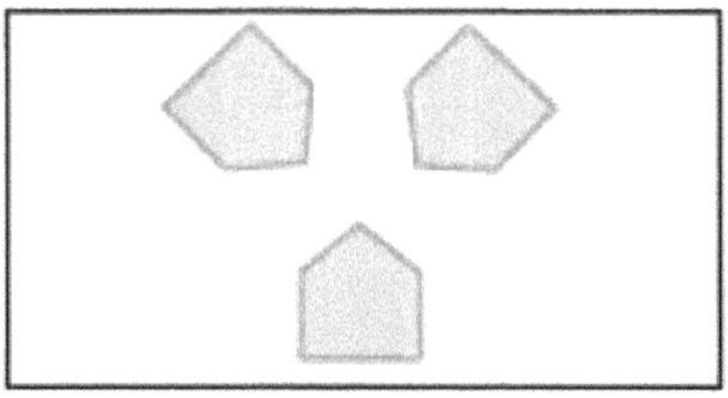	Wenn drei oder mehr Elemente sich derart stark aufeinander beziehen, dass sie die Außenwelt fast ausblenden, deutet das meist auf einen Konflikt hin. Es fehlt die Ausrichtung auf einen Auftrag oder ein Ziel hin, die Leute befassen sich mit sich selbst.

Szenariomethode - grundlegende Prozessschritte

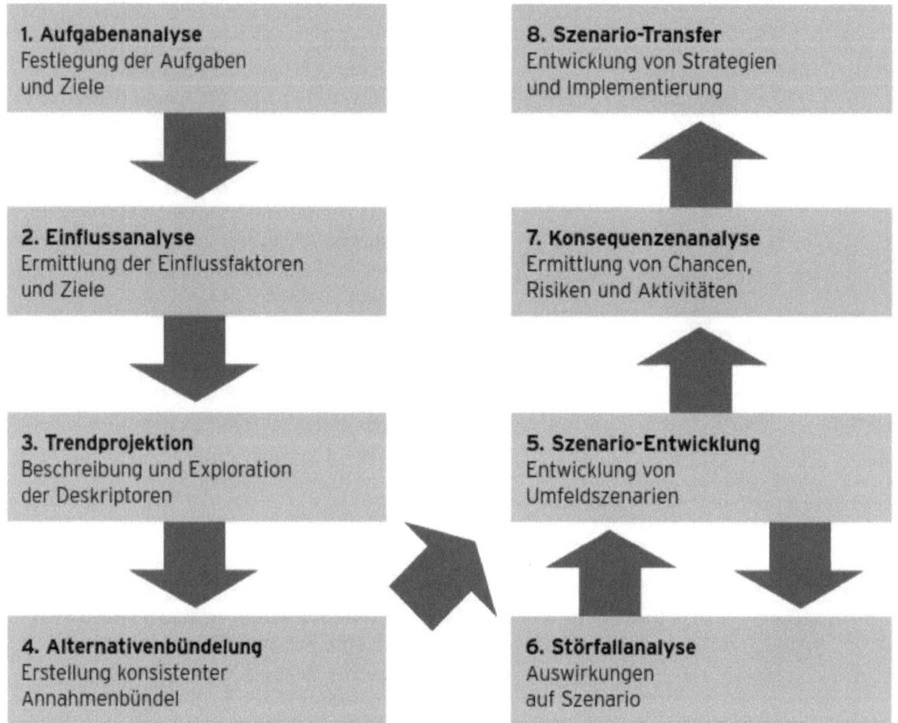

(Minx / Roehl, 2006)

8 Literatur

Arndt, H.; Systemisches Denken im Fachunterricht; Erlangen 2017.

Aronson, E., Wilson, T. D. & Akert, R. M.; Sozialpsychologie; München 2004.

Baecker, D.; Wozu Systeme? Berlin 2002.

Baeschlin, M. & Baeschlin, K.; Einfach, aber nicht leicht.; Leitfaden für lösungsorientiertes Arbeiten in sozialpädagogischen Organisationen; Winterthur 2001.

dies..; Fördern und Fordern; Lösungsorientiertes Denken und Handeln im erzieherischen Umgang mit Kindern und Jugendlichen; Winterthur 2004.

Balgo, R.; Vom Defizit zum „Profizit" – oder: von Lern- und Verhaltensproblemen zu möglichen Lösungen; in: System Schule; Heft 3/1997, S.90-93.

ders.; Bewegung und Wahrnehmung als System; Systemisch-konstruktivistische Positionen in der Psychomotorik; in: Reihe Motorik, Band 21; Schorndorf 1998.

Balgo, R. / Voß, R..; Wenn das Lernen der Kinder zum Problem gemacht wird; Einladung zu einem systemisch-konstruktivistischen Sichtwechsel; in: Voß, R. (Hrsg.): Die Schule neu erfinden; Systemisch-konstruktivistische Annäherungen an Schule und Pädagogik;Neuwied 1999, S. 56-59.

Bamberger, G.; Lösungsorientierte Beratung; Praxishandbuch; Weinheim 2015.

Barrett-Lennard, G.T. ; The empathy cycle. Refinement of a nuclear concept; in: Journal of Counseling Psychology 28, 1981, S. 91-100

Barthelmess, M.; Welchen »Beraterhut« habe ich eigentlich auf?; in: KONTEXT, 41(4), 2010, S. 308–318.

Barth, A.; Systemisches Denken in der Kinder- und Jugendhilfe; Erlangen 2007.

Bartz, A., Gespräche mit Lehrkräften führen, in: Praxiswissen Schulleitung, Cleve o.J.

Bateson, G.; Ökologie des Geistes; Anthropologische, psychologische, biologische und epistemologische Perspektiven; Frankfurt /M 1985 / 1987.

ders.: Geist und Natur; Eine notwendige Einheit; Frankfurt /M 1993.

Bauer, A., Gröning, K., Hoffmann, C. & Kunstmann, A.C.; Grundwissen Pädagogische Beratung; Göttingen 2012.

Bauer-Bäck, S.; Möglichkeiten und Grenzen systemischer Aufstellungen; St. Pölten 2008.

Bauer, J.; Prinzip Menschlichkeit; Warum wir von Natur aus kooperieren; Hamburg 2007.

Bauer, P. & Weinhardt, M.; Perspektiven sozialpädagogischer Beratung - einführende Überlegungen; in P. Bauer & M. Weinhardt (Hrsg.); Perspektiven sozialpädagogischer Beratung: Empirische Befunde und aktuelle Entwicklungen; Weinheim 2014, S. 9-17.

Bauer, P. & Weinhardt, M.; Vermitteln einer beraterischen Grundhaltung oder: Über die Schwierigkeit, Neugier, Offenheit und Anerkennung zu lehren und zu lernen; in M. Zipperle, P. Bauer, B. Stauber & R. Treptow (Hrsg.); Vermitteln: Eine Aufgabe von Theorie und Praxis Sozialer Arbeit ;Wiesbaden 2016, S. 205-216.

Berlinger, F.; Ist der Lösungsorientierte Ansatz geeignet für die Anwendung mit Jugendlichen? - Lizentiatsarbeit -; Freiburg/S 2005; http://api.ning.com/files/79xb1yI4El9mcxCR*KwUeitXIKgbZVUXdWAdtBT-ZoV58z*67kw1P2obBv28-Lk9Y3QZgDL3OpsWfnV-cDmmWFcjhbxvOzlS/LOA_bei_Jugendlichen_im_Sonderschulheim.pdf; 19.01.2020.

Berger, F.; Personzentrierte Beratung; in Jochen Eckert, Eva-Maria Biermann-Ratjen & Diether Höger (Hrsg.); Gesprächspsychotherapie; Lehrbuch für die Praxis. Heidelberg 2006, S. 333-372.

Beushausen, J.; Ein Überblick über die Theorie sozialer Systeme; o.O.o.J.

Bliss, C.; Management von Komplexität; Ein integrierter, systemtheoretischer Ansatz zur Komplexitätsreduktion; Wiesbaden 2000.

Böning, U.; Coaching. Personalentwicklungsbox (PET) Handbuch Personalentwicklung; Köln 2003.

Böning, U.; Business-Coaching; Osnabrück 2015.

Bohart, A.C./ Elliot, R./ Greenberg, L.S./ Watson, J.C.; Empathy; Ii: Norcross, J. (Hrsg.); Psychotherapy relationships that work; Oxford 2002, S. 89-108.

Boscolo, L. / Bertrando, P.; Systemische Einzeltherapie; Heidelberg 1997.

Bräutigam, J.I.; Systemisches Denken im Kontext einer Bildung für nachhaltige Entwicklung; Freiburg 2014.

Brem-Gräser, L.; Handbuch der Beratung für helfende Berufe (Band 1); München 1993.

Bronfenbrenner, U.; Die Ökologie der menschlichen Entwicklung; Stuttgart 1981.

Carlson, B.; Systemische Gesprächführung; in: Carnein, O. et al. (Hrsg.); Gelingensbedingungen schulischer Beratung; Rostock 2017.

Ciompi, L.; Die emotionalen Grundlagen des Denkens; Entwurf einer fraktalen Affektlogik. Göttingen 1997.

Conrads, E.I.; Systemisch-konstruktivistische Ansätze und ihre mögliche Perspektive; Aachen 2009.

Damasio, A.R.; Der Spinoza-Effekt; Wie Gefühle unser Leben bestimmen; Berlin 2009.

de Jong, K.; Lernstrategien; Wiesbaden 2020.

ders.; Beziehungskompetenz Bd. 1+II, Wiesbaden 2019.

ders.; Achsam sein - Stress abbauen; Wiesbaden 2019.

ders. Führen in dynamischer Balance; Wiebaden 2017.

Dörner, D.; Selbstreflexion und Handlungsregulation: Die psychologischen Mechanismen und ihre Bedingungen; in W. Lübbe (Hrsg.), Kausalität und Zurechnung. Über Verantwortung in komplexen kulturellen Prozessen; Berlin 1994.

Dörner, D. & Buerschaper, C.; Denken und Handeln in komplexen Systemen; in: H. W. Ahlemeyer, & R. Königswieser (Hrsg.); Komplexität managen: Strategien, Konzepte und Fallbeispiele; Wiesbaden 1997, S. 79-93.

Dotzauer, A.; Coaching in Theorie und Praxis; Arbeitspapier der FOM, Nr. 68; Essen 2017.

Egan, G.; The skilled helper; Pacific Grove, CA. 1998 /2002.

Ekman, P.; Gefühle lesen; Wie Sie Emotionen erkennen und richtig interpretieren; Heidelberg 2010.

Engel, F., Nestmann, F. & Sickendiek, U.; Beratung: Alte Selbstverständnisse und neue Entwicklungen; in S. Rietmann & M. Sawatzki (Hrsg.); Zukunft der Beratung: Von der Verhaltens- zur Verhältnisorientierung?; Wiesbaden 2018, S. 83-115.

dies.; (Hrsg.); Handbuch der Beratung: Ansätze, Methoden und Felder (Bd. 2). Tübingen 2007.

Engel, F. & Sickendiek, U.; Beratung – ein eigenständiges Handlungsfeld mit neuen Herausforderungen. Pflege & Gesellschaft, 10(4), 2005, S. 163–171.

Ernst, O.; Wahrheit, Systemtheorie und Subjektivität; Berlin 2014.

Ertelt, B.J. / Schulz, W.E.; Handbuch Reratungskompetenz; Leonberg 2008.

von Foerster, H.; Sicht und Einsicht. Versuche zu einer operativen Erkenntnistheorie; Braunschweig/Wiesbaden 1985.

von Foerster, H.: Das Konstruieren einer Wirklichkeit; in: Watzlawick, P. (Hrsg.) 1995, S. 39-60.

Frank, J.D.; Die Heiler; Über psychotherapeutische Wirkungsweisen von Schamanismus bis zu modernen Therapien; Stuttgart 1985.

Friedrich, G.; Neurodidaktik - Eine neue Didaktik? in: Herrmann, Ulrich (Hrsg.); Neurodidaktik; Grundlagen und Vorschläge für gehirngerechtes Lehren und Lernen; Weinheim 2009.

Fritzsche, D.; Das Tetralemma - ein Tool für die Entscheidungsfindung; in: Coaching Magazin Heft 3, 2012.

Geiser, K.; Problem- und Ressourcenanalyse in der Sozialen Arbeit; Eine Einführung in die Systemische Denkfigur und ihre Anwendung; Luzern 2013.

Gerhard, R.; Organisationsaufstellung; Implizites Wissen sichtbar machen; in: HRM-Dossier Nr. 65; Zürich 2014.

Girsberger, A.; Methodenhandbuch; Systemorientierte Interventionen; Trogen o.J.

von Glasersfeld, E.; Wissen, Sprache und Wirklichkeit; Braunschweig 1987.

Goldmann, U.; Zusammenhang von Entwicklung und Erziehung aus systemtheoretischer Sicht; Erlangen 2001.

Goleman, Daniel; Emotionale Intelligenz.; München 2015.

Grawe K./ Grawe-Gerber M.; Ressourcenaktivierung – ein primäres Wirkprinzip der Psychotherapie; in: Psychotherapeut 44, 1999, S. 63-73.

Grawe, K.; Neuropsychotherapie. Göttingen 2004.

Gregusch, P.; Auf dem Weg zu einem Selbstverständnis von Beratung in der Sozialen Arbeit; Kassel 2013.

Greif, S.; Mehrebenencoaching von Individuen, Gruppen und Organisationen; Eine umfassende und genaue Definition von Coaching als Förderer der Selbstreflexion; Beitrag zum CoachingKongress; Frankfurt/M 2005.

ders.; Coaching und ergebnisorientierte Selbstreflexion; Theorie, Forschung und Praxis des Einzel- und Gruppencoachings; Göttingen 2008.

Gröben, v.d., A.; Beraten lernen; in: PÄDAGOGIK Heft 2, Weinheim 2011.

Gröne, M.; Grundlagen systemischen Denkens und Handelns; Hildesheim 2000.

Gubo, M.; Wissen und Wissenschaft der Systemtheorie; Leipzig 2016.

Gührs, M. / Nowak, C.; Das konstruktive Gespräch; Ein Leitfaden für Beratung, Unterricht und Mitarbeiterführung mit Konzepten der Transaktionsanalyse, Meezen 1993.

GWG ; Thesen des humanistischen Menschenbilds; http://www.gwg-ev.org/personzentrierter-ansatz/theoretischer-hintergrund;2016; [23.12.2019].

Haken, H./ Schiepek, G. ; Synergetik in der Psychologie - Selbstorganisation verstehen und gestalten. Göttingen 2010.

Hargens, J.; Systemische Therapie .. und gut; Dortmund 2019.

Hartmann, M.: Coaching als Grundform pädagogischer Beratung; Mönchen 2004.

Hebb, D.; The organization of behavior; New York 1949.

Hennecke, C. / Hennes, R.; „Wir sind die Experten für den Alltag!" – Therapeutische Gruppenarbeit mit mehreren Familien bei ADS-Diagnose eines Kindes; in: Systema - Zeitschrift des Instituts für Familientherapie Weinheim 2004, Jg. 18, H. 1, S. 23–30.

Hildenbrand, B.; Auftragsklärung und/oder Rahmung?; Zur Bedeutung der Anfangssequenz in Beratung und Therapie; in: System Familie, 12(3), 1999, S. 123–131.

Hornby, G.; Inclusive Special Education; Evidence-Based Practices for Children with Special Needs and Disabilities; New York 2014.

Horvath, A.O./ Bedi, R.P.; The Alliance; in: Norcross, J. (Hrsg.); Psychotherapy relationships that work. Oxford 2002, S. 37- 70.

Hüther, G.; Biologie der Angst. Göttingen 1997.

Hüther, G.; Wie Embodiment neurobiologisch erklärt werden kann; in: Storch, M, Cantieni, B., Hüther, G, Tschacher, W. (Hrsg.); Embodiment; Bern 2006.

ders.; Die Macht der inneren Bilder; Göttingen 2015.

Huschke-Rhein, R.; Systemische Pädagogik; Ein Lehr- und Studienbuch für Erziehungs- und Sozialwissenschaften, Band 3; Systemtheorien für die Pädagogik: Umrisse einer neuen Pädagogik. Köln 1989.

Husserl, E.; Ideen zu einer reinen Phänomenologie und phänomenologischen Untersuchung; Hamburg 2009.

Kasper, H., Mayrhofer, W., Meyer, M.; Management aus systemtheoretischer Perspektive - eine Standortbestimmung; in: Eckardstein, D. v. Kasper, H.; Mayrhofer, W. (Hrsg.); Management: Theorien - Führung - Veränderung; Stuttgart 1999.

Keeney, B. P. (Hrsg.); Konstruieren therapeutischer Wirklichkeiten; in: Praxis und Theorie systemischer Therapie (Systemische Studien, Bd. 2). Dortmund 1987.

Kersting, H. J./von Foerster, H.; Der entfachte Beobachter; in: Bardmann, Th. M. (Hrsg.); Zirkuläre Positionen; Konstruktivismus als praktische Theorie; Opladen, 1997.

Kibéd V. M. v. / Sparrer I.; Ganz im Gegenteil; Tetralemmaarbeit und andere Grundformen Systemischer Strukturaufstellungen – Für Querdenker und solche, die es noch werden wollen; Heidelberg 2005.

Kibéd V. M. v. / Sparrer I.; Klare Sicht im Blindflug; Schriften zur Systemischen Strukturaufstellung; Heidelberg 2010.

Kiel, V.; Systemische Beratung und die Resonanzbildmethode; Koblenz 2016.

Klein, H.K./ Kolden, G.G./ Michels, J.K./ Chisholm-Stockard, S.; Congruence; in: Norcross, J. (Hrsg.); Psychotherapy relationships that work; Oxford 2002, S 195-215

König, E.; Systemtheorie als wissenschaftstheoretische Grundlegung der Heilpädagogik? in: Haeberlin, U. et al.: Heilpädagogik und ihre Nachbargebiete im wissenschaftstheoretischen Diskurs; Versuche zur Verknüpfung von parteinehmenden Sichtweisen mit strukturierten Erkenntnisprozessen. Bern, Stuttgart, Wien1997, S. 26-40.

König, E., Vollmer, G.; Handbuch systemische Organisationsberatung; Weinheim 2008.

Königswieser, R.; Exner, A.; Systemische Intervention: Architekturen und Designs für Berater und Veränderungsmanager; Stuttgart 1999.

Krächter, S.; Coaching in der Lehrerausbildung; Bad Heilbrunn 2018.

Krieger, D. J.; Einführung in die allgemeine Systemtheorie; München1996.

Kroyer, A.; Sind Sie gut aufgestellt? Wien 2018.

Küchler, T.; Kurz und gut und Spaß dabei; in: Gillich, S (Hrsg.); Streetwork konkret, Standards und Qualitätsentwicklung; Gelnhausen 2007.

Kuhl, J.; Motivation und Persönlichkeit; Interaktion psychischer Systeme; Göttingen 2001.

Kuhl, J.; Psychologie des Selbstseins; in: Julius Kuhl & Andreas Luckner, Freies Selbstsein; Authentizität und Regression; Göttingen 2007, S. 49-81).

Lang, C.; Komplexität und Komplexitätsbewältigung in der systemischen Weiterbildungsberatung; Lüneburg 2008.

Levine, P.A.; Sprache ohne Worte; Wie unser Körper Trauma verarbeitet und uns in die innere Balance zurückführt; München 2010.

Lindemann, H.; Systemisch-lösungsorientierte Gesprächsführung in Beratung, Coaching, Supervision und Themapie; Göttingen 2018.

Lohse, T.H.; Das Kurzgespräch in Seelsorge und Beratung; Göttingen 2013.

Ludewig, K.; Systemische Therapie; Grundlagen klinischer Therapie und Praxis; Stuttgart 1995.

ders.; Arbeit mit Ressourcen auf der systemischen Ebene - der Ansatz der systemischen Therapie; in: Schemmel & Schaller (Hrsg.); Ressourcen; Ein Hand- und Lesebuch zur therapeutischen Arbeit; Tübingen2003, S. 311-324.

Luhmann, N.; Soziale Systeme; Grundriss einer allgemeinen Theorie; Frankfurt/M Main, 1993.

ders; Selbstreferentielle Systeme; in: Simon, F.B. (Hrsg.) 1997.

ders.; Einführung in die Systemtheorie; Heidelberg 2004.

ders.; Organisation und Entscheidung; Wiesbaden 2006.

Maaßen, M., Groll, T., Timmerbrink, H. (Hrsg.); Mensch versteht sich nicht von selbst; Telefonseelsorge zwischen Kommunikationstechnik und Therapie; Münster 1999.

Maintz, R.; Welchen Beitrag leisten systemische Perspektiven in der Sozialen Arbeit; Köln 2017.

Manteufel, A./Schiepek, G.; Systeme spielen; Selbstorganisation und Kompetenzentwicklung in sozialen Systemen; Göttingen 1998.

Martens, J.U. & Kuhl, J.; Die Kunst der Selbstmotivierung; Neue Erkenntnisse der Motivationsforschung praktisch nutzen; Stuttgart 2005.

Maturana, H. R.; Erkennen; Die Organisation und Verkörperung von Wirklichkeit; Ausgewählte Arbeiten zur biologischen Epistemologie; Braunschweig 1982.

der.; Was ist erkennen?; München 1994.

Maturana, H. R., Pörksen, B.; Vom Sein zum Tun; Die Ursprünge der Biologie des Erkennens; Heidelberg 2002.

Maurer, I.; Führungskräftecoaching - Eine Studie zur Wirksamkeit von prozessorientierten Interventionstechniken bei der Problemklärung. Marburg 2009.

McLeod, J.; Counselling – eine Einführung in Beratung; Tübingen 2004.

Meier, D. & Szabo, P.; Coaching - Erfrischend einfach. Einführung ins lösungsorientierte Kurzzeitcoaching. Norderstedt 2008.

Michalak, U.; Dem Neuen eine Chance geben! Lösungsorientierte Gesprächsführung – ein nützliches Konzept für die psychologische Telefonberatung: In: Maaßen, M. / Groll, T. / Timmerbrink, H. (Hrsg.): Mensch versteht sich nicht von selbst; Münster 1999.

Mietzel, G.; Psychologie in Unterricht und Erziehung; Göttingen 1993.

Miller, E.K. & Cohen, J. D.; An Integrative Theory of Prefrontal Cortex Function; in: Annual Review of Neuroscience, 24, 2001, S. 167-202.

Miller, R.; Selbst-Coaching für Schulleitungen; Weinheim 2003.

Minx, E. / Roehl, H.; Szenario-Technik; Werkzeugkiste 9; in: Organisationsentwicklung 4; 2006.

Mücke, K.; Probleme sind Lösungen; Systemische Beratung und Psychotherapie ± ein pragmatischer Ansatz ± Lehr- und Lernbuch; Potsdam 2001.

Müller, A.; Anstiftung zum Lernerfolg; o.O. 2003; http://www.institut-beatenberg.ch/images/publikationen-und-materialien/dossiers/lernerfolg.pdf; 18.01.2020.

Mutzeck, W.; Kooperative Beratung. Grundlagen, Methoden, Training, Effektivität; Weinheim 2008.

Mutzeck, W.; Methodenbuch kooperative Beratung: Supervision, Teamberatung, Coaching, Mediation, Unterrichtsberatung, Klassenrat; Weinheim 2008-

Nestmann, F. (2007). Beratung zwischen alltäglicher Hilfe und Profession; in F. Nestmann, F. Engel & U. Sickendiek (Hrsg.), Das Handbuch der Beratung. Band 1;Tübingen 2007.

Nestmann, F. & Sickendiek, U.; Beratung; in H.-O. Otto, H. Thiersch, R. Treptow & H. Ziegler (Hrsg.); Handbuch Soziale Arbeit: Grundlagen der Sozialarbeit und Sozialpädagogik; München2018, S. 110-120.

nfb/Forschungsgruppe Beratungsqualität an der Universität Heidelberg (Hrsg.); Beratungsqualität in Bildung, Beruf und Beschäftigung; Qualitätsmerkmale guter Beratung. Bielefeld 2011.

Nicolaisen, T.; Lerncoaching-Praxis: Coaching in pädagogischen Arbeitsfeldern:; Weinheim 2013.

Niedermeier, S. / Schaper, N.; Die Rolle der emitionalen Kompetenz von Coaches im Coachingprozess; in: Coaching / Theorie Praxis 3, 2017.

Nöllke, M.; Anekdoten, Geschichten, Metaphern für Führungskräfte; Freiburg, Berlin, München 2002.

Obrecht, W.; Sozialarbeitswissenschaft als integrative Handlungswissenschaft; Ein metawissenschaftlicher Bezugsrahmen für eine Wissenschaft der Sozialen Arbeit; in: Roland Merten, Peter Sommerfeld & Thomas Koditek (Hrsg.), Sozialarbeitswissenschaft – Kontroversen und Persepktiven; Neuwied 1996, S. 121-183.

ders.; Umrisse einer biopsychosozialen Theorie menschlicher Bedürfnisse; Geschichte, Probleme, Struktur, Funktion; Wien 1998.

ders.; Was braucht der Mensch? Grundlagen der biopsychosoziokulturellen Theorie menschlicher Bedürfnisse und ihre Bedeutung für eine erklärende Theorie sozialer Probleme; Luxemburg 2009.

Oerter, R.; Kultur, Ökologie und Entwicklung; in: Oerter, R., Montada, L. (Hrsg.); Entwicklungspsychologie; Ein Lehrbuch; Weinheim, 1998, S. 84-120.

Ossimitz, G.; Entwicklung systemischen Denkens; München 2000.

Pallasch, W./Hameyer, U./Flittiger, P.; Lerncoaching. Theoretische Grundlagen und Praxisbeispiele zu einer didaktischen Herausforderung. Weinheim 2008.

Pawlowski, K.; Konstruktiv Gespräche führen; München, Basel 2005.

Peller, J. L., Walter, J. E.; Becoming solutionfocused in brief therapy; New York 1992.

Petzold, H.; Integrative Supervision, Meta-Consulting & Organisationsentwicklung. Modelle und Methoden reflexiver Praxis; Paderborn 1998.

Palmovski, W.; Woran erkenne ich den systemisch-konstruktivistisch orientierten Lehrer? in: System Schule. Heft 4/1999, S.131-135.

ders.; Systemische Beratung. Stuttgart 2011.

Passmore, J.; Behavioral coaching; in S. Palmer & A. Whybrow (Hrsg.), Handbook of Coaching Psychology; A Guide for Practioners; London 2008, S. 73-85.

Piaget, J.; Meine Theorie der geistigen Entwicklung; Reinhard Fatke (Hrsg.); Weinheim/Basel 2014.

Polt, W., Rimser M.; Aufstellungen mit dem Systembrett - Interventionen für Coaching, Beratung und Therapie; Münster 2006.

Rauen, C.; Handbuch Coaching; Göttingen 2005.

Reich, K.; Konstruktivistische Didaktik. Lehren und Lernen aus interaktionistischer Sicht; Neuwied 2006, 298 f.

ders.; Systemisch-konstruktivistische Pädagogik: Einführung in die Grundlagen einer interaktionistisch-konstruktivistischen Pädagogik; Weinheim 2010.

ders.; Konstruktivistische Didaktik; Das Lehr- und Studienbuch mit Online-Methodenpool; Weinheim 2012.

ders.; (Hrsg.); Inklusive Didaktik; Bausteine für eine inclusive Schule. Weinheim 2014.

Reich, K. (Hrsg.); Universität Köln; Methodenpool, 2008; http://methodenpool.uni-koeln.de/download/zirkulaeres-fragen.pdf; gelesen: 18.12.2019

Rieß, W. et al.; Wie lässt sich systemisches Denken vermitteln und Fördern; Freiburg 2015.

Ritscher, Wolf (Hrsg.); Systemische Kinder- & Jugendhilfe; Anregungen für die Praxis, Heidelberg 2005.

Rogers, C.R.; Eine Theorie der Psychotherapie, der Persönlichkeit und der zwischenmenschlichen Beziehungen; Köln 1998.

ders.; Die nicht-direktive Beratung; Frankfurt /M 2014.

Roggenkamp, A., Rother, T. & Schneider, J.; Schwierige Elterngespräche erfolgreich meistern: Das Praxishandbuch. Donauwörth 2014.

Rosenthal, R. & Jacobson, L.; Pygmalion im Unterricht; Lehrererwartungen und Intelligenzentwicklung der Schüler; Weinheim 1971.

Roth, G.; Fühlen, Denken, Handeln; Wie das Gehirn unser Verhalten steuert; Frankfurt / M 2003.

ders.; Warum ist Lehren und Lernen so schwierig, Bremen 2003. https://www.die-bonn.de/id/1820/about/html/ (25.01.2020)

Roth, G. / Ryba, A.; Coaching, Beratung und Gehirn; Stuttgart 2019.

Ryba, A. / Ginati, D. et al.; Professionell coachen - konkret; Weinheim 2014.

Satir, V.; Kommunikation – Selbstwert – Kongruenz, Konzepte und Perspektiven familientherapeutischer Praxis (Originaltitel: The New Peoplemaking, 1988); Aus dem Amerikanischen übersetzt von Theo Kierdorf und Hildegard Höhr Junfermann 1990; Paderborn 1999.

Satir, V.; Meine vielen Gesichter - Wer bin ich wirklich? (Originaltitel: Your many faces, 1978), übersetzt aus dem Amerikanischen: Gabriele Kuby und Reinhild Rilling; München 2009.

Schiepek, G. / Cremers, S.; Ressourcenorientierung und Ressourcendiagnostik in der Psychotherapie; in: Schemmel, H./ Schaller, J. (Hrsg.); Ressourcen; Ein Hand- und Lesebuch zur therapeutischen Arbeit; Tübingen 2003, S. 147-193.

Schiepek, G.; Neurobiologie der Psychotherapie; Stuttgart 2011.

Schiepek, G./ Eckert, H./ Kravanja, B.; Grundlagen systemischer Therapie und Beratung. Psychotherapie als Förderung von Selbstorganisationsprozessen; in: Systemische Praxis. Bd. 1. Göttingen 2013.

Schinzilarz, C. / Friedl, C.; Humor in Coaching, Beratung und Training; Weinheim 2013.

Schlee, J.; Kollegiale Beratung und Supervision für pädagogische Berufe: Hilfe zur Selbsthilfe; Ein Arbeitsbuch; Stuttgart 2012.

Schlippe, A. v. & Schweitzer, J.; Systemische Interventionen; Göttingen 2010,

Schlippe, A.v. / Schweitzer, J.; Lehrbuch der systemischen Therapie und Beratung I; Göttingen 2013.

Schmeer, G.; Die Resonanzbildmethode; Visuelles Lernen in der Gruppe; Stuttgart 2006.

Schmidt, G.; Kompetente jugendliche Kunden und Familien als kotherapeutische Helfersysteme - das Hardberg-Modell einer stationären systemisch-hypnotherapeutischen Jugendlichen-Psychosomatik; in: Rotthaus, W. (Hrsg.); Systemische Kinder- und Jugendlichenpsychotherapie; Heidelberg 2002, (S. 313-358)

Schuchardt-Hain, C.; Konstruktion beruflicher Zukunft; Köln 2017.

Schulz v. Thun, F.; Miteiander reden Band 3; Das Innere Team; Reinbek /HH 1998.

Schulz v. Thun, F / Stegemann, W. (Hrsg.); Das Innere Team in Aktion; Reinbek / HH 2004.

Schulze, C; Konstruktion - Kommunikation - Therapie; Köln 2004.

Seel, H.-J.; Beratung: Reflexivität als Profession. Göttingen 2014.

Shazer, S. d.; Worte waren ursprünglich Zauber: Von der Problemsprache zur Lösungssprache; Heidelberg 2012.

Siegel, J.D. ; Wie wir werden die wir sind; Paderborn 2010.

Simon, F. B. (Hrsg.); Lebende Systeme; Wirklichkeitskonstruktionen in der systemischen Therapie. Frankfurt/ M 1997.

Simon, F. B./Clement, U./Stierlin, H.; Die Sprache der Familientherapie; Ein Vokabular; Stuttgart, 1999.

Sparrer, I.; Systemische Strukturaufstellungen; Theorie und Praxis; Heidelberg 2006.

Sparrer I.; Wunder, Lösung und System; Lösungsfokussierte Systemische Strukturaufstellungen für Therapie und Organisationsberatung; Heidelberg 2009.

Sparrer, I. / Kibéd M.V.; Lösungen mit System; Weischbillig 2010; http://www.wachstums-impulse.de/pdf/loesungen-mit-system-tetralemma.pdf (30.01.2020)

Speck, O.; System Heilpädagogik; Eine ökologisch reflexive Grundlegung; München, Basel 1998.

Spitzer, M.; Neuronale Netzwerke und Psychotherapie; in Günter Schiepek (Hrsg.); Neurobiologie der Psychotherapie; Stuttgart 2003, S. 42-57).

ders.: Lernen; Gehirnforschung und die Schule des Lebens; Heidelberg, Berlin 2002.

ders.; Geist im Netz; Modelle für Lernen, Denken, Handeln; Heidelberg, Berlin 2000.

Srubar, I.; Systemischer Materialismus oder Konstitutionsanalyse sinnverarbeitender Systeme? Zwei Wege systemtheoretischer Wissenssoziologie; in: Ders.: Kultur und Semantik; Wiesbaden 2009.

Stangl, W.; Systemisches Fragen; in: werner stangls arbeitsblätter; https://arbeitsblaetter.stangl-taller.at/PSYCHOTHERAPIE/Systemisches-Fragen.shtml (18.12.2019).

Steiner, T. & Berg, I. K.; Handbuch lösungsorientiertes Arbeiten mit Kindern; Heidelberg 2005.

Steward, I. / Joines, V.; Die Transaktionsanalyse; Freiburg/B 1990.

Stimmer, F.; Grundlagen des Methodischen Handelns in der Sozialen Arbeit; Stuttgart 2006.

Stimmer, F. & Ansen, H.; Beratung in psychosozialen Arbeitsfeldern: Grundlagen - Prinzipien - Prozess; Stuttgart 2016.

Stingl de Vasconcelos Guedes, T.; Begehrtes Wissen - eine systemtheoretische Reflexion; Wien 2011.

Storch, M. & Krause, F.; Selbstmanagement – ressourcenorientiert. Grundlagen und Trainingsmanual für die Arbeit mit dem Züricher Ressourcenmodell. Bern 2005.

Storch, M.; Die Bedeutung neurowissenschaftlicher Forschungsansätze für die Psychotherapeutische Praxis; Teil I: Theorie.;The meaning of neuroscientific research for psychotherapy. Psychotherapie, 7 (2), 2002 S. 281-294.

Strasser, U.; Neuere Ansätze in den Sozialwissenschaften und ihre Bedeutung für die Heilpädagogik; in: Hagmann, Thomas (Hrsg.); Heil- und Sonderpädagogik und ihre Nachbarwissenschaften; Aktuelle Ansätze in Forschung, Lehre und Praxis; Luzern: Ed. SZH/SPC, 1995, S. 82-100.

Strasser, J.; Zur Rolle des Wissens in der psychosozialen Beratung; in P. Bauer & M. Weinhardt (Hrsg.); Professionalisierungs- und Kompetenzentwicklungsprozesse in der sozialpädagogischen Beratung; Baltmannsweiler 2016, S. 11-22.

von Sydow, K.; Systemische Psychotherapie mit Familien, Paaren und Einzelnen; in: Reimer, C./ Eckert, E./ Hautzinger, M./ Wilke, E.; Psychotherapie; Heidelberg 2007, S. 298-316.

Theiss, D. Seidlitz H.; Ressourcenorientierte Telefonberatung; Basel 2007.

Thompson, R. F.; Das Gehirn; Von der Nervenzelle zur Verhaltenssteuerung. Heidelberg 2001.

Tolhurst, J.; Coaching und Mentoring für Lehrkräfte; Halbergmoos 2012.

Trager, B.; Förderung von Selbstreflexion bei pädagogischen Professionals; Erlangen 2012.

Trüter-Jahr, C.; LernCoaching im Studium; Flensburg 2015.

Varela, F.; Autopoiesis, strukturelle Kopplung und Therapie; Fragen an Francisco Varela; in: Simon, F B. (Hrsg.) 1997, S. 148-164.

Vestermann, S.: Tandem-Coaching; Tübingen 2009.

Vester, F.; Die Kunst vernetzt zu denken: Ideen und Werkzeuge für einen neuen Umgang mit Komplexität; Stuttgart 1999.

Vogt, M, / Caby, F.; Das Ganze ist mehr als die Summe seiner Teile – systemisch-lösungsorientierte Gruppentherapie mit Kindern und Jugendlichen; in: Molter, Haja; Hargens, Jürgen (Hrsg.); Ich-du-wir und wer sonst noch dazu gehört; Dortmund 2006, S. 33-54.

Wahl, A.; Selbstorganisation fördern in der beruflichen Beratung; Heidelberg 2018.

Watzlawick, P. (Hrsg.); Die erfundene Wirklichkeit; Wie wissen wir, was wir zu tun glauben; Beiträge zum Konstruktivismus ; München, 1995.

ders.; Die erfundene Wirklichkeit; Wie wissen wir, was wir zu wissen glauben? Beiträge zum Konstruktivismus; München 2003.

Weber, P.C.; Qualität in der arbeitsweltlichen Beratung; Heidelberg 2012.

Wenzel, F. et al.; Appreciative Inquiry; Sonnendorf 2008. https://www.peripheria.de/app/download/10056884/Wertschätzende Interviews (18.01. 2020).

Williams, H., Edgerton, N. & Palmer, S.; Cognitive Behavioral Coaching; in E. Cox, T. Bachkirova & D. Clutterbuck (Hrsg.); The Complete Handbook of Coaching; London 2010, S. 37-53.

Willke, H.; Systemtheorie: eine Einführung in die Grundprobleme; Stuttgart 1982.

Wilms, F.; Szenariotechnik; Vom Umgang mit der Zukunft, Bern 2006.

Winkelmann, I.; Ressourcenförderung in der stationären Jugendhilfe; Rostock 2010.

Zechner, K.; Coaching - mehr als nur ein Modewort; Graz 2008.

Zimbardo, P. G. & Gerrig, R. J.; Psychologie; Berlin 1999.

Zoller, K.; Von der Kunst, sich selbst zuzuhören; in; Ryba, A. / Ginati, D. et al.; Professionell coachen - konkret; Weinheim 2014.

Zürcher, A.; Beratungslernen in einer geschützten Lernumgebung - Einschätzung systemischorienterten Beratungshandelns in der psychosozialen Beratung; Tübungen 2018.

Zwicker-Pelzer, R.; Beratung in der sozialen Arbeit; Bad Heilbrunn 2010.

ISBN: 9789463675369

Das Buch stellt Lehrerinnen und Lehrern Ansätze für das Gestalten aktiver, vermehrt gehirngerechter Lernprozesse vor, mit zahlreichen konkreten Anregungen. Damit will es sowohl Studierende eines Lehramtes, Referendare als auch junge und junggebliebene Lehrkräfte ansprechen und über eine effiziente Vorbereitung zum Anregen aktiver, nachhaltiger Lehr- und Lernprozesse ermuntern. Die Texte des Buches stellen zahlreiche Themen vor, die gehirngerechte Lernprozesse ermöglichen können. Sie erfahren, was beim Lernen im Gehirn geschieht. - Jeder Mensch lernt durch das Konstruieren seiner Wirklichkeit und das immer wieder Rekonstruieren beim Bewältigen der Aufgaben und Herausforderungen im Leben, so auch beim Lernen in Bildungseinrichtungen. - Die Kapitel sprechen u.A. an: Lerncoaching, selbstgesteuertes Lernen, Kompetenzen entwickeln, erfahrungsbezogenes Lernen, Sich-Vergewissern von Lernergebnissen, soziales Lernen, handlungsorientiertes Lernen, problemorientiertes Lernen, individualisiertes Lernen, projektartiges Lernen, Lernen mit digitalen Medien, Lernen spielerisch, Lernen – Aufmerksamkeit, Lernen mit Methode, Lernprozesse strategisch vorbereiten.

ISBN: 9463867384

In der pädagogischen Arbeit mit Kindern und Jugendlichen ist ein grundlegendes gegenseitiges Vertrauen von entscheidender Bedeutung. Ohne eine tragfähige oder belastbare pädagogische Beziehung sind weder Erziehungs- noch Bildungsprozesse gestaltbar. Nun lebt jedoch jeder Mensch in seiner eigenen, von ihm konstruierten Wirklichkeit. Diese Konstruktionen beruhen auf Reizen unserer Sinnesorgane, die an unser Gehirn weitergeleitet werden. Das Gehirn als autopoietisches System bewertet und interpretiert dies; denn es hat sonst keinen direkten Zugang zur wirklichen Realität. Mein Gehirn speichert gewonnene Interpretationen als meine Erfahrungsinhalte zusammen mit jeweiligen Emotionen im Langzeitgedächtnis ab. Diese Erfahrungen werden bei Interaktionen mit anderen Menschen abgerufen, mit dem aktuell für mich erkennbaren Handeln sowie den situativen Kontexten verglichen und wirken dann handlungssteuernd. In diesem ersten Band stelle ich Ihnen Grundlagen und kurze, beispielhafte Ansätze vor, die für gelingende, nachhaltige pädagogische Beziehungen erforderlich sind.

ISBN: 9463867392

Der Aufbau vertrauensvoller und tragfähiger pädagogischer Beziehungen zu allen Beteiligten in Ihren Gruppen stellt die Voraussetzung dafür dar, dass die jeweiligen Kinder in der Lage und bereit sind, zusammen mit Ihnen zu Lernen und zu Arbeiten. Es gilt, eine zumindest zeitweise erreichbare dynamische Balance zu erreichen, um bei Mitwirken der Kinder das fachliche und soziale Lernen und Arbeiten in ansprechender Weise zu gestalten. Wichtige Gesichtspunkte dabei sind professionelle Nähe und Distanz sowie umfassende fachliche und didaktisch-methodische Kenntnisse und Erfahrungen, sowie eine grundlegend wohlwollende Haltung gegenüber Kindern. In diesem Band stehen die Fragen der Klassenführung mit ihren Facetten im Mittelpunkt. Auch gehe ich auf die Bedeutung von Regeln und Ritualen sowie das Umgehen mit Lernschwierigkeiten ein. Besonders bedeutsam ist die Fähigkeit in kritischen Situationen handlungsfähig zu bleiben, was in einem Teilkapitel angesprochen wird. Alle aufgegriffenen Themen beinhalten zahlreiche Anregungen, Hinweise, Beispiele und Ansätze für das Handeln in jeweiligen Kontexten.

ISBN: 9789463980944

Lernen – Was ist das? Im Buch erfahren Sie die große Bedeutung von Lernstrategien. Das Verfügen über Lernstrategien ist eine eminent wichtige Fähigkeit, um effizienter und nachhaltiger Lernen zu können. Auch die Bedeutung von Lern- und Arbeitstechniken und deren Bezüge zu Lernstrategien sind Thema im Buch. Hierzu gehört auch das Wissen um die Funktionsweisen des menschlichen Gehirns beim Lernen, insbesondere des Arbeits- und des Langzeitgedächtnisses. Das individuelle Anwenden von Lernstrategien und die dazu einsetzbaren Primär- und Stützstrategien sowie das Aufbauen und Einsetzen von Metastrategien werden Ihnen im Buch genau erläutert. Ebenso erfahren Sie, welche Bedeutung die Lernumgebung hat und wie Sie diese selbst optimieren können. Für Sie wichtig ist, dass Sie Lernstrategien selbst lernen und trainieren können. So können Sie auch komplexe Aufgabenstellungen mit passenden Lern- und Problemlöseprozessen erfolgreich bearbeiten. Hierzu erhalten Sie Informationen zum besseren Lese- und Textverständnis und wie Sie ihre eigenen Lernkonzepte entwickeln können. Im Buch erhalten Sie genaue Informationen, wie Sie schon beim Lernen Erinnerungsspuren legen, um das Gelernte später sicherer und leichter wieder abrufen zu können. Sie finden im Buch fachpraktische Anregungen zu Lernstrategien, Lernkonzepten, Strategien zum Sprache lernen sowie zum selbstregulierten Lernen.